現代アメリカ立憲主義公民学習論研究
――憲法規範を基盤とした幼稚園から高等学校までの子どもの市民性育成――

中原朋生著

風間書房

目　　次

序章　本研究の意義と方法 …………………………………………… 1
　第1節　研究主題 ……………………………………………………… 1
　　1　本研究の目的 ……………………………………………………… 1
　　2　研究対象としての公民学習 ……………………………………… 3
　第2節　本研究の意義と特質 ………………………………………… 6
　第3節　研究方法と論文の構成 ……………………………………… 11
　　1　研究の方法 ………………………………………………………… 11
　　2　論文の構成 ………………………………………………………… 12

第1章　立憲主義公民学習の論理
　　　　――現代アメリカ公民教育改革論を手がかりに―― ……… 17
　第1節　公民学習の原理としての憲法規範 ………………………… 17
　　1　憲法規範を基盤とする市民性育成の起源 ……………………… 17
　　2　アメリカ合衆国憲法と公民教育 ………………………………… 18
　　3　憲法規範に基づく市民性育成の方向 …………………………… 21
　第2節　教育目標――政治的社会化と政治的個性化―― ………… 23
　　1　政治的社会化研究が公民教育に示唆するもの ………………… 23
　　2　社会科教育研究における政治的社会化に関する研究 ………… 25
　第3節　子どもの市民性発達と5つの公民学習原理 ……………… 27
　　1　子どもの市民性発達 ……………………………………………… 27
　　2　公民教育カリキュラム・シーケンスとしてのコールバーグ理論 …… 29
　　3　立憲主義公民学習の5つの学習原理 …………………………… 37

第 2 章　規範理解型公民学習
　　　　──社会と正義概念の研究による憲法規範の理解── ……………… 41
　第 1 節　社会と正義概念の研究による憲法規範の理解 ……………… 41
　第 2 節　幼稚園における立憲主義公民学習の導入──E. チュリエルに
　　　　　よる社会的領域論（Social Domain Theory）を手がかりに── ……… 44
　　1　公民学習の導入の論理 ……………………………………… 44
　　2　幼児期における社会認識形成──チュリエルの社会的領域論── …… 45
　　3　社会的領域論に基づく立憲主義公民学習
　　　　──『キャラクター・エデュケーション：幼稚園用』の場合── ……… 50
　　4　幼稚園における立憲主義公民学習導入の論理 ……………… 62
　第 3 節　小学校における立憲主義道徳学習の内容編成論
　　　　　──B. ルイス『君は何を表すのか？：児童用』を手がかりに── …… 65
　　1　「道徳教育」と「公民教育」の統合──内容編成論── ……………… 65
　　2　行動的な市民の育成──WDYSF 開発のねらい── …………………… 67
　　3　3 つの学習領域による立憲主義公民学習
　　　　──WDYSF の全体計画── ……………………………………… 68
　　4　正義と人間関係のジレンマ研究──単元構成── …………… 74
　　5　小学校における立憲主義道徳学習の内容編成の論理 ………… 81
　第 4 節　立憲主義道徳学習としての市民性育成の方法
　　　　　──W. デーモンによる子どもの公正概念発達論を手がかりに── …… 84
　　1　子どもの公正概念発達論に基づく立憲主義道徳学習の論理 ……… 84
　　2　デーモンによる子どもの公正概念発達論 ……………………… 85
　　3　公正概念発達論に基づく単元構成──『君は何を表すのか？：
　　　　児童用』単元「公正（Fairness）」の場合── ……………………… 90
　　4　立憲主義道徳学習の方法論
　　　　──子どもの発達と憲法規範の論理の統合── ……………………… 99

第5節　社会的正義学習としての市民性育成
　　　　──R.C. ウェイド『社会的正義のための社会科』の場合── ………… 109
　1　社会的正義学習の原理
　　　──思いやり（Care）と公正（Fairness）に基づく社会認識学習── … 109
　2　R.C. ウェイド『社会的正義のための社会科』の教育原理 ……… 110
　3　人権，民主主義，自然保護の３つのスコープ──全体計画── …. 112
　4　Care と Fairness をフレームワークとする社会的正義学習
　　　──単元構成── ………………………………………………………… 117
　5　社会的正義学習としての市民性育成の特質 …………………………… 122
「第２章　規範理解型公民学習」の小括 ………………………………… 128

第３章　規範体験型公民学習
　　　　──社会見学による憲法規範の追体験── ……………………… 131
第１節　社会見学による憲法規範の追体験 ……………………………… 131
第２節　博物館見学学習としての市民性育成
　　　　──国立憲法センター『憲法博物館教育プログラム』の場合── ….. 133
　1　博物館見学による市民性育成の論理 ……………………………… 133
　2　博物館と教室の連携──国立憲法センターの憲法学習論── …….. 134
　3　憲法博物館見学を軸とする憲法と市民の歴史の体験学習
　　　──全体計画── ………………………………………………………… 135
　4　マルチメディアを活用した憲法の歴史と実態の追体験
　　　──博物館見学による市民性育成の論理── ……………………… 143
第３節　首都見学学習としての市民性育成──クローズアップ財団
　　　　『ワシントンDC見学学習プログラム』の場合── ……………… 154
　1　首都見学学習としての市民性育成 ……………………………… 154
　2　クローズアップ財団の公民教育論 ……………………………… 155
　3　『ワシントンDC見学学習プログラム』の概要 ……………………… 157

4　アメリカ合衆国における民主主義の歴史と現実の体験学習
　　　　　——首都見学教育プログラム3「独立への道」の場合—— ……………… 160
　　　5　首都見学学習としての市民性育成の論理 ……………………………… 166
　「第3章　規範体験型公民学習」の小括 ……………………………………… 172

第4章　規範分析型公民学習
　　　　　——歴史認識を通した憲法規範分析—— …………………………… 173
　第1節　歴史認識を通した憲法規範分析 ……………………………………… 173
　第2節　歴史学習としての市民性育成——M.クラッディー『自由の基礎：
　　　　　生きている権利章典の歴史』の場合—— ……………………………… 175
　　　1　歴史学習としての市民性育成の論理 ………………………………… 175
　　　2　『自由の基礎』の教育原理 …………………………………………… 176
　　　3　『自由の基礎』の内容編成原理 ……………………………………… 178
　　　4　方法論的個人主義——単元構成原理—— …………………………… 193
　　　5　自由権の生成過程——教授・学習過程の組織化—— ……………… 198
　　　6　歴史学習としての市民性育成の論理——憲法の歴史の分析—— …… 200
　「第4章　規範分析型公民学習」の小括 ……………………………………… 208

第5章　規範活用型公民学習
　　　　　——社会問題解決における憲法規範の活用—— ………………… 209
　第1節　社会問題解決における憲法規範の活用 ……………………………… 209
　第2節　憲法条文を活用した市民性育成の内容編成
　　　　　——L.R.モンク『権利章典：使用者のためのガイド』の場合—— … 211
　　　1　憲法条文の活用をめざす立憲主義公民学習 ………………………… 211
　　　2　アメリカにおける基本的人権保障の特長 …………………………… 212
　　　3　『権利章典ガイド』の教育目標 ……………………………………… 214
　　　4　権利章典を生きた文書とするためのガイド——全体計画—— …… 215

5　「権利章典」の存在意義の解明
　　　　　　──小単元「権利の概念」における単元構成── ……………… 218
　　　6　憲法条文を活用した市民性育成の論理 ………………………… 225
　第3節　開かれた法認識形成をめざした憲法条文活用学習の方法
　　　　　　──H.L.A.ハートの法認識に基づく授業の組織化── ………… 234
　　　1　閉ざされた法認識形成 …………………………………………… 234
　　　2　開かれた法とその認識
　　　　　　──1次ルールと2次ルールの結合としての法── ………………… 236
　　　3　開かれた法認識──単元構成── ……………………………………… 238
　　　4　法的議論学習──授業構成── ………………………………………… 244
　　　5　開かれた法認識形成による憲法規範活用の論理 …………… 255
　第4節　憲法規範を活用した日常生活問題学習の方法──L.R.モンク
　　　　　　『修正1条：寛容へのアメリカの青写真』の場合── ……………… 257
　　　1　憲法規範を活用した日常生活問題学習 ……………………… 257
　　　2　『修正1条：寛容へのアメリカの青写真』の教育原理
　　　　　　──憲法規範の活用── …………………………………………… 258
　　　3　法的アプローチと道徳的アプローチの統合──単元構成── ……… 260
　　　4　憲法規範を活用した日常生活問題学習の論理
　　　　　　──公権力の制限規範から私人間の行動規範へ── ……………… 266
「第5章　規範活用型公民学習」の小括 ……………………………… 276

第6章　規範批判型の公民学習
　　　　　──政治システム研究による憲法規範の批判── ………………… 279
　第1節　政治システム研究による憲法規範の批判 ………………… 279
　第2節　政治的意思決定過程の批判としての市民性育成
　　　　　　──J.R.フランケル『アメリカ政治における意思決定』の場合── … 280
　　　1　政治的意思決定過程の批判としての市民性育成 …………… 280

2　J.R. フランケルの政治学習の論理 …………………………… 282
　　3　『アメリカ政治における意思決定』の全体計画 ……………… 283
　　4　権力者の批判的吟味——単元構成—— ……………………… 288
　　5　客観的認識と主体的評価の往復——教授・学習過程—— …… 292
　　6　現実的な政治学習の改革
　　　　——政治的意思決定過程の批判としての市民性育成の論理—— ……… 295
第3節　立憲民主主義の相対化としての市民性育成——国立憲法
　　　　センター/TCI『ガバメント・アライブ！権力・政治と君』の
　　　　場合—— ………………………………………………………… 301
　　1　立憲民主主義の相対化としての市民性育成 ………………… 301
　　2　国立憲法センターと TCI の協同による政治学習プロジェクト … 302
　　3　主権者としての「権力制御力」の育成
　　　　——『ガバメント・アライブ！権力・政治と君』の全体計画—— …… 302
　　4　民主主義の実践（Doing Democracy）——単元構成—— …… 306
　　5　科学と議論による市民の育成
　　　　——立憲民主主義の相対化としての市民育成の論理—— ………… 311
「第6章　規範批判型の公民学習」の小括 ………………………………… 322

終章　立憲主義公民学習論の意義と公民教育改革への示唆 ……… 323

英文資料・参考文献 ……………………………………………………… 327
和文参考文献 ……………………………………………………………… 333
あとがき …………………………………………………………………… 343

表・図・資料一覧

表一覧
- 表序-1　本研究の分析対象 …………………………………………………… 13
- 表1-1　憲法規範を基盤とした公民教育カリキュラム・フレームワーク ………… 28
- 表1-2　コールバーグによる道徳性発達論と市民性の発達課題の関係 …………… 30
- 表2-1　チュリエルによる社会的領域理論（Social Domain Theory）……… 46
- 表2-2　『キャラクター・エデュケーション：幼稚園用』全体計画とその分析 …… 51
- 表2-3　社会科スタンダード（NCSS）と学習活動の対応表 ………………… 53
- 表2-4　社会的慣習領域の明確化を図る単元構成
　　　　──単元1「市民性」の場合── …………………………………… 54
- 表2-5　個人領域の明確化を図る単元構成──単元7「寛容」の場合── …… 59
- 表2-6　WDYSFの全体計画 ……………………………………………… 69
- 表2-7　『君は何を表すのか？：児童用』の全体計画とその分析 ……………… 70
- 表2-8　「市民性」の単元構成 ……………………………………………… 75
- 表2-9　デーモンによる公正概念の発達段階 ……………………………… 87
- 表2-10　公正概念の発達段階と発達課題 ………………………………… 89
- 表2-11　「公正」の単元構成 ……………………………………………… 92
- 表2-12　初等社会科における「社会的正義学習」のカリキュラムイメージ ……… 113
- 表2-13　サンプル単元「公民権運動」の単元構成 ………………………… 118
- 表3-1　『憲法博物館教育プログラム（児童用）』の全体計画 ………………… 136
- 表3-2　クローズアップ財団『ワシントンDC見学学習プログラム』の概要 …… 158
- 表3-3　「独立への道（ワシントンDCとフィラデルフィア5日間）」の概要 …… 161
- 表4-1　『自由の基礎』の全体計画とその構造 …………………………… 179
- 表4-2　『自由の基礎』における「人物研究」と関連する権利 ……………… 188
- 表4-3　『自由の基礎』における判例研究とその内容分析 ………………… 192
- 表4-4　権利に関する「社会」「司法」「個人」の論理解明をめざす単元構成
　　　　──大単元10「第2次世界大戦」の場合── ………………… 194
- 表4-5　日系人への強制収容の要因 ……………………………………… 199
- 表5-1　『権利章典ガイド』の全体計画と内容分析 ………………………… 216
- 表5-2　小単元1「権利の概念」の単元構成 ……………………………… 219
- 表5-3　パート2「権利章典により保障される権利」「民主主義における少数者

	の権利」の教授・学習過程	221
表5-4	開かれた法認識をめざした単元構成 ――小単元「信教の自由」の場合――	240
表5-5	学習活動1「ワシントンとモーゼスの議論」の教授・学習過程	246
表5-6	学習活動3「政教分離をめぐる2つの立場」の教授・学習過程	251
表5-7	「寛容と修正1条」の単元構成	262
表6-1	『アメリカ政治における意思決定』の全体計画	285
表6-2	単元4「大統領の意思決定」の単元構成とその分析	289
表6-3	『ガバメント・アライブ！権力・政治と君』の全体計画	304
表6-4	小単元2「政治体制の比較」の単元構成	308

図一覧

図序-1	立憲主義公民学習の位置付け	5
図2-1	3つの社会的領域の認識モデル	48
図2-2	立憲主義道徳学習の位置付け	82
図2-3	単元「公正」の構造と発達課題の関係	98
図2-4	「社会的正義の構造」	121
図4-1	『自由の基礎』の学習構造	182
図5-1	第1次的ルールと第2次的ルールの結合としての法	237
図5-2	学習活動1「ワシントンとモーゼスの議論」で形成される法認識	249
図5-3	学習活動3「政教分離をめぐる2つの立場」で形成される法認識	254

資料一覧

資料2-1	単元5「公正」の教授・学習過程	100
資料2-2	サンプル単元「公民権運動」の教授・学習過程	123
資料3-1	国立憲法センター　訪問前学習の展開	144
資料3-2	国立憲法センター　見学学習の指導計画	146
資料3-3	国立憲法センター　訪問後学習の展開	152
資料3-4	クローズアップ財団「ワシントンDC見学学習プログラム」の概要	166
資料4-1	社会的ジレンマ研究「個人の権利」対「国家の安全保障」 ――大単元10「第2次世界大戦」の教授・学習過程――	201
資料5-1	『権利章典ガイド』の全体計画（詳細版）	226
資料5-2	単元1「寛容と修正1条」の教授・学習過程	267

資料6-1 「大統領の意思決定の事例：キューバ危機」の教授・学習過程 ………… 295
資料6-2 小単元2「政治体制の比較——社会において政治権力と経済権力は、いかにして分離すべきか？——」の教授・学習過程 ……………………… 312

序章　本研究の意義と方法

第1節　研究主題

1　本研究の目的

　本研究の目的は，1980年代以降のアメリカ合衆国において開発された，憲法規範を基盤とした子どもの市民性育成プロジェクトの分析を通して，憲法規範を公民教育の目標・内容・方法を貫く原理とし，幼稚園から高等学校までの子どもの発達過程をトータルに見通した公民学習を展開する"立憲主義公民学習"の論理を明らかにすることにある。

　我が国の子どもの市民性については，近年，実証的な調査研究が行われ，その傾向が明らかになった[1]。それによると，我が国の子どもは，あるべき市民社会の理想像を理解しているとともに，現実の市民社会を冷静に分析・解釈するスキルも獲得している。しかし，現実の社会問題に積極的に関わろうとする姿勢に乏しいという。また，我が国の子どもは，授業中，政治的または社会的な論点について，教師と異なった意見を遠慮なく発言できると答えた割合が極端に低いという。つまり，我が国の子どもは，市民社会の理想を理解し，理想と現実のズレを冷静に認識することもできる。しかし，そのズレによって生じる社会問題について，教師や他の子どもと議論を交わし，実社会においてそれらを解決しようとすることに消極的なのである。我が国の社会科授業は，子どもたちが社会問題について積極的に議論を交わし，自らの市民性を涵養していく場となっていないわけである。

　このような状況に対して，アメリカ合衆国における公民教育は，合衆国憲

法の理念に基づき，子どもたちを主権者である市民として育成しようとする点が示唆に富む。そこでは，各々の子どもが個人として尊重され，言論・表現の自由が認められた教室で積極的に社会問題について議論を交わし，具体的な解決策（ルール）を策定することで実社会を変革しようとする行動的な市民の育成が行われている。アメリカ合衆国は，世界に先駆け市民が主権者となって成文憲法を制定し，憲法の支配によって権力分立と人権保障をめざす立憲主義社会を成立させた。アメリカ合衆国の歴史は，市民が憲法規範を実現させようとしたプロセスであるといっても過言ではない。そのため，子どもの市民性育成も憲法を非常に重視しており，憲法規範を基盤とした，いわば"立憲主義公民学習"を展開している。

　立憲主義公民学習とは，憲法を単なる学習内容とするのではなく，憲法規範を公民学習の目標・内容・方法を貫く学習原理として位置付けようとする公民教育の総称である。ここで言う憲法規範[2]とは，アメリカ合衆国憲法をはじめとする立憲主義憲法が提示する市民性育成の方向性を指す。例えば，①市民は，個人として尊重されるべきである（個人の尊重），②市民は，主権者となるべきである（主権者としての市民），③市民は，権力が暴走しないように監視すべきである（権力批判），④市民は，少数者の人権に配慮しながら積極的な議論と最終的な多数決によって社会問題の解決策（ルール）を策定すべきである（政治的行動ができる市民），といった憲法から引き出される子どもの公民教育の方向性である。立憲主義公民学習は様々なアプローチによって，このような憲法規範を教科の目標・内容・方法に取り込んでいる。

　立憲主義公民学習は，既に1960年代後半にハーバード社会科によってその理論は完成している。ハーバード社会科は，法理学的フレームワークと呼ばれる憲法規範を基盤とした社会問題学習の枠組みを提示し，具体的な単元の開発によって立憲主義公民学習を具現化した。しかし，先行研究[3]も指摘するように，ハーバード社会科は，実社会における社会認識に限りなく近い内容となり，一教科としての社会科では担いきれない資質形成を求め，複

雑で高度な授業となってしまった。そのため，ハーバード社会科は，立憲主義公民学習の理念を提示できたが，子どもたちの市民性教育の一般的な授業モデルにならなかった。公民権運動やベトナム反戦運動の最中にハーバード社会科が登場したが，当時の社会科を学んだ学生は，立憲主義の意義や現実の政治力学を十分に認識することができず，非現実的な政治運動を展開することも多かった。

　アメリカ合衆国では，1960年代後半からこのような状況を憂い，ハーバード社会科が提示した立憲主義公民学習の理念をより現実的で使い易いプロジェクトとして作り直そうとする，各種の公民教育団体が生まれた。例えば，憲法上の権利財団（Constitutional Rights Foundation），公民教育センター（Center for Civic Education），クローズアップ財団（Close up Foundation），第4・第5のR教育センター（Center for the 4th and 5th Rs），国立憲法センター（National Constitution Center）等の公民教育団体が，憲法規範を基盤とした数多くの市民性教育プロジェクトを開発し，立憲主義公民学習を推進している。これらの公民教育団体は，公民教育を単なる社会科の一領域と捉えず，学校教育における社会科教育，道徳教育，特別活動，さらに学校教育を超えて家庭教育，社会教育を包括する広義の公民教育を志向している。そして，幼稚園から高等学校までの子どもの発達過程を，トータルに見通した公民学習を展開しようとする点も特長である。

　そこで，本研究は，ハーバード社会科の評価が一区切りした1980年代から2010年代はじめまでの現代のアメリカ合衆国において，上述した公民教育団体が中心となり開発を進めた市民性教育プロジェクトを分析対象として，立憲主義公民学習の理念と実際を明らかにし，我が国の公民学習改革の具体的な方向性を示すことをねらいとする。

2　研究対象としての公民学習

　具体的な研究内容の論述に入る前に，曖昧な用語を定義する。本研究では，

子どもたちが主体的な市民となる"市民性育成"に関わる営みである①市民性教育（Citizenship Education），②市民性発達（Citizenship Development），③公民教育（Civic Education），④公民学習（Civic Learing）という近似する概念を，以下のように定義して用いる。

　図序-1に示すように，①市民性教育は，最も包括的な概念であり，意図的計画的な教育活動のみならず，社会環境による社会化も含め，子どもたちの市民性育成に関する教育的作用すべてを指すこととする。市民性教育は，公的領域（個人と公権力との関係に関する領域），私的領域（市民と市民の関係に関する領域）のすべてを含み，市民として必要な知識・技能・態度の形成を子どもたちに促している。

　②市民性発達とは，子どもたちが家庭，学校，地域社会，マスコミ，ITネットワーク，SNSなど様々なエージェントによる教育活動及び社会化によって，市民性を発達させていく過程を指す。子どもたちは，意図的計画的な教育活動（顕在的カリキュラム）に加え，無意図的無計画な教育活動（潜在的カリキュラム）及び社会化によって市民性を発達させている。

　それに対して，③公民教育は，公教育を担う学校において，教師が意図的計画的に行う市民性育成のための教育活動のすべてを指すこととする。教師は，憲法に基づいて制度化された教育システムの中で幅広い公民教育を展開する。ここで言う公民教育は，いわゆる広義の公民教育であり，社会科における公民的学習や公民科のみを示す概念ではない。学校における公民教育は，一教科としての社会科教育に留まらず，道徳教育，特別活動，学校行事といった教科外活動も含む概念である。

　これらに対して，本研究が分析対象とする④公民学習は，教室における社会科教育を中心に道徳学習や社会見学学習までを含め，"社会科教師"が"子ども"とともに展開する主権者としての市民を育成するための公的領域を中心とする学習活動とする。なお，本研究で言う子どもとは幼稚園から高等学校（K～12学年）までの学齢期の子どもを指すこととする。

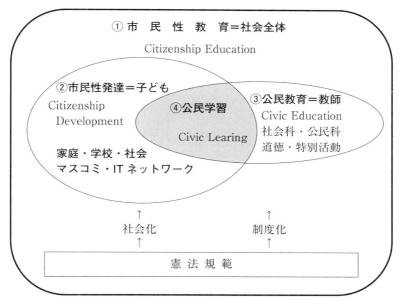

図序-1　立憲主義公民学習の位置付け　　（筆者作成）

　本研究が上述した公民学習を分析対象とする理由は，以下の3点である。第1に，学校教育において幅広く展開される公民教育において，社会科教師が主導して教育活動を展開できるいわば中範囲の公民教育を分析することで，より現実的な改善策を提起できると考えたからである。第2に，本研究でいう公民学習は，社会科における公民分野や高等学校における公民科といった狭義の公民教育だけではなく，幼稚園から高等学校（K～12学年）に至る各学年段階を通して，学校教育の様々な場面において連続的に展開されると考えるからである。第3に，古くからある公民教育という言葉は，国家や社会の要求に応じて子どもたちに公民としての知識・技能・態度を注入していくイメージを抱かせる。子どもを主権者として育成する教育活動は，各々の子どもを個人として尊重し，その主体的な学習を引き出す"公民学習"と捉えるべきと考えるからである。

注
1) 棚橋健治『世界水準からみる日本の子どもの市民性に関する研究』平成 19～21 年度科学研究費補助金（基盤研究（B））研究成果報告書．
2) 芦部信喜は，憲法規範の特質を①自由の基礎法，②制限規範，③最高法規の3つに整理し，「国家権力の組織を定め，かつ授権する規範が憲法に不可欠なものであることは言うまでもない。しかし，この組織規範・授権規範は憲法の中核をなすものではない。それは，より基本的な規範，すなわち自由の規範である人権規範に奉仕するものとして存在する。」と述べ，「このような自由の概念は，自然権の思想に基づく。この自然権を実定化した人権規定は，憲法の中核を構成する『根本規範』であり，この根本規範を支える核心的価値が人間の人格不可侵の原則（個人の尊厳の原理）である。」とする。本研究は，憲法学が明らかにした以上の論理を教育学の立場から援用し，自然権思想に基づく個人の尊厳を根本規範とする公民教育の目標，内容，方法の論理解明をめざすものである。
3) ハーバード社会科に関する先行研究については，以下の文献をご参照いただきたい。
 ・尾原康光「リベラルな民主主義社会を担う思考者・判断者の育成（1）− D.W. オリバーの場合」『社会科研究』第 43 号 1995，pp.41-50.
 ・棚橋健治『アメリカ社会科学習評価研究の史的展開−学習評価にみる社会科の理念実現過程−』風間書房 2002.
 ・溝上泰「社会科教育における論争問題の取り扱い−ニューマンの場合−」『社会科研究』第 20 号 1972，pp.43-51.
 ・溝口和宏「歴史教育における開かれた態度形成− D.W. オリバーの『公的論争問題シリーズ』の場合−」『社会科研究』第 42 号 1994，pp.41-50.
 ・渡部竜也「アメリカ社会科における社会問題学習の授業構成論−分析枠組設定の意義−」『日本教科教育学会誌』第 27 巻第 1 号 2004，pp.53-62.

第 2 節　本研究の意義と特質

　子どもの市民性育成に関する社会科教育学研究については，様々な先行研究が存在する。それらに対して，本研究の分析視点や研究方法には，以下のような意義と特質がある。
　第 1 の意義と特質は，憲法規範を公民教育の目標・内容・方法を貫く学習

原理として位置付ける立憲主義公民学習の理念と実際を明らかにするという視点から，アメリカ合衆国で開発された市民性育成プロジェクトを統一的に分析しようとする点である。近年，アメリカ合衆国の法教育に関するプロジェクトの分析や紹介が精力的になされている[1]。しかし，それらの研究は，社会科の公民的領域における政治学習，経済学習，社会学習に並立する学習領域としての法学習の確立をめざしたものとなっている。そして，憲法を他の民法や刑法といった法律と同列なものとして取り上げ，むしろ我が国で開発が遅れている民法や刑法に関するプロジェクトを積極的に分析している。それに対して，本研究ではまず，憲法と他の法律を明確に区別し，憲法を政治，経済，社会，法律といった国家の基本事項（国制＝Constitution）を規定する最上位の規範と捉える。その上で憲法規範を公民学習の目標・内容・方法を貫く学習原理として位置付ける。この点が，他の法教育研究と異なる特質である。

　第2の意義と特質は，憲法規範を基盤とした幅広い学習内容を取り上げることである。従来，我が国の社会科教育における憲法に関する研究は，憲法学をベースに授業づくりの前提となる憲法条文解釈について論じる法学的研究[2]や，憲法条文の理解を中心とした憲法学習の授業づくりに関する研究であった[3]。両者とも憲法条文そのものを学習対象とする，いわゆる狭義の憲法学習に関する研究となっていた。しかし，アメリカ合衆国における立憲主義公民学習は，キャラクター学習，社会見学学習，歴史学習，判例学習，社会問題学習，政治学習というように幅広い学習内容を準備し，立憲主義社会を担う市民として不可欠な，憲法を基盤とした社会認識形成を促している。本研究は，このように幅広い学習内容を分析対象とし，立憲主義公民学習の内容編成の論理も明らかにする点が特質である。

　第3の意義と特質は，子どもの発達段階に応じた立憲主義公民学習の学習原理を明らかにする点である。従来の社会科における市民性育成に関する研究は，中等教育段階に関する研究が圧倒的に多く，研究の対象も内容編成論

が主流となってきた[4]。また，初等教育段階に関する研究も存在するが，やはり内容編成論が中心であり，子どもの発達過程を踏まえた初等と中等の学習原理の違いなどは十分に解明されていない。それに対して，アメリカ合衆国の立憲主義公民学習は幼児期から初等教育では徹底した政治的社会化[5]を行い，初等後期から中等にかけて徐々に政治的個性化を果たすようにカリキュラムが編成されている。そこで本研究では，憲法規範を基盤とした市民性育成という統一した視点から，幼稚園から高等学校（K～12学年）までの各学年段階に典型的なプロジェクトを分析し，子どもの発達過程に応じた学習原理を明らかにしていく。

　なお，本研究がアメリカ合衆国の立憲主義公民学習論を取り上げる大きな理由に，日本国憲法とアメリカ合衆国憲法の連続性がある。日本国憲法は，真正の立憲主義憲法[6]と呼ばれ，アメリカ合衆国憲法が創り出した①憲法の支配（違憲審査），②人権保障，③権力分立といった立憲主義の思想を純粋な形で経受している。そのため，開発された授業の多くが，事例を我が国のものに変えるだけで同じ学習目標・内容・方法で我が国においても適用可能なものとなっている。このような日本国憲法とアメリカ合衆国憲法の連続性を踏まえた研究をめざす点も本研究の大きな特質である。

注
1) 近年の法教育に関する研究については，以下の文献をご参照いただきたい。
　・磯山恭子「『法教育』における紛争処理技能の育成 – "Respect Me, Respect Yourself"の分析を通して –」『公民教育研究』第5号 1997, pp.65-79.
　・江口勇治「社会科における『法教育』の重要性 – アメリカ社会科における『法教育』の検討を通して –」『社会科教育研究』No. 68, 1993, pp.1-17.
　・江口勇治研究代表『憲法学習を基盤とした法教育カリキュラムの研究』平成6～7年度科学研究補助金（基盤研究（B））成果報告書 1996.
　・江口勇治監訳『テキストブック　わたしたちと法　権威，プライバシー，責任，そして正義』現代人文社 2001.
　・桑原敏典「憲法学習を中心とした公民教育改善の試み – アメリカ高校用教材『We

the People』を手がかりとして－」『公民教育研究』2000, pp.1-15.
- 二階堂年恵「法形成能力を育成する初等法関連教育の内容編成－オハイオ州法曹協会カリキュラムプロジェクトの場合－」『社会科研究』第63号 2005, pp.31-40.
- 二階堂年恵「小学校社会科における法関連教育としての憲法学習－"VOICE"の憲法機能学習を事例として－」日本教科教育学会『日本教科教育学会誌』第29巻第4号 2006, pp.19-28.
- 橋本康弘「市民的資質を育成するための法カリキュラム－『自由社会における法』プロジェクトの場合」『社会科研究』第48号 全国社会科教育学会 1998, pp.81-90.
- 橋本康弘「法関連教育の学習原理－"I'M THE PEOPLE"の場合」『社会系教科教育学研究』第12号 2000, pp.43-48.
- 橋本康弘「歴史アプローチによって法制度の相対化を目指す法関連教育カリキュラムの構造－アメリカ史プロジェクト『法と歴史における冒険』の場合－」『社会科研究』第61号 2004, pp.11-20.
- 橋本康弘「法関連教育の授業構成－法批判学習の意義－」『社会系教科教育学研究』第17号 2005, pp.13-20.
- 橋本康弘「アメリカ中等公民教育における国際法学習の構造－"International Law in a Global Age"の場合－」日本公民教育学会『公民教育研究』Vol13, 2005. pp.29-39.
- 橋本康弘「公民授業の新展開－社会形成を行う法授業の意義－」『社会系教科教育学研究』第20号 2008, pp.71-80.

2) 例えば，細川哲氏の以下のような研究がある。
- 細川哲「公民教育における天皇について：主として憲法学習の視点より」『鳥取大学教育学部研究報告教育科学』11 (2) 1969, pp.23-49.
- 細川哲「日本国憲法の法源：憲法学習の問題点として」『鳥取大学教育学部研究報告教育科学』13 (2) 1971, pp.1-24.
- 細川哲「社会科教育と憲法学習：最高法規性と基本原理」『鳥取大学教育学部研究報告教育科学』28 (1) 1986, pp.13-37.
- 細川哲「社会科教育における憲法学習の諸問題 (1)：国民主権と天皇制」『鳥取大学教育学部研究報告教育科学』31 (2) 1989, pp.275-299.
- 細川哲「社会科教育における憲法学習の諸問題 (2)：国民主権を中心として」『鳥取大学教育学部研究報告教育科学』34 (2) 1992, pp.257-273.

3) 例えば，日本国憲法第9条を中心とした授業開発研究に前田輪音氏の以下のよう

な研究がある。
- 前田輪音「憲法教育への試み：『恵庭事件』を素材として」『北海学園大学学園論集』135, 2008, pp.1-29.
- 前田輪音「憲法教育実践報告：中学校における『恵庭事件』を素材にした授業プログラムとその実践」『北海学園大学学園論集』136, 2008, pp.33-103.
- 前田輪音「憲法教育の課題と方法についての一考察」『北海道大学大学院教育学研究科紀要』108, 2009, pp.71-84.

4) 代表的なものに桑原敏典氏の以下のような研究が挙げられる。
- 桑原敏典「社会科における社会領域の改革－SSLU，SRSS両プロジェクトを手掛かりとして－」『社会科研究』第44号 1996, pp.31-40.
- 桑原敏典「社会科における人文科学的内容の位置づけ－ホルト社会科第12学年「3つの都市の人間性」を手がかりにして－」『社会科研究』第49号 1998, pp.11-20.
- 桑原敏典「社会科における政治参加学習の意義－『Active Citizenship Today』を事例として－」『教育学研究紀要』第2部第45巻 1999, pp.175-180.
- 桑原敏典「自立的な価値観の形成を目指す社会科論争問題学習－『アメリカの社会的論争問題』を事例として－」『社会系教科教育学研究』第12号 2000, pp.97-104.
- 桑原敏典「憲法学習を中心とした公民教育改善の試み－アメリカ高校用教材『We the People』を手がかりとして－」『公民教育研究』2000, pp.1-15.
- 桑原敏典『中等公民的教科目内容編成の研究－社会科公民の理念と方法－』風間書房 2004.
- 桑原敏典「社会科学科としての政治学習の再評価」『社会科研究』第60号 2004, pp.21-30.
- 桑原敏典「立憲主義に基づく公民教育研究の改善」『社会系教科教育学研究』2008, pp.61-70.

5) アメリカの子どもたちの政治的社会化については，以下の文献をご参照いただきたい。
- R・ドーソン，K・プルウィット，K・ドーソン著，加藤秀治郎・中村昭雄・青木英実・氷山博之『政治的社会化』芦書房，1989.

なお，我が国における政治的社会化に関する研究については，①心理学的視点から論じた研究，②社会科教育学の視点から論じた研究，③政治的社会化を阻む社会科教育に関する研究が存在する。
①心理学的視点から論じた研究については，以下の文献をご参照いただきたい。

・菊池章夫「子どもの政治的社会化1」『児童心理』25（7）1971，pp.153-170.
・菊池章夫「子どもの政治的社会化2」『児童心理』25（8）1971，pp.156-175.
・菊池章夫「政治的社会化と政治学習」『現代教育科学』181号1972，pp.25-28.
②社会科教育学の視点から論じた研究については，以下の文献をご参照いただきたい。
・伊東亮三「アメリカにおける政治的社会化の研究動向と公民教育の改革」『社会科教育』第20号1972，pp.33-41.
・阪上順夫「公民意識の発達と公民教育の問題点：政治的社会化の一研究」『東京学芸大学紀要』3部門30，1979，pp.131-150.
③政治的社会化を阻む社会科教育に関する研究については，以下の文献をご参照いただきたい。
・岡明秀忠「対抗社会化（Countersocialization）をめざす社会科－S.H.エングルの内容構成論を中心に」『社会科研究』第39号1991，pp.27-38.
・岡明秀忠「対抗社会化（Countersocialization）をめざす社会科－D.W.オリバーの場合」『教育学研究紀要』第36巻1991，pp.223-228.
・岡明秀忠「対抗社会化（Countersocialization）をめざす社会科－James P.Shaverの学習指導方法論を手がかりとして」『広島大学教育学部紀要』第2部41，pp.79-88.
・岡明秀忠「対抗社会化（Countersocialization）をめざす社会科－F.M.ニューマンを手がかりに」『教育学研究紀要』第37巻1991，pp.178-183.
6）高橋和之『立憲主義と日本国憲法』有斐閣2005.

第3節　研究方法と論文の構成

1　研究の方法

　本研究ではまず，アメリカ合衆国において開発された市民性育成プロジェクトの類型化と発達段階に応じた配列を行う。類型化については，憲法規範を子どもの市民性育成にどのように位置付け，それをコントロールするのか，憲法規範の取り扱いを視点とする。配列については，各類型が政治的社会化

と政治的個性化のどちらに重点を置く学習を展開しているのかを視点とする。つまり，子どもの市民性育成を低学年から高学年になるにしたがって，政治的社会化から政治的個性化に変化していく過程と捉えた場合，各々の学習原理がどの段階の子どもに適しているのかに注目する。この２つの視点から各プロジェクトを分析した結果，憲法規範の取り扱いの違いによって①規範理解型，②規範体験型，③規範分析型，④規範活用型，⑤規範批判型の５つの学習原理が抽出できた。そして，この５つの学習原理は①から⑤に移るにしたがって，教育目標が政治的社会化から政治的個性化に変化していくように配列することができる。本研究では，この５つの学習原理とその配列を研究全体の枠組みとし，各々の学習原理に典型的なプロジェクトを取り上げながら分析を進めていく方法をとる。

2　論文の構成

本論文の構成は以下の通りである。

第１章では，立憲主義公民学習の理念と教育目標，また，それを実現していく①規範理解型，②規範体験型，③規範分析型，④規範活用型，⑤規範批判型の５つの学習原理について総論的に考察していく。

第２章から第６章までは，各論部にあたり上記した５つの学習原理に典型的なプロジェクトを取り上げ分析する[1]。各章で取り上げるプロジェクトと対象年齢の一覧を表序－１に示した。本研究で分析対象とするプロジェクトは，幼稚園から高等学校（K～12学年）まですべてを網羅している。そして，幼稚園から高等学校に学年が進行するにしたがって，①規範理解型から⑤規範批判型に学習原理が変化していく。では，各章の構成を概観しよう。

第２章では，①規範理解型の公民学習について論じる。規範理解型は，"社会と正義概念の研究による憲法規範の理解"をめざす市民性育成プロジェクトであり，子どもの社会認識や正義概念の発達論を背景とした道徳学習が中心となる。規範理解型には，"幼稚園における立憲主義公民学習の導入"，小

表序-1　本研究の分析対象

教育目標 学年段階	分析対象（取り扱う章）	対象学年	主な学習内容
政治的社会化 K ↓ ↓ ↓ ↓ ↓ ↓ ↓ ↓ ↓ ↓ ↓ ↓ 12 政治的個性化	規　範　理　解（第2章）		
	『キャラクター・エデュケーション：幼稚園用』	K	道徳学習
	『君は何を表すのか？：児童用』	2〜6	道徳学習
	『社会的正義のための社会科』	1〜6	正義学習
	規　範　体　験（第3章）		
	『憲法博物館教育プログラム：児童用』	1〜6	見学学習
	『ワシントンDC見学学習プログラム』	5〜8	見学学習
	規　範　分　析（第4章）		
	『自由の基礎：生きている権利章典の歴史』	9〜12	歴史学習
	規　範　活　用（第5章）		
	『権利章典：使用者のためのガイド』	9〜12	権利学習
	『修正1条：寛容へのアメリカの青写真』	9〜12	権利学習
	規　範　批　判（第6章）		
	『アメリカ政治における意思決定』	9〜12	政治学習
	『ガバメント・アライブ！権力・政治と君』	9〜12	政治学習

（筆者作成）

学校における"道徳教育の立憲公民学習化"と"社会科教育の立憲主義公民学習化"をめざす3つの動きが存在する。まず，幼稚園における立憲主義公民学習の導入の典型例として，幼稚園から体系的な道徳教育を展開しているマクグローヒル社の『キャラクター・エデュケーション：幼稚園用』を分析する。そして，小学校における"道徳教育の立憲公民学習化"の典型例として，初等低学年からの市民性育成を実践している小学校教員B.ルイスが開発したキャラクター・エデュケーション教材『君は何を表すのか？：児童用』を分析する。分析においては，それらのプロジェクトの背景にあるL.コールバーグ，C.ギリガン，W.デーモン，E.チュリエルといった認知心理学者による子どもの市民性発達論を視点に考察していく。次に，小学校における

"社会科教育の立憲主義公民学習化"の典型例として，アイオワ大学のR.C. ウェイドによる『社会的正義のための社会科』を取り上げる。ここでは，上記のプロジェクトの分析によって初等段階を中心に憲法規範に基づく政治的社会化をめざす市民性教育の論理を解明していく。

　第3章では，②規範体験型の公民学習について論じる。規範体験型は"社会見学による憲法規範の体験"をめざす市民性育成プロジェクトであり，直観主義や実物主義を背景とした社会見学学習が中心となる。ここでは，博物館見学学習として，合衆国憲法発祥の地フィラデルフィアにある国立憲法センターによる『憲法博物館教育プログラム：児童用』を分析する。そして，政府機関見学学習として，政治の実際に接近（クローズアップ）する市民性教育をめざすクローズアップ財団による『ワシントンDC見学学習プログラム』を取り上げる。規範体験型の主な対象学年は，初等後期から中等前期である。規範体験型の公民学習では，博物館見学や政府見学といった視覚によって憲法規範の理解を深めていくとともに，プログラムの中に必ず子どもたちが憲法規範を模擬体験（ロール・プレイ，模擬議会，パフォーマンス活動など）する学習が設定される。ここでは，規範理解型を補完する学習として規範体験型による政治的社会化の論理を解明していく。

　第4章では，③規範分析型の公民学習について論じる。③規範分析型は，「歴史認識による憲法規範の分析」をめざす市民性育成プロジェクトであり，多数決と個人の尊厳のジレンマ研究を原理とする歴史学習が中心となる。ここでは典型例として，ロサンゼルスにおいて合衆国憲法に基づく公民教育を展開する憲法上の権利財団が開発した『自由の基礎：生きている権利章典の歴史』を取り上げる。規範分析型は主に，中等段階を対象として，憲法を負の側面を含めて冷静に分析することで憲法規範の理解と相対化を同時に図ろうとする。ここでは，政治的社会化と政治的個性化の橋渡しをする市民性教育の論理の解明をめざす。

　第5章では，④規範活用型の公民学習について論じる。規範活用型は，"社

会問題解決における憲法規範の活用"をめざす市民性育成プロジェクトであり，法認識論や自然法思想を背景にした条文活用学習が中心となる。ここではまず，憲法条文を活用した"公的論争問題学習"として憲法学者のL.R. モンクがクローズアップ財団とともに開発した『権利章典：使用者のためのガイド』を分析する。また，憲法条文を自然法が実定化した規範と捉え社会問題に解決に活用する「実社会生活問題学習」として，同じくL.R. モンクがクローズアップ財団とともに開発した『修正1条：寛容社会への青写真』を取り上げる。規範活用型は，主な対象を中等後期とし，憲法規範という一定のルールの中で，各々の子どもたちが自己の価値観に基づく社会問題の解決をめざす学習が展開される。このように第5章では，政治的個性化をめざす市民性教育の論理を明らかにしていく。

　第6章では，⑤規範批判型の公民学習について論じる。規範批判型は，"政治システム研究による憲法規範の批判"をめざす市民性教育プロジェクトであり，人権保障装置としての統治機構を研究する政治学習が中心となる。ここでは，政治的意思決定過程の批判学習としてTABA社会科の開発にも参加した，サンフランシスコ州立大学のJ.R. フランケルが開発した『アメリカ政治における意思決定』を分析する。また，立憲主義の相対化学習として，フィラデルフィアの国立憲法センターと子どもの思考を促す学習プロジェクト開発で知られるTCI（Teacher's Curriculum Institute）が共同開発した『ガバメント・アライブ！権力・政治と君』を取り上げる。第6章では，憲法規範に基づく政治の実態解明と子どもたち自身による政治参加研究による政治的個性化の論理を解明していく。

　終章では，以上の分析から明らかになった立憲主義公民学習の論理を整理し，憲法規範を基盤とする子どもの市民性育成の今後の課題について考察し，締めくくりとする。

注

1) 本研究の各論部の一部は，以下の論文において使用した資料を再分析したものを含んでいる。

- 中原朋生「政治的個性化をめざす公民科教育 - J.R.フランケルの政治学習内容構成論 - 」『教育学研究紀要』第42巻第2部 1996，pp.199-204.
- 中原朋生「『権利に関する社会的ジレンマ研究』としての社会科 - 権利学習プロジェクト『自由の基礎』を手がかりに - 」『社会科研究』第58号 2003，pp.51-60.
- 中原朋生「開かれた法認識形成 - 法的議論学習の論理 - 」『日本教科教育学会誌』第29巻第1号，日本教科教育学会 2006，pp.19-28.
- 中原朋生「アメリカ合衆国における"憲法上の基本的人権学習"論 - 『権利章典』ガイドを手がかりとして - 」『川崎医療短期大学紀要』第26号 2006，pp.97-104.
- 中原朋生「初等教育における市民性育成プログラムの内容編成 - 米国キャラクター・エデュケーション教材を手がかりに - 」『川崎医療短期大学紀要』第29号 2009，pp.49-57.
- 中原朋生「子どもの公正概念の発達論にもとづく立憲主義道徳学習 - 米国キャラクター・エデュケーション教材を手がかりとして - 」『法と教育』第1号 2011，pp.8-18.
- 中原朋生「幼稚園における公民教育の論理 - 社会的領域論（Social Domain Theory）を手がかりとして」『社会科研究』第75号，pp.21-30.

第 1 章　立憲主義公民学習の論理
――現代アメリカ公民教育改革論を手がかりに――

第 1 節　公民学習の原理としての憲法規範

1　憲法規範を基盤とする市民性育成の起源

　1980 年代以降のアメリカ合衆国では，憲法が提示する市民性育成の方向性を踏まえた現実的な公民教育の改革が進行した。本節では，市民性育成を方向付ける憲法規範について，現代アメリカ公民教育改革を手がかりに考察していく。

　憲法規範を基盤とする公民教育という発想は古くからあり，成文憲法が成立しはじめる 18 世紀から存在する。例えば，宮沢俊義は，18 世紀のヨーロッパの法学者が成文憲法を必要であると考えた理由を以下のように説明している。

> 　第一に，当時は一般に成文法は慣習法に優先するとされていた。したがって，いちばん重要な憲法的規律は成文化する必要がある。第二に，彼らは国民主権によって制定される成文憲法を社会契約の更新に当たるものと考えた。したがって，その条項をおごそかな，そして，完全な形で定める必要がある。<u>第三に，彼らは，かようにして制定される明確かつ体系的な憲法は，政治教育のすぐれた手段と考えた</u>[1]（下線筆者）。

　宮沢が指摘するように，18 世紀の法学者たちは，憲法を国家の最高法規として完全な形で制定し，それを成文化することが，市民への政治教育の優れた手段であると考えた。このような考え方は，憲法規範に基づく市民性育

成の起源となっている。この論理を世界に先駆けて具現化したのがアメリカ合衆国憲法である。

　1787年に制定されたアメリカ合衆国憲法は，現在も効力を有する世界最古の成文憲法である。1787年の日本は江戸時代，松平定信の寛政の改革の時期である。アメリカ市民は，200年以上前に制定されたこの歴史的な文書を，本文には手を加えず修正条項を追加する形で今も"生きた憲法"として活用し続けている。アメリカ合衆国憲法は前文，本文，修正条項の3つのパートに分かれている。前文では，主権者である合衆国市民が憲法を制定する目的を宣言する"我ら人民（We the People）"が規定される。本文では，厳格な権力分立を定めた"統治機構（Government）"が規定される。修正条項では，1791年に追加された人権カタログ"権利章典（The Bill of Rights）"をはじめとする条項が追加されている。

2　アメリカ合衆国憲法と公民教育

　アメリカ合衆国の公民教育は，伝統的に憲法を優れた市民性育成の手段と考え，憲法の内容構成を公民教育の内容編成の根拠としてきた。ここでは，アメリカ合衆国憲法の3つのパートを公民教育の視点から考察してみよう。まず，アメリカ合衆国憲法前文パートは，以下のような規定である。

　　　我ら合衆国の人民（We the People）は，より完全な連邦を形成し，正義を樹立し，国内の静穏を保障し，共同の防衛に備え，一般の福祉を増進し，我らと我らの子孫の上に自由の祝福のつづくことを確保する目的をもって，アメリカ合衆国のために，この憲法を制定する。（アメリカ合衆国憲法前文）

　前文は，アメリカ合衆国の主権者が人民であり，人民が憲法を制定し，人民が一定の権限を委託する制限された連邦政府を樹立することを宣言している。前文の冒頭にある「我ら合衆国の人民（We the People）」という言葉は，アメリカ合衆国の公民教育の最も重要なスローガンとなっている。つまり，子どもたちをWe the Peopleが象徴する行動的な主権者として育成するこ

とが，公民教育の究極の目標となる。例えば，アメリカ合衆国の代表的な公民教育団体である公民教育センター（Center for Civic Education）は，『We the People』と呼ばれる一連の公民教育プログラムを開発し，憲法前文の規範に基づく公民教育を展開している。これらのプログラムは，既に体系的に我が国にも分析，紹介されている[2]。アメリカ合衆国の公民教育において憲法前文は，子どもたちを主権者として育成していく理念と根拠を提示する憲法規範となっている。

　続くアメリカ合衆国憲法の本文パートは，第1条（連邦議会とその権限＝立法），第2条（大統領とその権限＝行政），第3条（連邦裁判所とその権限＝司法）が主な条文であり，厳格な権力分立を採用する"統治機構（Government）"を定めている。この三権分立を中心とする統治機構は，伝統的にアメリカ合衆国の公民教育における政治学習の内容編成の基盤となっている。いわゆる『Civics』や『American Government』と呼ばれる政治学習プロジェクトの多くが，憲法の本文の構成に従い，立法，行政，司法，州政府といった内容編成を採用している。アメリカ合衆国の政治学習は，宮沢の指摘の通り，憲法を優れた政治学習の手段として，その憲法の構成を政治学習の内容編成の根拠としている。また，本文における厳格な権力分立規定の背景には，アメリカ合衆国における伝統的な巨大権力に対する不信感がある。イギリス国王の絶対的権力から逃れるためにアメリカに渡った市民にとって，権力を監視すべきであるとの憲法規範は，建国以来のアメリカ合衆国の伝統となっている。その伝統は，現代の公民教育における冷静な権力批判学習の根拠ともなっている。

　修正条項パートでは，1791年に追加された修正1条から10条までの人権カタログ"権利章典（The Bill of Rights）"が主な内容となっている。権利章典で最も重要とされる修正1条は，次のような規定である。

　　　連邦議会は，国教の樹立をもたらす法律，もしくは自由な宗教活動を禁止する

法律あるいは，言論または出版の自由，平和的に集会し，苦情の救済を求めて政府に請願する権利を侵害する法律を制定してはならない。(アメリカ合衆国憲法修正1条)

権利章典はまず，"憲法とは市民が政府に宛てた命令書"であることを明確に宣言する。憲法は，政府の権力を縛るものであるという立憲主義思想を具現化している。そして，権利章典は，政府が市民を個人として尊重すべきであるとし，信教，表現，集会などの市民的自由を宣言し，国家が侵してはならない個人の領域を明確に規定する。

このような権利章典が示す憲法規範に基づく公民教育の展開は，現代アメリカ合衆国公民教育改革の目玉といっても過言ではない。例えば，アメリカ合衆国における法関連教育法(Law-Related Education Act of 1978)の成立の背景には，1970年代の子どもたちの権利章典への理解不足の現実がある。子どもたちの多くが，権利章典の意味や役割を全く答えられなかった。公民教育関係者が感じたいわば"権利章典ショック"がきっかけとなり，1978年の法関連教育法の制定をはじめとする公民教育改革がはじまる。例えば，従来，権利章典学習は，『Civics』や『American Government』といった公民教育プロジェクトの1つの単元という程度の扱いであった。しかし，1980年代以降，1セメスターや通年単位でまるごと権利章典関連の公民教育を展開する権利章典(The Bill of Rights)学習プロジェクトが次々に開発されることとなる[3]。また，1990年代に入ると，権利章典の基盤となっている個人の尊重や寛容といった自然法思想に基づく道徳的価値に関する教育も，キャラクター・エデュケーションとして積極的に展開されはじめた。キャラクター・エデュケーションは価値注入の危険性から，アメリカにおいても賛否両論が存在する。しかし，単なる保守的・伝統的な価値注入ではなく，「個人の尊重」「公正」「寛容」といった憲法の基盤となる道徳的価値を学習内容とする，開かれた価値育成アプローチをとるプロジェクトも多く存在する[4]。そして，キャラクター・エデュケーションのカリキュラムは，幼稚園から高

等学校（K〜12学年）まで発達段階を踏まえた体系的な市民性育成を志向している点も示唆に富む。

3　憲法規範に基づく市民性育成の方向

　以上の考察から，アメリカ合衆国憲法が提示する市民性育成に関する憲法規範をまとめると次のようになる。
(1)　市民性育成の基本原理
・すべての市民は，個人の尊厳を有し，個人として尊重される。
(2)　市民性育成の目標
・市民は，主権者となるべきである（主権者としての市民の育成）。
・市民は，国家が侵すことのできない個人の領域を確立すべきである（個人の尊重と寛容性の涵養）。
・市民は，権力が暴走しないように監視すべきである（権力批判ができる市民の育成）。
・市民は，少数者の人権に配慮した多数決によって，社会問題の解決を図るべきである（多数決原理と少数者の人権保護の両立をめざす市民の育成）。
・社会問題の解決策（ルール）を積極的に策定していく市民になるべきである（行動的な市民の育成）。
(3)　市民性育成の内容
・憲法の背景にある自然法思想に関する「道徳・社会的正義の領域」
・憲法前文が宣言する"我ら人民（We the People）"に基づく「主権者の領域」
・憲法本文が規定する"統治機構（Government）"の規定に基づく「政治の領域」
・修正条項における"権利章典（The Bill of Rights）"に基づく「権利の領域」
・憲法に基づく問題解決をめざす「社会問題・論争問題の領域」
(4)　市民性育成の方法
・子どもを個人として尊重すべきである。

・教室を憲法規範に基づく言論と表現の自由が認められた開かれた小社会とすべきである。
・子どもは，主権者として他者と議論しながら，積極的な公民学習を展開すべきである。
・教室における権力者である教師の権限は，制限されるべきである。
・学校は，立憲民主主義の実践の場となるべきである。

　立憲主義公民学習は，以上のような憲法規範を公民学習の目標・内容・方法を貫く学習原理とする公民教育を展開していく。

注
1) 宮沢俊義編『世界憲法集』岩波文庫 1983，p.17.
2) 例えば以下の文献をご参照いただきたい。
  ・桑原敏典「憲法学習を中心とした公民教育改善の試み－アメリカ高校用教材『We the People』を手がかりとして－」『公民教育研究』2000，pp.1-15.
  ・二階堂年恵『現代アメリカ初等法関連教育授業構成論研究』風間書房 2010.
3) 例えば，次のようなプロジェクトがある。
  ・Monk, L.R., *The Bill of Rights: a user's guide Second Edition Teacher's Guide*, Close up Publishing, 1995.
  ・Monk, L.R., *The Bill of Rights: a user's guide Second Edition*, Close up Publishing, 1995.
  ・Monk, L.R., *The First Amendment: America's Blueprint for Tolerance*, Close up publishing 1995.
  ・Rhodehamel, J.H., Rohde, S.F., Blum, P.V., *Foundations of Freedom: a Living History of our Bill of Rights Teacher's Guide*, Constitutional Rights Foundation, 1991.
  ・Rhodehamel, J.H., Rohde, S.F., Blum, P.V., *Foundations of Freedom: a Living History of our Bill of Rights*, Constitutional Rights Foundation, 1991.
  ・Smith, G.B., and Smith, A.L., *YOU DECIDE! Applying the Bill of Rights to Real Cases Teacher's Manual*, Critical Thinking Press and Software, 1992.
  ・Smith, G.B., and Smith, A.L., *YOU DECIDE! Applying the Bill of Rights to Real

Cases, Critical Thinking Press and Software, 1992.
4) 例えば，次のようなプロジェクトがある。
　・Lewis, B.A., *What Do You Stand For?: Character Building Card Game,* Free Spirit Publishing, 2005.
　・Lewis, B.A., *What Do You Stand For?: For Kids, a guide to building character: A leader's guide, CD-ROM First Edition,* Free Spirit Publishing, 2005.
　・Lewis, B.A., *What Do You Stand For?: For Kids,* Free Spirit Publishing, 2005.
　・Lewis, B.A., *What Do You Stand For?: For Teens,* Free Spirit Publishing, 2005.

第2節　教育目標
―――政治的社会化と政治的個性化―――

1　政治的社会化研究が公民教育に示唆するもの

　憲法規範を基盤とした子どもの市民性育成は，どのような教育目標によって展開されるのであろうか。本節では，この問題に手がかりを与えるものとして政治的社会化と政治的個性化について考察していく。
　1960年代にアメリカ合衆国を中心にはじまった子どもの政治的社会化に関する研究は，学校における社会科を中心とする公民教育のあり方に，多くの示唆を与えてきた。政治的社会化とは，ある社会に所属する個人がその社会の政治的行動のパターンを習得していく過程である。この過程には，①当該社会における典型的な政治的行動を一方的に習得していく受動的なパターン，②当該社会における典型的な政治的行動を習得しながら，個人が独自の政治的行動様式も創り出していく受動と能動の混合パターン，③個人が独自の政治的行動様式を創り出していく能動的パターンの3つの方向性がある。政治的社会化の研究の多くが，①の受動的なパターンの社会化の実態の解明をめざしてきた。
　1970年代になると，政治的社会化に関する調査結果が随時公表されていっ

た[1]。ここで明らかになったのは，学校における公民教育は，子どもの政治的社会化にそれほど影響を与えていない現実であった。まず，子どもの政治的社会化に大きな影響を及ぼすのは，家庭であった。家庭における権威者の見解や民主主義的な雰囲気づくり，例えば，家族の構成員を個人として尊重し自由闊達に議論する開かれた環境構成等が，子どもの政治的社会化に大きな影響を及ぼすことが明らかになった。

また，政治的社会化研究は，学校で教授されるフォーマルな政治理念と，社会生活で体験するインフォーマルな政治的現実がズレる場合，子どもたちが圧倒的に政治的現実から影響を受けることを指摘する。例えば，学校における公民教育において「民主主義社会は主権者である市民による積極的な"議論"によって創られていく」との政治理念を学んでも，子どもたちが「民主主義社会は利益集団による"利益誘導のための圧力"よって創られている」という政治的現実を認識すると，"議論"に対する有効感は薄れ，利益誘導の論理を重視する政治的行動を身に付けていく。このような，子どもたちの政治的現実のイメージ形成に最も影響を与えているのがマスメディアである。子どもたちは，学校で教授されるフォーマルな政治理念を，家庭や学校における政治現象やマスメディアによって形成される政治的イメージによってその有効性をテストし，検証された知識を選択的に身に付けていく。

このような指摘は，学校における公民教育の在り方に多くの示唆を与える。例えば，教師が唯一の権威者，権力者となり，子どもたちに順法精神の強要や公民的訓練を行うクラスでは，いくら社会科において民主主義の理念を学習しても空論に終わる。このような問題に対して，我が国に政治的社会化研究を紹介した菊池章夫は，1970年代初頭に「民主的な雰囲気の中でのクラスの意思決定過程への参加は，政治的有効性の感覚を育てる働きをする。」，「カリキュラムを通じて伝達される民主主義の知識は，クラスの運営や学校での教師との人間関係の中で，その有効性をテストされる。」と主張している[2]。

以上のような政治的社会化研究が公民教育に示唆するものは，社会科を中心とする教科における公民学習と，道徳や特別活動等における教科外の公民学習の"連続性"の重要性である。民主主義の学習は，社会科における民主主義の学習（教科教育）と学校や教室における民主主義の実践（教科外教育）とのセットで展開される必要がある。

2　社会科教育研究における政治的社会化に関する研究

以上のような政治的社会化研究の動向に，社会科教育研究も注目してきた。先に指摘した政治的社会化の3つのパターン，①受動的なパターン（社会化），②受動と能動の混合パターン（社会化と個性化の混合），③能動的パターン（個性化）の中で，社会科教育研究がまず注目したのが①受動的なパターンである。

社会科教育研究はまず，戦前の我が国の社会系教科が陥った子どもたちの政治思想を一元化しようとする①受動的なパターンである"政治的教化"の論理を分析し，その問題性を明らかにした[3]。そして，子どもたちの政治思想の一元化をめざし，政治的価値を注入しようとする社会系教育を「閉ざされた」ものとして，それを阻む論理の重要性を説いた。

続いて，アメリカ合衆国における社会科教育研究者の重鎮，マシャラスが展開した対抗社会化（Countersocialization）をめざす社会科教育論を導入する形で，③能動的パターン（個性化）の研究がスタートする。対抗社会化（Countersocialization）については，岡明秀忠による先駆的かつ体系的な研究が展開された[4]。また，同様に政治的教化を阻む公民教育論として，桑原敏典による一連の社会科学科としての公民教育研究も展開された[5]。

しかし，これらの先行研究は，主に中等段階，特に社会科教育の最終段階である高校段階における，対抗社会化教育としての公民学習の在り方を分析したものになっている。いわば，社会科の出口，締めくくりとしての公民学習の在り方を論じたものである。そしてそれらは，政治的社会化に対抗する立場に社会科を留め，いわゆる小さい社会科論を主張する。それらの研究は，

幼稚園からはじまる子どもたちの学校教育における政治的社会化の実態と社会科公民学習との関係をブラックボックスにしている。

　公民教育研究は，社会における政治的価値や行動が多様であってよいとする憲法が提示する"開かれた社会"の規範を，子どもたちに内面化していくプロセスも検討する必要があるだろう。つまり，②社会化と個性化の混合タイプに関する研究が必要不可欠である。公民教育を幼稚園から高等学校（K～12学年）における政治的社会化と政治的個性化をセットで展開する市民性育成の過程と捉え，その入口から出口までをトータルに説明するカリキュラムデザインに関する研究である。これまでの社会科教育研究における公民学習の研究は，このような発想が欠如している。

注
1）主なものに，R.ドーソン，K.プルウィット，K.ドーソン，加藤秀治郎・中村昭雄・青木英実・永山博之訳『政治的社会化－市民形成と政治教育－』芦書房1989.がある。
2）菊池章夫「政治的社会化と政治学習」『現代教育科学』181号1972, pp.25-28.
3）森分孝治「歴史教育と政治的社会化」『歴史教育事典』ぎょうせい1989, pp.85-89.
4）岡明氏の所論については，以下をご参照いただきたい。
　・岡明秀忠「対抗社会化（Countersocialization）をめざす社会科－S.H.エングルの内容構成論を中心に」『社会科研究』第39号1991, pp.27-38.
　・岡明秀忠「対抗社会化（Countersocialization）をめざす社会科－D.W.オリバーの場合」『教育学研究紀要』第36巻1991, pp.223-228.
　・岡明秀忠「対抗社会化（Countersocialization）をめざす社会科－James P.Shaverの学習指導方法論を手がかりとして」『広島大学教育学部紀要』第2部41, pp.79-88.
　・岡明秀忠「対抗社会化（Countersocialization）をめざす社会科－F.M.ニューマンを手がかりに」『教育学研究紀要』第37巻1991, pp.178-183.
5）桑原敏典『中等公民的教科目内容編成の研究－社会科公民の理念と方法－』風間書房2004.

第3節　子どもの市民性発達と5つの公民学習原理

1　子どもの市民性発達

　公民教育を，幼稚園から高等学校（K～12学年）における政治的社会化と政治的個性化の過程と捉えた場合，重要となるのが子どもの市民性の"発達"への視点である。特に，幼児や初等低学年からの公民教育のカリキュラムをデザインしていく場合，専門科学や学問の内容論だけではなく，子どもの発達への視点が不可欠である。なぜなら，子どもの認知には独自性と段階性が存在するからである。子どもの市民性発達の過程を見通しながら，各段階に適合する公民学習の原理を段階ごとに提示する視点が重要となる。このような問題意識から，子どもの市民性発達とそれに適合する公民学習の原理を表1-1に示した。

　本カリキュラム・フレームワークは，公民教育の目標が政治的社会化から徐々に政治的個性化に変化していくモデルとした。これは，十分な社会化が達成された後でないと，十分な個性化が果たせないと考えるからである。このような論理はネオデューイストのローティらも主張しているカリキュラム展開論である。つまり，「個性化とは，子どもが十分に社会化された後で，その社会化の過程をアイロニーの作用によって相対化することで実現される」[1]との主張である。対抗社会化や批判的構築主義の社会科授業が効果を持つのは，子どもたちが社会化されているとの前提があるからである。しかし，十分に社会化を果たしていない子どもを対象に，対抗社会化をめざしても，それ自体が社会化となるだけであろう。公民教育においても，まず，憲法が提示するフォーマルな規範に基づく社会化をめざし，その後，その規範を徹底的に批判し自己の見解を形成する個性化の過程をセットで展開していくことが不可欠である。ここでは，教育思想的な視点から表1-1の左に示す

表1-1 憲法規範を基盤とした公民教育カリキュラム・フレームワーク

教育目標	学習原理	主な学習内容	子どもの発達過程
政治的社会化 (憲法受容) ↑ ↑ ↑ ↑ ↑ ↓ ↓ ↓ ↓ ↓ (憲法吟味) 政治的個性化	規範理解 社会と正義の研究による 憲法規範の理解	○道徳 ・社会的領域 ・社会的正義	前慣習段階 (幼児・初等) ・社会的領域 ・公正概念
	規範体験 社会見学による憲法規範の体験	○社会見学 ・主権者 ・市民性	
	規範分析 歴史認識による憲法規範の分析	○歴史 ・社会問題史 ・憲法史	慣習段階 (中等前期)
	規範活用 社会問題解決における 憲法規範の活用	○権利 ・論争問題 ・憲法条文	
	規範批判 政治システム研究による 憲法規範の批判	○政治 ・政治システム ・意思決定過程	脱慣習段階 (中等後期)

(筆者作成)

ように政治的社会化から徐々に政治的個性化に教育目標が移るモデルを想定する。では、子どもの市民性発達の側面から考えるとその妥当性はいかなるものになるだろうか。

このような問題に示唆を与えるのが、ピアジェ、コールバーグ、ギリガン、デーモン、チュリエルらの認知的アプローチによる道徳性発達研究である。特に、コールバーグによる道徳性発達の6段階論は、1970年代以降のアメリカ合衆国における公民教育カリキュラムにも多大な影響を与えている。本研究においても、表1-1の右に示すように、コールバーグが提示した前慣習的水準→慣習的水準→脱慣習的水準に至る過程を子どもの市民性発達のシーケンスとして使用する。

2 公民教育カリキュラム・シーケンスとしてのコールバーグ理論

(1) コールバーグ理論と子どもの市民性の発達課題

　なぜ，コールバーグの道徳性発達の6段階論が，公民教育のカリキュラム・シーケンスとして有効なのであろうか。それは，コールバーグの道徳性発達論が①認知主義－子どもの道徳的判断は人間関係及び社会システムの合理的な認知に基づき，②形式主義－子どもの道徳的判断の内容ではなく判断に至る形式を問題とし，③正義（JUSTICE）の優位－正義をめぐる道徳的問題を取り扱う，という3つの原理を重視しているからである。この3つの原理は，社会的正義の構築方法を究極的に宣言している憲法規範に基づく，子どもの市民性育成の論理を明らかにしようとする本研究に多くの示唆を与える。ここでは，コールバーグの所論を3つの原理を中心に考察してみよう。

　コールバーグは，子どもたちに下記のような仮説的なジレンマを提示し，登場人物の選択すべき行動に関する道徳的判断を求め，その判断の形式を分析した[2]。

　コールバーグは，本事例のように「生命尊重 V.S. 順法」といった，正義に関わるジレンマ状況を子どもに提示する（正義の優位）。そして，子どもが人間関係及び社会システムをどの程度,合理的に認知しているのか分析した（認知主義）。特に，子どもが選択した行動の内容ではなく，その判断に至るまでにどのような規範をどのような方法で援用したのかに注目して分析した（形式主義）。その結果，表1-2の左側に示すような3水準6段階となる道徳性発達論を提示した。市民性発達との関係からコールバーグ理論を考察してみよう。

　Ⅰ前慣習的水準は，行為による罪や報酬により善悪を判断するレベルである。前慣習的水準はさらに，段階1「罪と服従」と段階2「利己的判断」に分けることができる。段階1「罪と服従」の子どもは，正しさの基準が自分の外にあり,罪や罰を避けることを最優先した他律的は判断をする。例えば，

表 1-2　コールバーグによる道徳性発達論と市民性の発達課題の関係

道徳性発達の3水準6段階	発達課題
Ⅰ前慣習的水準（行為による罪や報酬により善悪を判断する水準）	政治的社会化
段階1「罪と服従」：正しさの基準は自分の外にあり，他律的である。罰や苦痛を避けることを最優先する。 ・回答例「No：ハインツは，泥棒の罪で刑務所に入れられるから。」	→規範理解 社会・正義概念研究による規範の理解
段階2「利己的判断」：自分にとっての利益が正しさの基準になる。 ・回答例「Yes：妻が亡くなると，ハインツは生活できないから。」	→規範体験 社会見学による規範の体験
Ⅱ慣習的水準（社会や集団の期待に応えることを重視する水準）	
段階3「対人関係の調和，よい子志向」：自分の周りのよりよい人間関係を維持するように，気配りし振る舞うことができる。人を喜ばせ認められることが正しさの基準となる。 ・回答例「Yes：妻のために薬を盗んで助けるべきだから。」 ・回答例「No：泥棒になると妻が悲しむから，妻のために盗むべきではない。」	→規範分析 社会研究による規範分析
段階4「法と秩序」：社会の構成員の一人として社会秩序や法律を守ることが正しさの基準となる。社会的責任は大切であるが，それは単に友達や親の期待に合った同調行動をとることではない。国家や地域社会に積極的に貢献し，ルールに従って義務を果たし，社会のために自分の役割を果たそうとする。 ・回答例「No：法は，盗みを禁じているから。」	→規範活用 社会問題解決による規範の活用
Ⅲ脱慣習的水準（自律的・原則的な価値を構築し判断する水準）	
段階5「社会契約的な考え方」：正しさの基準は，人間同士の合意に従うことである。社会的利益を合理的に判断しようとする。法やルールが現実に合わない場合は，合意に基づいて変えていこうとする。 ・回答例「No：盗みは，薬剤師の合法的権利を侵すから，交渉，裁判，世論，募金などの他の方法を求めるべき。」	→規範批判 自己見解構築による規範批判
段階6「普遍的な倫理的原理」：自らが選択した倫理原則が正しさの基準となる。法律が倫理的原則に合わないときには，自らの原則（正義の原則）によって行動する。 ・回答例「Yes：いかなる場合でも，個人の生命に対する権利が優先されるべきである。」	政治的個性化

表中のゴシック体は筆者の分析を記入。

第 1 章　立憲主義公民学習の論理　31

> **ハインツのジレンマ**
>
> ヨーロッパで，一人の女性がたいへん重い病気である特殊なガンにかかって死に瀕していた。医者たちの意見では，彼女の命を救うことができるかもしれない薬が 1 つあった。それはラジウムの一種で，同じ町に住む薬剤師が最近発見したものだった。その薬を作るにはたいへんお金がかかったのだが，その薬剤師は，その薬に実際にかかったお金の 10 倍もの値段をつけていた。彼は，そのラジウムの開発に 200 ドルかけて，その薬一錠には 2000 ドルの値段をつけたのである。病気の女性の夫ハインツは，ありとあらゆる知人のところへ行き，お金を借りたが，薬の値段の半分である 1000 ドルくらいしか集められなかった。彼は，薬剤師に，自分の妻が死にそうであるといい，薬をもっと安く売ってくれるか，支払いを延ばしてくれるかするように頼んだ。しかし，その薬剤師は「いやです。私がこの薬を発見し，それでお金をもうけようとしているのです。」というのであった。ハインツは絶望的になり，その男の店に押し入って，妻のためにその薬を盗んだ。

L・コールバーグ著，岩佐信道訳『道徳性の発達と道徳教育－コールバーグ理論の展開と実践－第 4 版』麗澤大学出版会 2001，p.181. を参照し筆者作成。

　ハインツのジレンマに対しては，「No。ハインツは，盗むべきではない。なぜなら，泥棒の罪で刑務所に入れられ，罰せられるから。」といった回答をする。段階 2「利己的な判断」の子どもは，自分に利益を生むことが正しい行為とされる。例えば，ハインツのジレンマに対しては，「Yes。ハインツは，盗むべきである。なぜなら，妻が亡くなるとハインツは寂しくなり，生活できなくなるから。」といった回答をする。
　このように，前慣習的水準の子どもは，他律的かつ自己中心的な判断が中心であり，規範の社会的役割や相互互恵性を理解できていない。この水準の子どもは，環境との相互作用によってまず，人間関係や社会システムにおける規範の役割を理解していく「規範理解」が発達課題となる。また，規範が人間関係の中で果たす役割や社会システムに及ぼす影響を，社会見学や社会体験によって学んでいく「規範体験」も「規範理解」を補強するために必要となる。このように，前慣習的水準の子どもは，人間関係と社会システムに

おける規範の役割を合理的に認知するとともに，憲法規範を体験していくことが市民性育成のための発達課題となる。

Ⅱ慣習的水準は，社会や集団の期待に応えることを重視した善悪の判断をするレベルである。慣習的水準はさらに，段階3「対人関係の調和，よい子志向」と段階4「法と秩序」に分けられる。

段階3「対人関係の調和，よい子志向」の子どもは，自分の周りの人間関係を維持するように気配りをしながら，人を喜ばせることが正しさの基準となっている。例えば，ハインツのジレンマに対しては，「Yes。ハインツは，盗むべきである。妻のために薬を盗んで助けるべきだから。」や「No。ハインツは，盗むべきではない。なぜなら，泥棒となると妻が悲しむから，妻のために盗むべきではない。」といった回答する。この段階の子どもは，他者との人間関係を重視し，他者や集団が自己に期待する行為を予測することができる。また，他者の感情や，集団における合意も認識し，自己の個人的な利害よりもそれらを優先することが大切だと考えている。コールバーグの理論をわが国で追試した山岸によると，我が国の子どもはこの段階が圧倒的に多いことが指摘されている。つまり，第3段階の子どもは，他者や集団との調和を重視し，自己主張や社会的正義の基準に基づく批判や分析を避ける傾向にある。この段階の子どもに必要なのは，個別の人間関係を超えた社会システムにおける規範の役割や在り方を冷静に分析することである。つまり，「規範分析」によって，個別の人間関係に影響されない社会的正義や公正の基準を認識していくことが市民性育成のための発達課題となる。

段階4「法と秩序」の子どもは，社会の構成員の一人として社会秩序や法律を守ることが正しさの基準となる。この段階では，社会的責任の重要性は認識されているが，単に友達や親の期待に合った同調行動をとることが責任を果たすことではないと認識している。段階4「法と秩序」の子どもは，国家や地域社会に積極的に貢献し，ルールに従って義務を果たし，社会のために自分の役割を果たそうとする。例えば，ハインツのジレンマに対しては，

「No。ハインツは，盗むべきではない。なぜなら，法は盗みを禁じているから。」といった回答をする。この段階の子どもは，個別の人間関係を超えた社会システムにおける規範の役割を認識している。そして，社会システムを維持するためには，法に従うべきであるとの主張を展開する。いわば，悪法も法なりといった認識である。この段階の子どもには，規範を具体的な社会問題において活用することを促し，ある法がすべての状況においても適用可能でないことを認識させることが必要となる。つまり，「規範活用」によって，その有効性と限界を認識していくことが，市民性育成の発達上の課題となる。

Ⅲ脱慣習的水準は，自律的・原則的な価値を構築し判断するレベルである。脱慣習的水準は，さらに段階5「社会契約的な考え方」と段階6「普遍的な倫理的原則」に分けることができる。

段階5「社会契約的な考え方」の子どもは，人間同士の合意に従うことを正しさの基準とするとともに，社会的利益を合理的に判断しようとする。法やルールが現実に合わない場合は，合意に基づいて変えていこうとする。例えば，ハインツのジレンマに関しては，「No。盗みは，薬剤師の合法的権利を侵すから，交渉，裁判，世論，募金などの他の方法を求めるべき。」といった回答をする。この段階の子どもは，個人や集団によって規範は相対的であることを認識しており，正義を実現するための手続きを重視し，社会契約や社会全体の効用（最大多数の最大幸福）を重視した判断を行う。この段階の子どもに必要なのは，正義とはどのような状態か，また，正義を導き出す基準は何か，また，現在適用されている基準に誤りはないか，といった正義を生み出す規範を批判的に吟味することである。つまり，問題状況に適応可能な規範を探究するとともに，それを批判的に吟味し，必要な場合は新たな規範を提案していくような「規範批判」学習が必要となる。

段階6「普遍的な倫理的原理」の子どもは，自らが選択した倫理原則が正しさの基準となる。法律が倫理的原則に合わないときには，自らの原則（正義の原則）によって行動する。例えば，ハインツのジレンマについては，「Yes。

いかなる場合でも，個人の生命に対する権利が優先されるべきである。」といった回答をする。この段階の子どもたちは，市民性発達の最終段階に位置付けられる。この段階の子どもは，「個人の尊厳」といった普遍的な価値に基づき，社会問題の解決を図ろうとする。しかし，現実の社会では，すべての人間を個人として尊重することが困難な状況も多い。その状況に直面したときに，自己の倫理的原則に基づく独自の判断を行うことができる。

　以上のように，コールバーグの道徳性発達の6段階論は，子どもの道徳的判断を人間関係及び社会システムの合理的な認知の発達と捉える認知主義に立っている。そして，子どもの道徳的判断の内容ではなく，判断に至る形式を問題とする形式主義に基づく発達段階論を提起している。また，子どもたちに提示する事例は，正義（Justice）をめぐる道徳的問題を取り扱っていた。

　これらは，憲法規範を基盤とする公民教育のあり方を追求する本研究に次のような示唆を与える。第1に，人間関係と社会システムの認識の両者を認識対象とする認知主義は，従来の公民学習が社会システム中心の学習を展開していることに警鐘を鳴らす。公民教育は，社会システムのみならず人間関係における憲法規範の役割にも注目した学習が必要となる。つまり，コールバーグの道徳性発達論は，人間関係における規範のみを扱うのではなく，社会システムの認識とそのシステムにおける規範の役割もセットで扱う点において，道徳性を超える市民性発達論として捉えることができるわけである。第2に，社会的問題における判断の内容ではなく，その形式の発達に注目する形式主義は，規範注入に陥る閉ざされた公民教育に対する開かれた公民教育の在り方を示唆する。第3に，コールバーグの道徳性発達6段階論は，その発達を促すための発達課題として①規範理解→②規範体験→③規範分析→④規範活用→⑤規範批判という5段階の学習を必要としていることが明確になっている。この5段階が市民性発達を促す公民教育のカリキュラム・フレームワークとなることを示唆している。

　以上のように，コールバーグの所論は公民教育の在り方に大きな影響を与

える。では，コールバーグ自身は，道徳教育と公民教育との関係をどのように捉えていたのだろうか。

(2) コールバーグによる道徳教育と公民教育の関係論

コールバーグは，ハーバード大学の同僚であるオリバーらが開発したハーバード社会科に影響を受け，公民教育と道徳教育を関係付けた道徳性発達論を展開している。例えば，彼は次のような主張を展開する[3]。

> 道徳的推論を発達させることが，政治教育もしくは社会科教育にとって中心的なものであることを私たちが認識すれば，もっとバランスのとれた見方ができるようになります。プラトン，アリストテレスからデューイにいたる哲学者が，道徳教育と政治教育の密接な関係を認めていますが，私たちの研究こそ，2つの教育を首尾一貫した実際的な方法で結合させようとする最初の体系的試みです。

そして彼は，オリバーらによる公的論争問題学習とコールバーグの道徳学習との関連について，次のような研究成果を紹介する[4]。

一．オリバーが使った種類の公共問題に対する応答は，かなり正確に評定できる道徳判断を含む発言です。
二．オリバーの公的，政治的葛藤場面に対する子どもの道徳レベルと，コールバーグの道徳的葛藤場面に対する道徳レベルとには相関があります。（相関係数0.48）
三．公共問題の討論の（オリバーの図式によって評定される）成績は，討論されている問題に関する子どもの道徳的レベルと相関関係にあることは，明らかです。
四．オリバーの討論方式は，それ自体，立憲民主主義の概念と価値判断の哲学的合理性に基づいた討論のモデルですが，その優秀さは私たちの第5段階と第6段階の被験者にふさわしいモデルです。

このように，コールバーグは自身が提示した子どもの道徳性発達の6段階論と，オリバーの公的論争問題学習論の強い相関を主張している。特に，コールバーグは，社会契約の枠組みや正義の概念を創造していく「脱慣習的水準」

である第5・6段階の子どもたちに，オリバーの公的論争問題学習がフィットしていると主張する。主に，高校生以上を中心とする「脱慣習的水準」の子どもたちが展開する社会的正義に関する議論学習は，道徳性発達と深い関連がある。公民教育の出口である高校段階では，道徳教育と同様に，社会的な規範の批判による自己見解形成，つまり，政治的個性化が最終目標となる。

(3) コールバーグ派の認知心理学者による幼児期から初等低学年の社会認識論

では，幼児や低学年を対象とする公民教育の入口には，どのような論理が必要であろうか。幼児や低学年の子どもの道徳性発達については，同じくコールバーグ派に属するチュリエルやデーモンが，コールバーグが軽視しがちであった低年齢児の社会認識発達や正義概念の発達について，明らかにしている。

チュリエルは，特に幼児の社会認識の特性に注目し，社会的領域論（Social Domain Theory）を展開する[5]。社会的領域論は，子どもの社会認識が，社会慣習領域，道徳領域，個人領域という3つの領域を区別しながら，認知的に発達するとする。チュリエルは実証的な調査研究に基づき，子どもが4，5歳になると，社会システムの認識が中心となる社会慣習領域，人間関係の認識が中心となる道徳的領域，個人が自由に選択や判断ができる個人領域を区別できると主張する。この3領域の区別は，立憲主義公民学習の入口の論理に次のような示唆を与える。子どもは社会慣習と道徳を区別することにより，冷静な社会システムの研究と規範的な人間関係の研究が質的に異なることを認識できる。このことにより，道徳的な善・悪の判断に影響されない冷静な社会システム学習が可能になる。また，既存の社会システムに拘束されず，あるべき正義を探究する道徳学習も可能となる。さらに，子どもは社会慣習や道徳に影響されない個人領域を認識することによって，憲法が保障する信教や表現の自由といった個人の自由の考え方の基礎を学ぶことができる。

また，デーモンは，コールバーグが軽視しがちであった低年齢児の道徳的判断の発達に注目した。特に彼は，分配場面における，子どもの公正さの判断基準に注目し，3水準6段階からなる公正概念の発達論を提起した[6]。この公正概念の発達論は，子どもが形式的平等，功績や貢献，個人の尊重といった規範を順次援用しながら公正さの判断形式を発達させていく過程を明らかにする。彼の公正概念の発達論は，特に初等低学年における立憲主義公民学習の在り方を考える上で示唆を与える。子どもが，憲法上の基本価値である個人の尊重という概念を活用できるようになるには，形式的平等や功績や貢献の評価といった比較的活用しやすい判断基準を使用する学習を踏まえる経験が必要であることを示唆する。

このように，チュリエル，デーモンといったコールバーグ派の認知心理学者は，アメリカ合衆国憲法に基づく政治的社会化と密接に関連する道徳性発達論を，コールバーグの6段階論を批判的に補強する形で展開している。

3 立憲主義公民学習の5つの学習原理

以上の考察を踏まえ，本研究では，コールバーグ派の理論を援用し，子どもの市民性の発達が前慣習的水準→慣習的水準→脱慣習的水準に至る過程と捉える。その上で，政治的社会化から政治的個性化を徐々に達成していく学習原理を段階的に提示していく。

(1) 規範理解型――憲法規範に基づく社会認識形成

規範理解型の公民学習は，幼児期や初等低中学年において「社会・正義概念の研究による憲法規範の理解」をめざす。子どもの社会認識や公正概念の発達論を背景とした政治的社会化としての公民教育を展開する。公民教育の入口となる規範理解型は，憲法規範に基づく社会的領域の認識がめざされる。具体的には，社会慣習領域，道徳領域，個人領域という3つの領域の質の違いを子どもたちが区別していく学習を展開する。そして，3つの領域の中で

も特に道徳領域を重視し，公正概念の発達を促す学習を展開する。また，最終的に社会認識学習と道徳学習を繋ぐ社会的正義学習を展開する。

(2) 規範体験型——社会見学による憲法規範の追体験

規範体験型の公民学習は，初等中高学年における"社会見学による憲法規範の追体験"をめざすものである。直観主義や実物主義を背景とした政治的社会化を補強する社会見学学習が中心となる。ここではまず，博物館見学や政府見学といった視覚によって憲法規範の理解を体験的に深めていく。また，子どもたちが憲法規範を模擬体験（ロール・プレイ，模擬議会，パフォーマンス活動など）する学習が設定される。

(3) 規範分析型——歴史認識を通した憲法規範分析

規範分析型の公民学習は，中等前期において"歴史認識を通した憲法規範分析"をめざすものである。ここでは，政治的社会化と政治的個性化の橋渡しをする憲法に関する歴史学習が展開される。規範分析型は憲法の歴史を研究するとともに，憲法を負の側面を含めて冷静に分析することで，憲法規範の理解と相対化を同時に図ろうとする。

(4) 規範活用型——憲法規範を活用した社会問題解決

規範活用型の公民学習は，"社会問題解決における憲法規範の活用"をめざす。法認識論や自然法思想を背景にした条文活用学習が中心となる。ここではまず，憲法条文を活用した論争問題学習を行う。また，憲法条文を自然法が実定化した規範と捉え社会問題に解決に活用する実社会生活問題学習を行う。ここでの学習は，憲法規範という一定のルールの中で，各々の子どもたちが自己の価値観に基づく社会問題の解決をめざす学習を展開する。

(5) 規範批判型——政治システム研究による憲法規範の批判

　規範批判型の公民学習は，"政治システム研究による憲法規範の批判"をめざす。ここでは，政治的意思決定過程の批判学習と立憲主義の相対化学習を行う。ここでは，憲法規範に基づく政治の実態解明と子どもたち自身による政治参加研究を行い，子どもたちが憲法規範を批判しながら自己の見解を形成していく政治的個性化を展開していく。

　では，2章以降において，このような原理を具体化していく公民学習の実態を，アメリカ合衆国のプロジェクト分析によって明らかにしていこう。

注

1) 柳沼良太「デューイとローティの教育思想に関する比較考察」『岐阜大学教育学部研究報告人文科学』53（2）2005, p.231.
2) L・コールバーグ著，岩佐信道訳『道徳性の発達と道徳教育－コールバーグ理論の展開と実践－第4版』麗澤大学出版会 2001, p.181.
3) 前掲書, p.139.
4) 前掲書, p.140.
5) Turiel, E., "Social Regulations and Domains of Social Concepts," in Damon, W., Ed., *Social Cognition*, Jossey-Bass Inc., Publishers, 1978, pp.45-74.
6) Damon, W., *The Social World of the Child*, Jossey-Bass Publishers, 1977.

第2章　規範理解型公民学習
―― 社会と正義概念の研究による憲法規範の理解 ――

第1節　社会と正義概念の研究による憲法規範の理解

　第2章では，規範理解型の公民学習について論じる。規範理解型は，社会と正義概念の研究による憲法規範の理解をめざす公民学習であり，子どもの社会認識や正義概念の発達論を背景とした立憲主義公民学習を展開する。

　規範理解型は，子どもの身近な人間関係及び社会環境を研究対象とし，どのような規範が社会的正義として承認させているのかを子どもが主体的に研究していく。規範理解型は，このような研究活動を通してアメリカ合衆国憲法が提示する個人の尊重（Respect），公正（Fairness），市民性（Citizenship）といった憲法規範を理解していくことを目標とする。さらに，社会システムや社会問題を研究対象とし，憲法規範の理解を促す学習活動も展開していく。

　規範理解型は，主に幼稚園から小学校までの子どもたちを対象とするものであり，立憲主義公民学習の第1段階に位置付く。アメリカ合衆国における規範理解型公民学習は，第1に幼稚園における"立憲主義公民学習の導入"，第2に小学校における"道徳教育の立憲主義公民学習化"，第3に小学校における"社会科教育の立憲主義公民学習化"という3つの動きが存在する。

　第1の幼稚園における"立憲主義公民学習の導入"については，アメリカ合衆国憲法が提示する規範のなかでも，最も重要な概念である「個人の尊重」の理解を，どのような研究活動によって促すかが課題となる。幼児は，身近な人間関係や社会環境のなかで社会化されていく。その過程において，個人の尊重の源となる個人の領域を発見し，その重要性を理解していく。このよ

うな幼稚園における公民学習の入口の論理を明らかにするために，本章第2節において幼稚園から体系的な道徳教育を展開しているマクグローヒル社が開発した『キャラクター・エデュケーション：幼児用』を分析する。ここでは特に認知心理学者のE.チュリエルの社会的領域論を視点に内容編成を分析し，立憲主義公民学習の入口の論理を明らかにする。

チュリエルは，子どもたちが社会化の過程において，社会慣習領域，道徳領域，個人領域の3つの領域を区別しながら社会認識を発達させるという。そして，4〜5歳の幼児になると3つの領域の違いを認識できると主張する。つまり，幼児でも社会システムの認識をベースとする社会慣習領域，善悪の判断をベースとする道徳領域，社会慣習や道徳が介入できない個人領域，といった各領域の違いが理解できるという。特に個人領域の発見とその意義の理解は，アメリカ合衆国憲法の重要な規範である個人の尊重のベースとなるものである。第2節においては，このようなチュリエルの社会的領域論を視点にキャラクター・エデュケーションを展開する典型的なプロジェクトを分析することで，子どもの発達を踏まえた憲法規範の理解を促す公民学習の導入の論理を明らかにしていく。

第2の小学校における"道徳教育の立憲主義公民学習化"については，アメリカ合衆国憲法が提示する個人の尊重（Respect），公正（Fairness），市民性（Citizenship）といった憲法規範に基づいた道徳教育を，どのような内容と方法によって展開していくべきかが課題となる。本章の第3節及び第4節では，アメリカ合衆国における道徳教育の新潮流であるキャラクター・エデュケーションの代表的なプロジェクトを分析対象とする。キャラクター・エデュケーションについては，アメリカ合衆国においても保守的な価値観の注入教育の復活であるとの否定的な見解も存在する。しかし，現在のキャラクター・エデュケーションは，1970年代における価値の明確化や価値ジレンマといった価値自由論的な道徳教育や子どもの道徳性発達の研究成果を踏まえている。その上で，合衆国憲法の背景にある規範の理解を子どもたちに促そうと

する点が特長がある。そこで，本章第3節では，初等低学年からの市民性教育を実践してきた小学校教員B.ルイスが開発したキャラクター・エデュケーション教材『君は何を表すのか？：児童用』の内容編成を分析する。ここでは，初等段階における立憲主義道徳学習の"内容編成"の論理を明らかにする。続く第4節では，同じく『君は何を表すのか？：児童用』の公正の単元構成を分析する。特に単元構成の背景にある認知心理学者のW.デーモンの公正概念発達論を視点に分析する。ここでは，子どもの道徳性発達論に基づきながら憲法規範の理解を促す立憲主義道徳学習の"方法論"を明らかにしていく。

第3の小学校における"社会科教育の立憲主義公民学習化"については，子どもたちの身近な人間関係や社会環境の学習を超えて，憲法規範の理解を促す社会研究を社会科として，いかにして展開するかが課題となる。本章の第5節では"社会科教育を立憲主義公民学習化する動き"の典型例として，アイオワ大学のR.C.ウェイドによる『社会的正義のための社会科』を取り上げる。社会的正義のための社会科は，公正（Fairness）と思いやり（Care）を視点に，民主主義システム，人権問題，環境問題などの社会研究を促す小学校社会科学習論である。ここでは，伝統的な同心円拡大に基づく小学校社会科カリキュラムを，立憲主義公民学習化するための教育課程編成論，単元構成論が提起されている。第5節では，社会的正義学習の原理，教育課程編成，単元構成をトータルに分析することで，小学校社会科を立憲主義公民学習化するための論理を明らかにしていく。

以上のように第2章では，第1に社会科教育や道徳教育の原型となる幼稚園における"立憲主義公民学習の導入"の論理，第2に小学校における"道徳教育の立憲主義公民学習化"，第3に小学校における"社会科教育の立憲主義公民学習化"をそれぞれ内容論と方法論をセットで分析することによって，初等段階における憲法規範の理解を目標とする規範理解型公民学習の全体像を明らかにしていく。

第2節　幼稚園における立憲主義公民学習の導入
——E.チュリエルによる社会的領域論（Social Domain Theory）を手がかりに——

1　公民学習の導入の論理

　本節の目的は，アメリカ合衆国の幼稚園向けキャラクター・エデュケーション教材を認知心理学者チュリエルの社会的領域論（Social Domain Theory）を視点に分析することを通して，幼児期における立憲主義公民学習の論理を明らかにすることにある。

　社会科を「社会認識を通して公民的資質を育成する意図的計画的な教育活動」と捉えた場合，社会科という教育行政上の教科が存在しなくても，幼稚園や小学校低学年における社会認識教育の論理を解明することは重要な課題であろう。これまでの社会科教育学研究においても筆者と同様の問題意識から，幼稚園における社会認識教育に関する研究[1]がなされてきた。しかし，それらは社会システムの認識を中心とする小さな社会科の導入の論理を探究している。幼稚園において，社会科・道徳教育・特別活動を含んだ広義の公民教育導入の論理の解明をめざした研究が，見られないのが現状である。

　このような問題に対して，アメリカ合衆国の幼稚園におけるキャラクター・エデュケーションと呼ばれる新しい形態の公民教育は示唆に富む。キャラクター・エデュケーションは，合衆国憲法が提示する価値概念を学習対象とし，幼稚園から高等学校（K-12学年）まで一貫した立憲主義公民教育を展開する。その典型的なスタイル[2]は，学校全体で市民性（Citizenship），尊重（Respect），責任（Responsibility），寛容（Tolerance），公正（Fairness）といった民主主義社会を成立させている価値概念を選択する。そして1つの概念を1単元として子どもたちと徹底的に議論，研究し，最終的に，子どもたちの行動選択の基準（キャラクター）として育成する。

特に幼稚園におけるキャラクター・エデュケーションは，幼児の社会認識発達の特長を踏まえつつ，合衆国憲法が提示する諸価値を育成しようとする点が示唆に富む。またアメリカ合衆国の幼稚園は，小学校内に設置される就学準備クラスである。そこで展開されるキャラクター・エデュケーションは，幼稚園から高等学校（K-12学年）まで展開される立憲主義公民学習の出発点と位置付けられている。

本節では，上記のような教材の典型例として，マクグローヒル社が開発した『キャラクター・エデュケーション：幼稚園用』[3]を取り上げる。その理由は，本教材が認知的アプローチ，とりわけE.チュリエルの社会的領域論をベースとして，幼児期の子どもの社会認識発達に即した立憲主義公民学習を計画しており，この点において他の社会科教材よりも優れていること。また，すべての単元がNCSS社会科スタンダードに準拠しており，就学以降の道徳教育のみならず社会科公民教育に接続する学習を展開している点が本節の問題意識に多くの示唆を与えると考えるからである。

2　幼児期における社会認識形成──チュリエルの社会的領域論──

(1) 3つの領域──社会慣習・道徳・個人──

ここではまず，認知心理学者のチュリエルが展開している社会的領域論[4]を幼児の公民教育を視点に考察する。表2-1に社会的領域論の概要を示した。彼は，幼児の社会的知識に質的に異なった3つの領域（Domain）が存在するという。3つの領域とは，①社会慣習（Social Conventional），②道徳（Moral），③個人（Personal）である。

社会慣習領域とは，家族，仲間，学校などの社会秩序を維持するための社会システムに関する領域である。例えば，「学校には先生がいる」「警官は制服を着てパトロールをする」といった地域の社会システムや「自動車は左側を通行する」「赤信号では止まる」「挨拶をする」といった円滑な人間関係を維持するための習慣やマナーに関する領域である。社会慣習は，所属する

表2-1 チュリエルによる社会的領域理論（Social Domain Theory）

社会認識に関する思考領域の区分		社会慣習領域 (Social Conventional Domain)	道徳領域 (Moral Domain)	個人領域 (Personal Domain)
各領域の概要		社会秩序を維持するための「社会システム」に関する領域	正義の概念に基づく「道徳的価値」に関する領域	行為の影響が自分だけに及ぶ「個人の自由」に関する領域
具体例		地域社会のしきたり，交通ルール，挨拶，食事のマナー，礼儀作法等	他者の尊重，他者との協力，公平な分配，盗み，いじめ，殺人等	趣味，嗜好，友人の選択，遊びの選択，容姿の選択等
領域区別の基準	A ルール随伴性	○ルールが必要	×ルールがなくても判断可能	△領域の範囲はルールの影響有
	B ルール可変性	○慣習的ルールは変更可能	×道徳的ルールは変更不可能	△領域の範囲はルールの影響有
	C 権威依存性	○権威に依存	×権威から独立	△領域の範囲は権威の影響有
	D 一般化可能性	×社会・集団により相対的	○一般化の可能性・普遍性あり	×一般化の可能性なし
	E 状況依存性	○ルール違反も状況により許容	×状況に関わらず善・悪を判断	×個人の意思決定に留保

Turiel, E., Social Regulations and Domains of Social Concepts," in Damon, W., Ed., *Social Cognition*, Jossey-Bass Inc., Publishers, 1978, pp.45-74. を参照し筆者作成。

社会や集団によって行動すべき内容が変化する。例えば，自動車の走行ルールに象徴されるように，左側通行が原則の社会もあれば右側通行が原則の場合もある。このように社会慣習は，社会や集団によって相対的であり，状況に依存する性格を有している。そのため多くの社会や集団は，社会慣習を明確にするルールを定めている。

　道徳領域とは，正義の概念に基づく道徳的価値に関する領域であり，他者の福祉，他者との協力，公正，責任，権利等に関する領域である。例えば，「他者を尊重する」「責任を果たす」「他者と協力する」といった道徳的行為や「人の身体を傷つける」「人のモノを盗む」といった道徳的逸脱行為が含

まれる。道徳領域は，所属する社会や集団を超えて一般化可能な領域である。例えば，多くの社会で傷害，窃盗，殺人は道徳的逸脱とみなされる。道徳領域は特別なルールがなくても，善・悪の判断ができる。

　個人領域とは，行為の影響が自分だけに及ぶ「個人の自由」に関する領域である。例えば，「天気のよい日に外で遊ばず絵本を見る」「好きな友達と遊ぶ」「好きな髪形をする」といったプライバシーや自己決定に関係した行為が含まれる。個人領域内の行動の選択は，各個人の意思決定に留保されている。しかし，どこまでが個人領域と判断されるかは，道徳や社会慣習に影響を受ける。例えば髪形の選択は個人領域と判断される場合が多いが，所属する社会や集団によって社会慣習として髪形の自由を制限している場合もある。校則による男子の長髪の禁止などが，その典型例である。

　チュリエルは実証的な調査によって，アメリカ合衆国の幼児が4〜5歳頃までに，社会慣習領域，道徳領域，個人領域をある程度，区別できるとしている。彼は，幼児の社会認識の発達が図2-1上のように3つの領域が未分化な状態から，下のように3つの領域が分化するように発達するという。幼児は，例えば食事の仕方（社会慣習領域），暴力の是非（道徳領域），遊び仲間の決定（個人領域）といった社会的判断を，まず領域が未分化な状態で行う。この段階では，保護者や先生といった幼児にとっての権威者の指導や見解が，社会的判断の拠り所となる。しかし，4〜5歳になるとある程度，領域が区別できるようになり自律的な判断をはじめる。例えば，友達を叩くといった暴力の是非（道徳領域）は，権威者のアドバイスがなくても，自律的に善悪の判断が可能になる。また，社会慣習領域については，所属する集団や状況によって適切な行動が変わることも理解しはじめる。例えば服装については，警察官や消防士，医師や看護師といった職種によって，ユニホームが決まっていることを認識している。また，それらの職業人も自宅に帰りプライベートな時間（個人領域）には，制服を脱ぎ好きな服を着ていることも理解しはじめる。

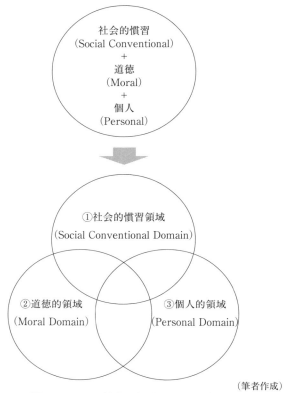

図 2-1 3つの社会的領域の認識モデル

(筆者作成)

(2) 領域認識の発達を促すもの

　チュリエルは，上記のような領域認識の発達を促すのが，幼児と社会環境（周囲の人間関係及び社会システム）との相互作用であると主張する。社会的領域論は，ピアジェをはじめとする構成主義の社会認識論をベースにしている。その原理は，「社会的知識は，幼児と社会環境との相互作用を通して認知的に構成される」というものである。幼児は，自分の身の回りの人間関係や社会システムとの相互作用を通して社会認識を形成していく。そして相互作用の質や内容が異なれば，幼児の社会認識や領域判断も異なっていく。

例えば、幼児の社会認識に大きな影響力をもつ保護者や教師が、できるだけ社会慣習と道徳を区別することを意識した教育活動を展開する。そうすれば、社会慣習の背景にある社会システムの認識が、道徳的な見方考え方から解放されたものとなる。幼児にも社会システムを冷静に認識する社会科の学習が可能となるわけである。また逆に、所属する社会や集団の慣習や状況から道徳領域を独立させることで、正義の概念に基づく一般化可能な価値を探究する道徳学習も可能となろう。そして、幼児に選択の自由をできるだけ与える教育活動を展開すれば、個人領域の認識が深まっていく。幼児は、他者が侵してはならない個人領域を意識することによって、憲法における個人の尊厳や、信教・言論・表現の自由といった個人の自由権の意義を早い段階から理解できよう。

このように幼児の社会認識発達の課題は、まず3つの領域の存在を明確に認識することにある。幼児期の公民学習は、3つの領域を区別しはじめることが最大の学習課題となる。

(3) 領域の判断基準

では、幼児は各領域をどのような基準によって区別しているのだろうか。チュリエルは、幼児が各領域を区別する基準として表2-1の下部に示したように、Aルール随伴性、Bルール可変性、C権威依存性、D一般化可能性、E状況依存性の5つを挙げている。

まず社会慣習領域と道徳領域を分ける基準を考察する。Aルール随伴性は、ルールの必要性に関する基準である。社会慣習領域は、例えば「自動車は左側通行」といった交通ルールに象徴されるように、ルールが伴わないと善悪の判断が困難である。しかし道徳領域は、「他者の所有物を盗むこと」に象徴されるように、ルールの有無に関わらず善悪の判断が可能である。Bルール可変性は、ルール変更の可能性に関する基準である。社会慣習に関するルールは、社会や集団の合意によって変更可能である。しかし、道徳領域に関す

るルールは，変更が困難である。C 権威依存性は，社会的判断が親や教師をはじめとする権威に影響を受けるか否かの基準である。社会慣習領域は権威の影響を強く受ける。しかし，道徳領域は権威から独立した判断が可能である。例えば，幼児の「学校では制服を着る」という社会慣習に関する判断は，教師が「明日は私服で登校してもよい」と言うと，変化していく。しかし，教師が「友人の物を盗んでよい」と言っても，それが道徳的に悪であることを幼児は権威から独立して判断できる。D 一般化可能性は，社会や集団が異なっても一般化が可能か否かの基準である。社会慣習は，特定の社会や集団に適用され一般化が困難である。しかし道徳は，社会や集団を超えた適用が可能である。E 状況依存性は，逸脱行動が状況により許容されるか否かの基準である。社会慣習領域は，逸脱も状況により許容される。また状況に応じて。適切な行動も変化していく。しかし，道徳領域は，状況に関わらず一定の基準のもとに判断される。

　個人領域については，領域内の行動選択がAからEの影響を受けることはない。しかし，個人領域の範囲そのものを決定する際に，A ルール随伴性，B ルール可変性，C 権威依存性といったルールや権威の影響を受ける。例えば，子どもが学校において髪型を自由に選択したくても，ルール（校則等）や権威（教師や保護者の判断）によって，選択の自由の範囲が大きく制限される場合もある。このように個人領域は，所属する社会や集団によって，領域の範囲が異なっていく。社会（Social）との関係において，個人（Personal）の範囲を確定することが，公民学習の大きなテーマとなるわけである。

3　社会的領域論に基づく立憲主義公民学習
　　──『キャラクター・エデュケーション：幼稚園用』の場合──

(1) 全体計画
　では，社会的領域論に基づいて幼児期の公民学習を展開するには，どのような教育内容が必要となるだろうか。ここではその具体例としてマクグロー

表2-2 『キャラクター・エデュケーション：幼稚園用』全体計画とその分析

単元名	子どもに伝えたい行動規範と人物モデル	領域
単元1 市民性 （Citizenship）	○地域の積極的なメンバーとなる（社会の形成者） ○地域を知り，ケアする（地域への愛着） ○積極的に投票する（投票の意義） ＊スーザン・B・アンソニー（女性市民運動家）	**パート1** **社会慣習領域**
単元2 誠実 （Honesty）	○本当のことを話す（誠実義務） ○ルールを守って遊ぶ（順法意識） ○他者の持ち物を大切にする（所有権の尊重） ＊ジョージ・ワシントン（初代大統領）	**パート2** **道徳領域**
単元3 公正 （Fairness）	○分け合い，交替する（配分的正義） ○自分が欲することを他者に施す（公正の黄金律） ○みんなを同じにすることではない（実質的平等） ＊シーザー・チャベス（労働運動家）	
単元4 責任 （Responsibility）	○自分自身を大切にする（自己尊重） ○家庭，学校，地域において人を助ける（他者支援） ○期待されている仕事をする（社会貢献） ＊レイチェル・カーソン（環境運動家・生物学者）	
単元5 協力 （Cooperation）	○他者とともに働く（協働） ＊フレデリック・ダグラス（奴隷解放運動家）	
単元6 尊重 （Respect）	○よいマナーと丁寧な言葉を使う（礼儀） ○自分が欲する方法で他者に接する（尊重の黄金律） ＊エレノア・ルーズベルト（大統領夫人・人権擁護者）	**パート3** **個人領域**
単元7 寛容 （Tolerance）	○自分と異なる人を尊重し理解する（多様性の尊重） ＊エイブラハム・リンカーン（大統領・奴隷解放）	
単元8 忍耐 （Perseverance）	○あきらめず頑張る（忍耐力） ＊ウィルマ・ルドルフ（黒人女性陸上選手）	

Freeman, S., Pearce, Q. L., *Character Education : Grade K*, McGraw-Hill Children's Publishing, 2004, pp.7-183. を参照し筆者作成。表中のゴシック体は筆者の分析を記入。

ヒル社が開発した『キャラクター・エデュケーション：幼稚園用』を分析する。表2-2に本教材の全体計画を示した。本教材は，市民性（Citizenship），誠実（Honesty），公正（Fairness），責任（Responsibility），協力（Cooperation），尊重（Respect），寛容（Tolerance），忍耐（Perseverance）という合衆国憲法が

提示する「善き市民」に関する8つのキャラクター概念を，社会慣習領域，道徳領域，個人領域の3つのパートにより研究するよう計画されている。単元1「市民性」は，社会参加，地域のケア，投票，ルールづくりといったアメリカ社会に特徴的な市民性に関する「社会慣習領域」を概括的に研究する導入部である。続く単元2「誠実」，単元3「公正」，単元4「責任」，単元5「協力」は，合衆国憲法が提示する社会的正義や市民的責任といった「道徳領域」を研究するパート2である。単元6「尊重」，単元7「寛容」，単元8「忍耐」は，個人の自由の範囲や個人の主体的態度に関する「個人領域」を研究するパート3である。

本教材のすべての単元は，NCSS社会科スタンダードに準拠しており，学習活動の多くが幼稚園における社会科の時間に展開される。例えば表2-3に示したように，社会的慣習領域の明確化を図る単元1「市民性」は，社会科スタンダードにおける項目10「公民」に対応した学習活動が多く準備されている。また個人領域の明確化を図る単元のひとつである単元7「寛容」は，社会科スタンダードにおける項目4「個人」に対応した学習活動が多く準備されている。このように各パートによって，単元のねらいや重点が異なっていることが分かる。以下では，本教材の特長がよく表れている単元1「市民性」と単元7「寛容」を分析していく[5]。

(2) 社会慣習領域の明確化を図る単元構成──単元1「市民性」の場合──

では，社会慣習領域を明確にする単元は，どのような論理によって学習が展開されるのだろうか。表2-4に単元1「市民性」の単元構成とその分析を示した。本単元は「善き市民」「アメリカの市民」「市民的行動」「地域市民社会」「応用」5つの小単元から構成されている。各小単元は，合衆国憲法が提示する理想的な市民の行動（主権者として積極的な社会参加・ルールづくり・投票・社会改革等）が，アメリカに伝統的な民主主義システムに基づく社会慣習であることを認識していく。単元全体を通して，幼児の社会慣習領域の認

表 2-3 社会科スタンダード（NCSS）と学習活動の対応表

項目	概要	単元1「市民性」の学習活動	単元7「寛容」の学習活動
社会1（文化）	文化間の相違を比較し，文化的統合と多様性の重要性の説明する。	1・5	1・3・9・11・13・14・15・16
社会2（時間）	人々，場所，過去の出来事の研究する。	4・6	4
社会3（環境）	地理といかに人々と環境が相互作用しているか学習する。	1	13
社会4（個人）	個人のアイデンティティに貢献する要因を探究する。	2・3・8・9・10・11・13・14	1・3・5・8・9・10・11・12・13・14・15・16
社会5（制度）	様々な制度に基づくルールや影響を明らかにし説明する。		12
社会6（政府）	政府の役割を理解し，個人と集団の権利と責任を説明する。	4・16・17	
社会7（経済）	生産のために人々が組織化され財とサービスを消費するかを説明する。		
社会8（科学技術）	科学と技術が生活を変える方法を説明する。	17	
社会9（国際社会）	いかに国際社会が相互に依存しているか調べる。		
社会10（公民）	民主政治の機能と理想を認識し，市民の権利と責任を説明する。	1・2・3・4・5・6・7・8・9・10・11・12・13・14・15・16・17	10・11・13・14・16

Freeman, S., Pearce, Q. L., *Character Education : Grade K,* McGraw-Hill Children's Publishing, 2004, p.8. 及び p.140. のスタンダード対応表より作成。

識の特長を考慮した学習活動が展開される。

　まず小単元12では，市民性という社会慣習的な概念のAルール随伴性，Bルール可変性，C権威依存性を考慮した学習活動が展開される。

　小単元1「善き市民」では，アメリカ合衆国における市民性の概念が，ルールをつくり，ルールを守るというルール随伴性とルール可変性を有すること

表 2-4　社会的慣習領域の明確化を図る単元構成――単元 1「市民性」の場合――

全体計画				分析	
小単元と学習活動	小テーマ	主な活動内容とNCSS社会科スタンダードとの対応		ねらい	
1 善き市民	学習活動1 市民性とは何か	・私の家族，学校，町，国	○地域を知り思いやるための絵の作製 ・自分の家族の似顔絵，学校，町，国を描く	文化 環境 公民	社会慣習として，アメリカ市民はルールを守り，必要に応じてルールを変えてきたことを認識	ルール随伴性と可変性の認識
	学習活動2 善き市民となろう	・ルールを守る ・公平に分けあう ・他者を助ける	○自分でできる市民的行動の研究 ・市民はルールをつくり守る（ルール依存性） ・後片付け，ボールの共同使用，家庭での手伝い	個人 公民		
	学習活動3 本から見つけよう	・善き市民の行動	○善き市民が登場する物語のキャラクターのお絵かき ・ルールを守る市民を描く	個人 公民		
	学習活動4 善き市民に会おう	・善き市民の探究 ・スーザン・B・アンソニー	○善き市民の典型例としてスーザン・B・アンソニー（女性参政権運動に尽力した歴史上の市民）の研究 ・女性も投票できるようルールを変えた（ルール可変性）	政府 歴史 公民		
2 アメリカの市民	学習活動5 アメリカの自然	・アメリカの自然環境	○アメリカの自然の美しさについて1日1つのお話 ・天候，作物，山，平地，国土，人種，海	文化 公民	アメリカ市民の概念を，自然や国旗などの可視化できる教材により権威付け	権威依存性の認識
	学習活動6 読み上げ劇	・国旗の意味	○アメリカの国旗の意味を研究し，それを劇で表現 ・州が連合した合州国，市民が共に創った合衆国	歴史 公民		
	学習活動7 アメリカの国旗	・国旗への敬意	○学習活動8を踏まえ，国旗に対する敬意を学習 ・国旗デザインの意味の確認，国旗づくり	公民		

第2章　規範理解型公民学習

	学習活動8 私は善き市民	・善き市民としての行動	○「私は善き市民であるなぜなら」に続く文と絵を作成 ・自分自身の善き市民としての行動の説明とお絵かき	社会 公民 個人		
	学習活動9 私の国	・アメリカの特長	○アメリカの特長を説明し図化する ・アメリカの特長の説明と絵の作製	個人 公民		
3 市民的行動	学習活動10 やってみよう①	・ルールを守る ・公平に分けあう ・他者を助ける	○善き市民の行動をロール・プレイ1 ・餌を与えてはいけない動物への対応、校外清掃の役割分担、高齢者への親切、国旗への忠誠のポーズ	個人 公民	善き市民としての行動が状況により異なることを認識	状況依存性認識
	学習活動11 やってみよう②	・リサイクル ・他者の援助 ・投票	○善き市民の行動をロール・プレイ2 ・家庭における食器の手入れ、校内のリサイクル、高齢者や障害者の援助、校内投票	個人 公民		
4 地域市民社会	学習活動12 私のストリート ―家庭での活動―	・あなたの通り ・近所の善き市民 ・住所，家族	○家庭における市民性の育成に関する活動を提示 ・通りを歩き物的・人的環境の研究→地図づくり→住所を教える→近隣の市民を知る	公民	子ども自身が環境にはたらきかけながら社会慣習として市民の行動を認識	「社会的慣習」の認識と実践
	学習活動13 市民の人形劇 ―協同的な活動―	・町で働く市民 ・各市民の役割 ・忙しい朝の町	○町で働く市民のペープ・サート（紙人形）の創作劇 ・建設現場作業員、郵便配達員、獣医、母親、子ども、消防士、事務員、レジ、先生、父親、レストランの給仕、警察官、バスの運転手、医者	個人 公民		
	学習活動14 善き市民を探せ	・善き市民 ・園内の子ども	○トイレットペーパーの芯で善き市民を探す望遠鏡を作り、学校内の善き市民としての行動を探す	個人 公民		
	学習活動15 考えよう―善き市民への賞―	・善き市民	○自分自身が善き市民となる方法を2つにまとめる ・クラスメイトのなかで、善き市民として行動した子どもに賞を与える	公民		

5応用	学習活動16 市民性を伸ばす①	・私の地域社会 ・法律とルール ・地域サービス	○市民性にかかわる要素の研究 ・場所（教室・地域・州・合衆国・世界） ・法とルール，市民の行動の重要性	政府 公民	**状況に応じて善き市民としての行動を実践**
	学習活動17 市民性を伸ばす②	・校内ゴミ探し ・リサイクル ・投票	○園内でできる市民的行動の研究と実践 ・校内美化活動，リサイクルの研究と実践 ・アメリカ市民にとっての投票の意義の研究と校内投票	政府 科学 公民	

Freeman, S., Pearce, Q. L., *Character Education : Grade K*, McGraw－Hill Children's Publishing, 2004, pp.7-28. を参照し筆者作成。表中のゴシック体は筆者の分析を記入。

を認識していく。例えば，女性参政権の獲得に尽力し憲法修正を成し遂げたスーザン・B・アンソニーに関する絵本が取り上げられる。彼女は積極的に社会に参加し，ルールを変えた善き市民のモデルとして研究される。ここではアメリカ市民が社会慣習として，主体的にルールをつくり，ルールを守り，必要に応じてルールを変えてきたことが認識される。幼児に市民性の概念が，ルール随伴性と可変性を有することを認識させる。

　小単元2「アメリカの市民」では，アメリカの自然と国旗の意味について学び，市民性を権威づける学習が展開される。学習活動5「アメリカの自然」では，アメリカの自然の美しさについて，天候，作物，山，平地，国土，人種，海の各テーマについて1日1つの物語を保育者が話す。学習活動6と7ではアメリカの国旗について，そのデザインの歴史的意味について学ぶとともに，子どもたちが国旗を製作する活動を行う。市民性という抽象的な概念を，豊かな自然や国旗という可視化できる教材によって権威付けながら認識していくわけである。ここでの学習は，社会慣習の権威依存性を考慮した学習が展開される。

　小単元3，4，5では，市民性という社会慣習的な概念のD一般化困難性

やE状況依存性を考慮した学習活動が展開される。

　小単元3「市民的行動」では，これまでの学習を踏まえ，状況に応じた市民の行動を認識していく。例えば学習活動10では，餌を与えてはいけないというルールがある場所での動物への対応や，国歌が流れる際の忠誠のポーズ，地域で出会う高齢者や障害者への関わり方など，状況に応じた市民の社会慣習的な行動を研究していく。ここでは市民的行動が，状況によって採るべき行動が変わる状況依存性を有すること認識していく。例えば，動物に餌を与える行為は動物愛護の観点から普段なら善い行動とされる。しかし生態系に考慮し「餌を与えてはいけない」というルールがある場所では，状況に応じた対応が必要であり一般化が困難であることを学ぶ。ここでは社会慣習の一般化困難性や状況依存性に考慮した学習が展開される。そして，慣習を定めるルールの重要性が認識される。

　小単元4「地域市民社会」は，本単元の中心的なパートであり，幼児が家庭や教室において社会環境との相互作用によって市民的行動を研究していく。例えば学習活動12「私のストリート」では，幼児が保護者とともに，自宅周辺を探検し，近隣の地図づくり，住所の確認，近所に住む善き市民を知るといった活動を展開する。

　続く学習活動12では家庭での見学学習を踏まえ，町で働く市民を紙人形劇（ペープ・サート）で演じていく活動を展開する。地域の社会システムは，各市民の行動によって機能することを，人形劇をとおして再認識していく。学習活動14「善き市民を探せ」では，善き市民を探すおもちゃの望遠鏡を作成し，幼児が校内に見られる他の子どもの善き市民としての行動を見つける学習を行う。続く学習活動15「考えよう―善き市民への賞」では，善き市民となる具体的な方法を各自で考え，1週間をかけてクラスメイトのなかで善き市民として行動した幼児を探し，賞を与える活動を展開する。以上のように小単元4は，幼児が積極的に社会環境に働きかけ，相互作用を展開しながら，市民としての社会慣習を認識する学習が展開される。

小単元5「応用」では，これまでの学習を踏まえ，単元終了後も様々な状況に対応しながら幼児が市民的行動を認識していく活動例が提示され，単元の終結としている。

以上のように，本単元は市民性という幼児にとって抽象的な社会慣習上の概念を，社会的領域論に基づきながら，絵画，絵本，製作活動，ごっこ遊び，ペープ・サートといった遊びを通して，具体的に認識されていく学習が展開されている。本単元は，市民性を普遍的な道徳と捉えず，ルールや権威に依存する社会慣習として，幼児に研究させることで社会認識の基礎を形成している。

(3) 個人領域の明確化を図る単元構成――単元7「寛容」の場合――

では個人領域の明確化を図る単元は，どのような論理によって学習を展開していくのだろうか。個人領域は，領域の範囲の確定が社会慣習や道徳の影響を大きく受ける。幼児にとっては，社会慣習領域や道徳領域から独立した個人領域を発見していくこと自体が，公民学習の中心テーマといっても過言ではない。なぜなら，アメリカの公民学習の基盤にある合衆国憲法も，国家や社会が介入してはならない信教の自由，言論の自由，表現の自由といった個人領域を発見し，宣言してきたからである。アメリカ市民は，個人領域を確定するルール（憲法）によって，個人の様々な生き方を尊重する市民社会を形成してきたからである。

ここでは個人領域の明確化をめざす単元7「寛容」を分析する。寛容は，見解や信念の異なる人々をそれぞれ個人として尊重しながら，議論によって社会を形成するという市民的義務に深く関連した概念である。アメリカ合衆国においては，寛容を公民教育の最も中核的な概念のひとつと捉え，社会科においてそれをどのように教えるべきか積極的に議論されている[6]。では，幼稚園において寛容をどのように教えるべきか。社会的領域論を視点に考察してみよう。表2-5に本単元の指導計画を示した。本単元は5つの小単元か

表 2-5　個人領域の明確化を図る単元構成―単元 7「寛容」の場合―

単元指導計画					分析	
小単元と学習活動	小テーマ	主な学習活動とNCSS社会科スタンダードへの対応			ねらい	
1 寛容とは	学習活動1 寛容とは何か	・自分と違う人々 ・尊重と理解	○寛容を「自分と違う人々を尊重し理解する事」と定義 ・様々な人種の子どもたちが描かれたシートに塗り絵	文化 個人	個人領域をつくり出す寛容の概念を一般化可能な道徳的ルールとして定義	個人領域を生むルール認識
	学習活動2 誰が寛容ですか	・多様性の尊重	○幼稚園で見られる子どもの行動の多様性の理解 ・自分と違う子への対応を描いた絵から寛容な対応を選択	なし		
	学習活動3 寛容を探そう	・寛容な行動	○寛容と不寛容を区別 ・不寛容な主人公が徐々に寛容になっていく絵本を読む	文化 個人		
	学習活動4 偉大なリーダー	・リンカーン(歴史上の人物)	○寛容な市民の例としてリンカーン研究 ・リンカーンが自分と異なる奴隷の立場を考え行動したことを説明し,クラスで同様の行動ができる子どもを選ぶ	時間		
2 違いの尊重	学習活動5 みにくいアヒルの子	・違いの尊重	○違いがあってもよいことの理解 ・アンデルセン童話『みにくいアヒルの子』を読み,見た目の違いに対する寛容と不寛容について話合う	個人	「違いを尊重する」という道徳的ルール(寛容の概念)に基づき,他者が介入できない個人の領域を明確化	道徳的ルールによる個人領域の認識
	学習活動6 私の好きな事①	・好きな食べ物 ・好きな色	○他の子どもの嗜好や意思決定の尊重 ・自分で好きな食べ物や好きな色を選び,言葉で表現する ・他の子どもの選択に対する寛容さを言葉で表現する	なし		
	学習活動7 私の好きな事②	・好きな遊び	○学習活動6を踏まえた他の子どもの意思決定の尊重 ・学習活動6と同様	なし		

	学習活動					
	学習活動8 話をする前に考えよう	・異なった言語や言葉遣いの尊重	○言語や言葉の多様性の理解 ・「そんな言葉はおかしい！」と叫ぶ子どもと寂しそうな表情の子どもの絵から，状況の背景や適切な対応を探る	個人		
	学習活動9 特別な何か	・才能や特技	○自分自身や家族の特別な才能や特技 ・自分や家族の才能や特技について話し，それに関する絵画	文化 個人		
3 ロール・プレイ	学習活動10 寛容のロール・プレイ①	・アクセント ・国旗への不忠誠 ・学習支援が必要	○これまでの学習を踏まえた寛容な行動のロール・プレイ1 ・「国旗への忠誠をしない子ども」，「言葉のアクセントが違う子ども」等への寛容な対応を考え，ロール・プレイする	個人 公民	寛容の概念を子どもたちの生活の中で適用し，一般化	道徳的ルール一般化
	学習活動11 寛容のロール・プレイ②	・人形好きの男子 ・スカーフの女子 ・食事前に祈る子 ・英語を話さない	○これまでの学習を踏まえた寛容な行動のロール・プレイ2 ・「女の子が好むドールハウスが好きな男子」，「宗教的なスカーフを被る女子」，「英語が話せない子」などに対する寛容な対応を考え，ロール・プレイをする	文化 個人 公民		
4 家庭と教室における寛容	学習活動12 私の好きな事—家庭での活動—	・好きな食べ物 ・好きな音楽 ・好きな活動	○家庭において寛容に関する学習活動を展開 ・家族のメンバーそれぞれの好きな食べ物，音楽，活動，ゲームを確認し，違うことの意味などを家庭で話合う	個人	家庭や教室において他者が介入できない個人の自由の領域を認識	個人領域の認識と実践
	学習活動13 人々のポスター—協同的な活動—	・言葉，宗教，習慣 ・家族，仕事，遊び，衣食住，気持ち	○人々の違いと共通性 ・人々の違い（言葉・宗教・習慣等）と共通性（家族・仕事・遊び・衣食住・気持ち等）を象徴するポスター装飾	文化 環境 個人 公民		
	学習活動14 寛容な子ども	・寛容な子ども	○自分自身が寛容になる方法 ・クラスの中で，寛容な行動した子どもに賞を与える	文化 個人 公民		

5応用	学習活動15 寛容を伸ばす①	・他の家族と交流 ・共通点と相違点	○家庭や地域において寛容を高める活動 ・家庭において文化的な背景の異なる家庭との交流する ・教室においてクラスメイトと共通点と相違点を発見する	文化 個人	**寛容を普遍的な道徳として日常生活において実践**
	学習活動16 寛容を伸ばす②	・物語の時間 ・寛容の歌 ・地域サービス	○家庭や地域において寛容を高める活動 ・寛容に関する絵本や物語を読み，歌を歌う ・子どもたちに「いらいらしないキャンペーン」を促す	文化 個人 公民	

Freeman, S., Pearce, Q. L., *Character Education : Grade K*, McGraw-Hill Children's Publishing, 2004, pp.141-158. を参照し筆者作成。表中のゴシック体は筆者の分析を記入。

ら構成されている。

　小単元1「寛容とは」及び小単元2「違いの尊重」では，寛容を「自分と違う人々を尊重し理解しようとすること」と定義し，寛容の概念に基づいて，個人領域を認識していく学習活動が展開される。小単元1では，上記のように寛容を社会や集団を超えて一般化可能な道徳的ルールとして定義する。また寛容な人物の代表として，奴隷の立場を擁護したリンカーンの絵本が読まれる。

　続く小単元2では，教師がアンデルセン童話『みにくいアヒルの子』を読み，見た目が違っても個人を尊重することの意味を認識させていく。その後，各幼児が自分の好きな食べ物，色，遊びを自由に発表していく活動を行う。「違いを尊重する」という寛容の概念に基づきながら，各自で自分の好きな事を発表することによって，他者が侵してはならない個人の領域を明確に認識していく。

　小単元3「寛容のロール・プレイ」では，幼児の日常生活において寛容のルールを適用し一般化していくためのロール・プレイが展開される。例えば，幼稚園において「国旗への忠誠をしない友達（政治的自由）」「女子がよく好む

人形が好きな男子（ジェンダー）」「スカーフを被っている友達（信教の自由）」等への寛容な対応法を研究していく。例えば，国旗への忠誠をしない友達がいても，それが個人領域（宗教的信条や政治的信条）を理由とするものではないか検討することで，幼児自身が個人領域の存在を明確に認識していく。先に分析した単元1「市民性」では，社会慣習として国旗への忠誠を学習したのと対照的である。ここでは国旗への忠誠はあくまで社会慣習であり，個人領域とジレンマになる場合は，個人の自由を尊重し国旗への不忠誠も認められることを研究している。いわゆる市民的不服従の意義を幼児期から教えているわけである。ここでの活動は，政治，ジェンダー，宗教，多文化，といった市民性教育の重要なテーマにおいて，個人領域を幼児なりに発見し，認識していくことを促す。

小単元4「家庭と教室における寛容」及び小単元5「応用」では，幼児が家庭，学校，地域という身近な社会環境のなかで，個人領域を明確に認識していく活動が展開される。例えば，家庭においては家族のメンバーとともに，好きな食べ物，音楽，趣味などを話し合う活動が展開される。また学校においては，人々の違い（言葉・宗教・習慣等）と共通性（家族・仕事・遊び・衣食住・気持ち等）を象徴するポスターをつくり学校内に飾る活動を行う。また地域では，文化的な背景の異なる家庭と共に食事をする活動などが推奨される。

以上のように，本単元では，幼児が多様な人々や価値が存在する社会環境と積極的に相互作用する活動を意図的計画的に展開している。そして幼児に，合衆国憲法が擁護する個人領域の存在を明確に認識させている。単元全体が，社会的領域論に基づきながら，個人領域を明確化する公民教育を展開している。

4 幼稚園における立憲主義公民学習導入の論理

以上の考察から，幼稚園における立憲主義公民学習の論理をまとめると以下のようになる。

(1) 幼児期における社会認識の特長

　幼児の社会認識の対象は社会環境そのものである。社会環境には，幼児の周辺の人間関係及び社会システムが含まれる。幼児は4～5歳になると社会環境との相互作用を通して，そこから得られる知識を，社会慣習，道徳，個人の3つの領域に区別をはじめる。この3つの領域を区別する基準はA ルール随伴性，B ルール可変性，C 権威依存性，D 一般化可能性，E 状況依存性の5つである。幼児は，これらの基準を駆使しながら，社会慣習，道徳，個人の3つの領域を区別することによって，社会認識の基礎を形成している。

(2) 幼稚園における立憲主義公民学習の目標

　幼児期における公民学習の目標は，このような幼児の社会認識発達の特長を踏まえながら，憲法が提示する諸価値を研究し，就学以降に展開される公民教育の基礎を培うことにある。公民教育の基礎とは，社会システムを背景とする社会慣習領域，憲法が提示する正義概念を背景とする道徳領域，憲法が擁護する個人領域の存在を明確に認識しはじめることである。

(3) 幼稚園における立憲主義公民学習の内容と方法

　上記の目標を達成するために，幼稚園における公民学習は，社会慣習領域，道徳領域，個人領域の3つの内容領域によって展開される。社会慣習領域では，ルールや権威によって機能する社会システムを分析する。道徳領域では，憲法が提示する公正や責任といった正義概念を分析する。個人領域では，宗教，政治信条，嗜好といった憲法が擁護する個人の自由について分析する。各領域の学習では，他の領域とのジレンマを幼児に経験させることによって，当該領域の認識の深化を図る方法をとる。例えば個人領域においては，国旗に対する不忠誠のように，個人の自由（個人領域）と市民の国旗に対する忠誠（社会慣習領域）のジレンマを経験させることによって，個人領域の認識を逆に深めていく学習を展開する。教師は，幼児が当該領域の認識を深める

ために，Aルール随伴性，Bルール可変性，C権威依存性，D一般化可能性，E状況依存性の5つの基準を適用できる学習活動を展開していく。

以上のような論理は，幼稚園から高等学校（K-12学年）まで一貫して展開される公民教育の幼稚園における独自の役割を明確にしている。立憲主義公民学習の導入のあり方を示唆している。

注
1) 例えば，以下の研究をご参照いただきたい。
    ・森分孝治・佐々木瑞枝「幼稚園における社会科学的概念の学習―その実験的試み―」広島大学教育学部学部附属共同研究体制『研究紀要』第3号 1974, pp.25-45.
    ・池田博重「アメリカにおける幼稚園社会科教育の基本概念」日本社会科教育研究会『社会科研究』第34号 1986, pp.84-93.
    ・福田正弘「B.Spodekの幼稚園社会概念学習論」全国社会科教育学会『社会科教育』第40号 1992, pp.163-172.
2) キャラクター・エデュケーションの基本的な考え方については，第4・5教育センター（The Center for the 4th and 5th Rs），CSEE（Center for Spiritual and Ethical Education）といった団体のHPをご参照いただきたい。なお，CSEEにおいてチュリエルは，キャラクター・エデュケーションの教材開発における認知発達理論の助言者として活躍している。
3) Freeman, S., Pearce, Q.L., *Character Education: Grade K*, McGraw-Hill Children's Publishing, 2004. を分析対象とする。なお，本教材は幼児向けのワーク・シート，教師用ガイド，保護者用ガイド，スタンダード対応表等が一式となったものである。
4) チュリエルの社会的領域論については，以下の文献を参照した。
    ・Turiel, E., "Social Regulations and Domains of Social Concepts," in Damon, W., Ed., *Social Cognition*, Jossey-Bass Inc., Publishers, 1978, pp.45-74.
    ・Turiel, E., *The Development of Social Knowledge : Morality and Convention*, Canbridge, England: Cambridge University Press, 1983.
    ・Turiel, E., *The Culture of Morality*, Cambridge University Press, 2002.
    ・首藤敏元・岡島京子「子どもの社会的ルール概念」『筑波大学心理学研究』8, 1986, pp.87-98.
    ・首藤敏元「領域特殊理論―チュリエル」日本道徳性心理学研究会『道徳性心理学

北大路書房 1992, pp.133-144.
・森川敦子『子どもの規範意識の育成と道徳教育―「社会的慣習」概念の発達に焦点づけて―』溪水社 2010.
5) 道徳領域のパートの論理については，本章第4節をご参照いただきたい。
6) アメリカ合衆国において寛容性の向上は，社会科公民教育の重要な目標ともなっている。例えば，政治学者リチャード・ブロウディーらによる憲法学習プログラム『我ら人民プログラム』は，従来の公民・歴史よりも子どもたちの寛容性を高めたとの報告もある。例えば「同性愛者の自由に関する集会」の開催について，『我ら人民プログラム』を受講した子どもの56％が賛成したが，従来の公民・歴史カリキュラムの子どもは26％しか賛成しなかった。また自己尊重感（個人領域の認識力）が高く，権威主義的傾向（権威への依存性）が低い子どもは，寛容性が高くなるとの報告もある。詳しくは以下の文献を参照されたい。
Avery, P.G., "Can Tolerance be Taught?" in W.C. Parker, Editor., *Social Studies Today*, Routledge, 2010, pp.235-243.

第3節　小学校における立憲主義道徳学習の内容編成論
――B. ルイス『君は何を表すのか？：児童用』を手がかりに――

1 「道徳教育」と「公民教育」の統合――内容編成論――

　本節の目的は，アメリカ合衆国で開発されたキャラクター・エデュケーション教材『君は何を表すのか？：児童用（What Do You Stand For?:For Kids）』[1]（以下WDYSFと表記する）の分析を手がかりに，初等教育（小学校）における立憲主義道徳学習の内容編成の論理を明らかにすることにある。

　子どもたちに立憲民主主義社会の担い手として必要となる市民性を育成していくことは，学校教育の重要な課題のひとつである。しかし，我が国の市民性育成に関する研究は中等教育（中学校・高等学校）段階のものが圧倒的に多く[2][3][4]，初等段階における市民性育成の論理を解明していないのが現状である[5]。初等段階における市民性育成は，主に社会科における「公民教育」

と道徳の時間を中心とした「道徳教育」がその役割を担っている。しかし，市民性育成に関する両者の関係や，両者を大胆に統合していく論理の解明は十分になされていない[6]。

このような状況の中，筆者は前節と同様にアメリカ合衆国におけるキャラクター・エデュケーション（Character Education）とよばれる新しい形態の道徳教育に注目したい。キャラクター・エデュケーションとは，人間関係を円滑に進めるための道徳性に加え，アメリカ合衆国の独立宣言や憲法に示された諸価値を子どもたちのキャラクター（行動規範）として育成する市民性教育の一形態である[7]。典型的なスタイルは，教師が「協力」，「責任」，「尊重」，「公正」といった立憲主義社会を成立させている具体的なキャラクター概念を選び，1つの概念を1つの単元として子どもたちと徹底的に研究，議論し，最終的にそのキャラクターを子どもたちの行動規範とするものである。その特長は，円滑な人間関係のための行動様式の育成をめざす「道徳教育」とアメリカ合衆国社会を担う市民の育成をめざす「公民教育」を統合しアメリカ合衆国市民として必要なキャラクターを低学年から育成しようとする点にある。「道徳教育」と「公民教育」の統合をめざすアメリカ合衆国のキャラクター・エデュケーションは，立憲主義道徳学習といえるスタイルによって公民教育を展開している。

そこで本節では，アメリカ合衆国の典型的なキャラクター・エデュケーション教材としてWDYSFを分析対象として，「道徳教育」と「公民教育」を統合する立憲主義道徳学習の内容編成の論理を明らかにしていきたい。まずWDYSFの教科書及び指導者用ガイド[8]を1次資料として，プログラムの全体計画や単元構成の事実を確定していく。確定された事実をもとに論理実証的な分析によって，内容編成の論理を抽出していく。最終的には抽出された内容編成の論理が，小学校における市民性育成にどのような示唆を与えるのか考察していきたい。

2 行動的な市民の育成――WDYSF開発のねらい――

　WDYSFの開発者であるバーバラA.ルイスは，長年，小学校の教壇に立ち子どもたちに現実の社会問題の解決策を考えさせる教育に取り組んでいる。彼女が育成をめざす市民像は，合衆国憲法前文が示唆する行動的な市民（Active Citizenship）である。彼女の教え子の多くが主権者である市民として環境問題や犯罪防止運動などに積極的に取り組み全米各地で活躍している。彼女が開発する教育プログラムは，青少年環境教育賞（President's Environmental Youth Awards）をはじめとする全米規模の教育賞を数多く受賞しアメリカ合衆国における代表的なプログラムとして知られている[9]。

　キャラクター・エデュケーションについては発達段階を考慮し，初等用の『WDYSF：For Kids』と中等用の『WDYSF：For Teens』[10]を開発している。彼女は，初等用の教科書の序文において，「本書はあなたの内面にあるキャラクターについてのものです。キャラクターとは思いやり，公正，正直，尊重，責任といった積極的な特性のことです」[11]と述べ，内面的な「キャラクター特性」の涵養による行動的な市民の育成をプログラムの目標としている。

　開発の理論的背景については，ピアジェ，コールバーグ，ギリガン，チュリエルら認知心理学者の所論[12]を参照したと述べる。しかし，コールバーグの主張した正義の概念に基づく道徳性発達の6段階論は，低学年の道徳的発達を軽視しているという。彼女は，教壇に立った経験から子どもたちが彼の理論より早い段階から道徳性を発達させていると主張する。そのうえで彼女は次のように述べる。

　　『WDYSF：For Kids』と指導者用ガイドは，ピアジェによって強調された子どもたちの協同（Cooperation）と意思決定（Decision-making）の発達を支援する。そして深さと幅のある学習活動は，ギリガンが主張した性差による道徳性発達の違いや，学習スタイル，興味の違い，そしてチュリエルが主張した習慣や慣

習的ルールに基づくパーソナリティーの違いに配慮したものである[13]。

　このようにWDYSFは，子どもたちが「協同」しながら「意思決定」できる行動的な市民となることを目標とし，そのために以下の3点を考慮する。第1に，チュリエルが主張した各々の子どもたちの「パーソナリティー（個人領域）」[14]の違いを考慮した学習内容の編成を行う。第2にギリガンが主張した「円滑な人間関係づくりを重視した道徳性（人間関係領域）」[15]の育成をめざす。第3に，コールバーグが主張した「正義の概念に基づく道徳性（社会的正義領域）」[16]の育成をより低学年から取り組む。では，具体的な全体計画を分析しながら検証してみよう。

3　3つの学習領域による立憲主義公民学習——WDYSFの全体計画——

(1) 全体計画

　WDYSFは子どもたちに，①個人領域（自分自身についての領域），②人間関係領域（身近な人間関係についての領域），③社会的正義領域（他者の福祉，公正，責任，権利などについての領域）の認識を促すことで，市民として必要な行動力の育成をめざした7歳から12歳向けの市民性育成プロジェクトである。WDYSFの全体計画を表2-6に示した。本プロジェクトは，導入単元となる単元1「あなたと知り合う」に加え，アメリカ合衆国市民として不可欠な10のキャラクターからなる単元によって編成されている。単元配列は，導入となる単元1「あなたと知り合う（Getting to Know You）」を除くと，価値概念をABCの順番に並べたものになっている。

　そこで，本プログラムの全体計画を指導者用ガイドの記述から単元の趣旨の違いにより分類したものを表2-7に示した。全体計画に示されている11の単元は，単元の趣旨から，①個人領域，②人間関係領域，③社会的正義領域の3つに分けることができる。

表2-6　WDYSF の全体計画

```
単元 1：あなたと知り合う（Getting to Know You）
単元 2：思いやり（Caring）
単元 3：市民性（Citizenship）
単元 4：協力（Cooperation）
単元 5：公正（Fairness）
単元 6：寛大（Forgiveness）
単元 7：誠実（Honesty）
単元 8：人間関係（Relationships）
単元 9：尊重（Respect）
単元10：責任（Responsibility）
単元11：安全（Safety）
```

(2) 個人領域についての単元

単元1「あなたと知り合う」は，①個人領域の認識を重視した単元である。ここでは，子どもたちが自分自身のキャラクター特性を発見していく活動が展開される。

例えば，自分自身の休み時間の使い方を振り返る活動「わたしらしいスタイルは？」や，家族や友人との関係をチェックリストにより振り返る活動「わたしの家族と友だち」などを通して，自分自身のキャラクター特性を探っていく。そして，単元の終結部では，チェックリストを使って，自分が，Aインディペンデント・タイプ（独立心が強く社会的正義領域は得意であるが，人間関係領域が苦手なタイプ），Bフレンドリー・タイプ（友人や仲間と一緒に行動し人間関係領域は得意であるが，社会的正義領域が苦手なタイプ），Cミックス・タイプ（インディペンデントとフレンドリーの混ざり合ったタイプ）のどれに当てはまるかを決めていく活動がなされる。Aインディペンデント・タイプの子どもは，単元2「思いやり」や単元4「協力」といった人間関係領域の単元から，Bフレンドリー・タイプの子どもは，単元3「市民性」や単元「10責任」といった社会的正義領域から学習をはじめるよう指示されている。

以上のように単元1「あなたと知り合う」は，チュリエルが主張した各々の子どもたちの「パーソナリティー（個人領域）」の違いを考慮した導入単元

表2-7 『君は何を表すのか？：児童用』の全体計画とその分析

	全体計画			分析
	単元名	概念	主な学習内容	焦点となる社会領域
導入単元	単元1：あなたと知り合う (Getting to Know You)	・自己認識 ・自己受容 ・自尊心 ・自信 ・自己実現	○自分自身のキャラクター・タイプの研究 ・インディペンデント・タイプ ・フレンドリー・タイプ ・ミックス・タイプ	個人 自己の理解についての領域
インディペンデント・タイプ向け単元	単元2：思いやり (Caring)	・親切 ・共有 ・役に立つ ・寛大 ・サービス	○11歳の少年テイラーによるホームレスへのボランティア活動を事例に，人間関係における思いやりの役割の研究	人間関係 家族や仲間集団，学校など社会組織を成立させている習慣や人間関係についての領域
	単元4：協力 (Cooperation)	・他者との折り合い ・平穏 ・葛藤の解決 ・落ち着き	○バイリンガルクラス5年生のカーシャによるベトナム系の移民への英語レッスン活動を事例に，人間関係における協力の意味の研究	
	単元6：寛大 (Forgiveness)	・謝罪 ・怒りの扱い ・共感 ・寛大になる ・自己受容	○8歳の少年チェがネイティヴ・アメリカンに伝統的な長髪を女の子のようだとからかわれたことを事例に，人間関係における寛大の意味を研究	
	単元7：誠実 (Honesty)	・真実 ・純粋なこと ・信頼性	○8歳の少女クローディアが，正直に話すことを大切にしたことを事例に，人間関係における誠実のあり方の研究	
	単元8：人間関係 (Relationships)	・家族 ・友達および自分自身とよい関係をつくる研究	○8歳の少年ザッハ・ザークが，上級生にからまれていた弟を助けたことを事例に人間関係づくりの研究	
フレンドリー・	単元3：市民性 (Citizenship)	・参加 ・良き市民 ・地域サービス ・民主主義 ・自由への愛	○11歳の少女アーバンによる里子の支援活動を事例に市民性についての研究	社会的正義 正義の概念を土台とした領域であり，他者の

タイプ向け単元				福祉, 信頼, 公正, 責任や権利に関した行為が含まれる。善悪の判断についての領域。
		・行動主義		
	単元5：公正 (Fairness)	・真実を語る ・嫉妬の扱い ・無私 ・他者への敬意 ・権利	○6歳の少女ソーニャが，イスラム教徒であることを理由に父が仕事を辞めさせられたことを事例に，市民社会における公正とは何かについての研究	
	単元9：尊重 (Respect)	・礼儀正さ ・マナー ・主張 ・丁寧さ ・相違の理解	○韓国の7歳の少女ソワン・パークは，周囲の人々を尊重していたことを事例に，市民社会における尊重の意味の研究	
	単元10：責任 (Responsibility)	・よりよい意思決定 ・結果の受容 ・約束を守ること ・信頼できること	○5年生のローレンスがスクールバスで登校中，運転手が突然倒れ暴走したバスを止めたことを事例に，市民社会における責任のあり方についての研究	
	単元11：安全 (Safety)	・意識 ・注意 ・行動 ・予防	○3，4年生の子どもたちが，子どもの交通事故を減らすために地域問題解決チームを作ったことを事例に，市民社会における安全についての研究	

Lewis, B.A., *What Do You Stand For? : For Kids,* Free Spirit Publishing, 2005.を参照し筆者作成。表中のゴシック体は筆者の分析を記入。

となっている。つまり，子どもたち自身が，Aインディペンデント・タイプ，Bフレンドリー・タイプ，Cミックス・タイプのどのパーソナリティー・タイプなのかを同定し，タイプ別に苦手な領域を重視した学習を展開していく。

なお，教科書では単元1「あなたと知り合う」を導入単元として必ず最初に行うことが指示されている。その他の単元については，子どもたちのタイプやクラスの状況に応じてどの単元から展開してもよいとされている。

(3) 人間関係領域についての単元

単元2「思いやり」，単元4「協力」，単元6「寛大」，単元7「誠実」，単元8「人間関係」の5つの単元は，人間関係領域（身近な人間関係についての領域）を重視した単元である。

例えば，単元2「思いやり」では，11歳の少年テイラーによるホームレスへのボランティア活動を事例に，人間関係において「思いやり」が果たす役割を研究する。また，単元6「寛大」では，8歳の少年チェがネイティヴ・アメリカンに伝統的な長髪を女の子のようだとからかわれたがその相手を快く許したことを事例に，人間関係における「寛大」の意味を研究している。このように5つの単元は，日常生活において周りの人々や集団の中で"うまくやっていくため"の行為を研究していくパートとなっている。つまり5つの単元は，ギリガンが主張した円滑な人間関係づくりを重視した道徳性に関する領域であることが分かる。我が国における道徳教育もこの領域に関する学習がほとんどである。

なお，指導者用ガイドにおいてこの5つの単元は，自分の価値観ややり方を押し通しがちなインディペンデント・タイプの子どもは特にゆっくり学習時間をかけてほしいと指示されている。

(4) 社会的正義領域についての単元

単元3「市民性」，単元5「公正」，単元9「尊重」，単元10「責任」，単元11「安全」の5つの単元は，社会的正義領域（他者の福祉，公正，責任，権利などについての領域）を重視した単元である。

例えば，単元3「市民性」では，11歳の少女アーバンが養子に出された子どもを支援する活動を事例に，子どもができる市民活動について研究している。また，単元5「公正」では，6歳の少女ソーニャの父が，イスラム教徒であることを理由に仕事を辞めさせられたことを事例に，市民社会における「公正」の意味を研究している。このように5つの単元は，アメリカ社会に

おいて周りの人々とうまくやっていくことを超えて「正しくあるため」の行為を研究する単元となっている。つまりコールバーグが主張した正義の概念に基づく道徳性に関する領域である。

　全体計画において正義（Justice）に関する領域が重視されるのは，合衆国憲法に「人民による正義の樹立」が国是として明確に謳われていることと関連している[17]。つまり「市民性」，「公正」，「尊重」，「責任」，「安全」といった正義に関わる概念は，憲法によって個々人の価値観や宗教観を超えてアメリカ合衆国市民として尊重すべきであることが明確にされている。したがってアメリカ合衆国市民の間で，これらの価値概念を教育上尊重すべきことにコンセンサスが得られているわけである。例えば，市民（人民）が主体的に社会を形成すべきだとする「市民性（Citizenship）」，社会的正義を実現するための主要な概念である「公正（Fairness）」，社会環境づくりの基礎である「安全（Safety）」といった価値概念は，憲法の前文[18]から導き出すことができる概念である。そして「尊重」と「責任」は，「読み，書き，計算の3つのRに加え，尊重（Respect）と責任（Responsibility）という第4，第5のRを真剣に取り上げなければならない」[19]と主張されている。つまり憲法上の価値観を子どもに育成しようとするキャラクター・エデュケーションとって，他者をかけがえのない個人として「尊重」することや，「責任」のある行動を選択することは，子どもに育成したい市民性の最も基本的なキャラクターというわけである。

　なお，指導者用ガイドでは，周りとうまくやっていくことを重視するフレンドリー・タイプの子どもは特にこの社会的正義の学習に時間をかけてほしいと指示している。

(5) 全体計画の論理——「道徳教育」と「公民教育」の統合——

　以上のように，本プログラムの全体計画は，アメリカ市民に求められるキャラクターを①個人領域，②人間関係領域，③社会的正義領域の3つの領域に

分けて内容編成を行っている。そうすることで，子どもたちに，①自分自身を発見していくこと（自己認識），②家族や集団のなかでうまくやっていくこと（協同），③正義の概念を土台とした道徳的な判断をすること（意思決定）を促している。

全体計画で特長的なのは，社会的正義に関する領域を設定することによって「道徳教育」と「公民教育」の統合を図っている点にある。例えば「市民性」，「公正」といった単元は，我が国における「道徳教育」では直接取り上げられることの少ない概念である。むしろ社会科公民教育において取り上げられる内容である。このように人間関係づくりのための徳育が中心となりがちな「道徳教育」に，市民としての責任や公正なものの見方といった「公民教育」の役割を統合し，道徳教育を立憲主義公民学習に転換していく点に本プログラムの特長が表れている。

4　正義と人間関係のジレンマ研究——単元構成——

(1) 3つの小単元

では具体的な単元レベルから内容編成の論理を分析してみよう。ここでは，「道徳教育」と「公民教育」を統合するという本プログラムの特徴がよく表れている単元3「市民性」を分析していきたい。教科書及び指導者用ガイドから単元3「市民性」の単元構成を表2-8に示した。

プログラムの単元構成は，導入単元を除く10単元すべてが小単元1「レビューを読む」，小単元2「キャラクター・ジレンマ」，小単元3「活動」という3つの小単元から構成されている。

(2) 小単元1「レビューを読む」——キャラクターをめぐる社会認識と定義——

小単元1「レビューを読む」は，キャラクターを典型的に示した小学生の実話（レビュー）を提示し，キャラクターをめぐる社会認識とキャラクターの定義がなされる。そのために，学習活動1「実話の分析」，学習活動2「概

第2章 規範理解型公民学習　75

表2-8 「市民性」の単元構成

学習活動		学習のテーマと主な発問	単元の構造	
			ねらい	展開
小単元1「レビューを読む」	学習活動1 11歳の少女アーバンによる里子への支援活動を事例に市民性についての社会認識と感情の探究	善き市民はだれか？「アーバンと里子のためのスーツケース」 ①この話では，何が起こりましたか？ ②なぜ，アーバンは里子のことが気になったのだと思いますか？ ③アーバンが示した善き市民性とは何ですか？ ④アーバンが彼女自身のお金を使ったことは，正しかったと思いますか？　彼女がお金を使ってから何が起こりましたか？ ⑤なぜ，里子たちはアーバンに感謝したと思いますか？ ⑥里子たちには，他にどのようなニーズがあると思いますか？ ⑦何か，あなたにできることはないでしょうか？　何をどのような方法でしますか？	実話の分析 キャラクターを強く表した子どもの実話の分析	パート1 キャラクターをめぐる社会認識とキャラクターの定義
	学習活動2 市民性に関する基本概念（民主主義・ルール・市民）の研究	市民性―その意味は？ ①民主主義とは，何ですか？　民主主義に参加するためにあなたに何ができますか？　また，何ができませんか？ ②人々が自動車を運転するときに，ルールが無かったら何が起こると思いますか？ ③学校や家庭において，ルールが無かったら何が起こると思いますか？ ④私たちが従わなければいけないルールには，どのようなものがありますか？　なぜ，それが必要ですか？ ⑤ルールが不公平であるかどうか知ることができますか？　また，不公平なルールをいかにして変えることができますか？ ⑥あなたは，どのような権利（自由）を持っていますか？　いかにして，そのような権利を持っていると感じることができますか？ ⑦市民とは何ですか？　善き市民とは，何を意味しますか？　善き市民としてのあなたの責任は何ですか？　ルールを守ることの他に，あなたが善き市民であること示す何かはありますか？	概念の定義 キャラクターに関する概念の定義	

	学習活動3 善き市民となるための3つの方法 （尊重・関わり・役に立つ）についての研究	どうやったら善き市民になれるのか？ ①あなたが善き市民であることを示す3つの大切な方法とは何ですか？ ②いかにして，あなたの家族に敬意を示すことができますか？　あなたの友人や学校ではどうですか？ ③いかにして，あなたの学校や地域と関わることができますか？　このことがいかにして，あなたが善き市民であることを示しますか？ ④ある新しいルールや法律の必要性を考えることはできますか？　いかにして，それらはあなたを助けますか？ ⑤役に立つとはどういう意味ですか？　家族の役に立つために何ができますか？　地域ではどうですか？　あなたの教会ではどうですか？	実践方法の検討 キャラクターを実践する方法の研究	
小単元2　「キャラクター・ジレンマ」	学習活動4 「社会的正義」と「人間関係」のジレンマについての研究	そのとき，どうする？ Aあなたの親友がバリーという犬を飼っていた。しかし，親友はときどきバリーの世話をせず，えさや水入れが空になっていた。もし，あなたが善き市民であるなら，何をする責任がありますか？　なぜそう思い，またはなぜそう思いませんか？ Bあなたのクラスメイトの女の子が，みんなに秘密にしてと，父親に殴られていることを話し，背中の傷跡を見せてくれました。もし，あなたが善き市民であるなら，彼女との約束を守りますか？　もし，守るならなぜですか？　また，もし守らないなら，あなたは何をすべきですか？ C母親の留守中に，室内で禁止されているホッケーのスティック回しをしていたら，カップボードの一部を壊してしまった。黙っておいても母親は気がつかない程度の傷であったが，善き市民として，何をすべきですか？ Dあなたと家族に，あなたが日頃利用している放課後児童クラブが資金不足を理由に閉鎖されることが知らされました。このクラブは放課後家に親がいないたくさんの子どもたちが遊んだり勉強したりする場所でした。善き市民として，あなたとあなたの家族にできることはありますか？ ○ジレンマ事例に関する話し合い ①それぞれのジレンマについて，ブレーン・ストーミングをしてみましょう。 ②どのやりかたが，みんなのためになりますか？ ○ロール・プレイ	ジレンマの研究 キャラクター・ジレンマにおける解決策の検討	パート2　ジレンマのなかで実際的に選択可能な行動の吟味

小単元3［活動］	学習活動5 善き市民となるための具体的な活動例	①それぞれのジレンマについて，ロール・プレイをしてみましょう。 ②それぞれの人をやってみて，どのような気分でしたか？ 善き市民となるためのより多様な方法 ○善き市民を見つけよう（学校での活動） ①なぜ，あなたはその人々を善き市民であると考えますか？ ②彼らは善き市民としてどのような活動をしていますか？ ○家族会議を開きましょう（家庭での活動） ①家族で様々な計画や問題解決についての会議をしてみましょう。 ②交代で議長と記録者を決めましょう。 ○親と一緒に選挙に行きましょう（社会での活動） ①いつ選挙が行われますか？ ②どこで行われますか？ ③どのようにして選挙の登録をしていますか？ ④選挙やそれに関わる人々について，どこで学べますか？ ○追加的なグループ活動（発展的な活動） ①まちにはじめて来た人向けの歓迎地図作り ②州議会や裁判所などを見学し，政治についての学習 ③法律や予算に関するロビー活動 ④善き市民のステッカー作り ⑤支援のためのポスター作り	実践的な活動 キャラクターを発揮するための実践	パート3 実生活でのキャラクター実践

Lewis, B.A., *What Do You Stand For? : For Kids,* Free Spirit Publishing, 2005, pp.28-40. 及び Lewis, B.A., *A Leader's Guide to What Do You Stand For? : For Kids CD-ROM,* Free Spirit Publishing, 2005, pp.25-38. を参照し筆者作成。表中のゴシック体は筆者の分析を記入。

念の定義」，学習活動3「実践方法の検討」という3つの学習活動が展開される。

学習活動1「善き市民はだれか？」では，11歳の少女アーバンによる里子への支援活動についての実話が分析され，市民性というキャラクターをめぐる社会認識と感情の探究がなされる。アーバンは里子の多くが里親の変更による引越しの際にスーツケースがなく困っていると聞き，全米から使われな

くなったスーツケースを回収し里子に贈る活動をする。アーバンの活動は，様々な苦労があったが小学生ながら市民社会の役に立った事例である。子どもたちは，「なぜ，アーバンは里子のことが気になったと思いますか？」，「アーバンが示した善き市民性とは何ですか？」といった発問によって「実話の分析」を進めていく。子どもたちはアメリカ社会における里子の状況や，小学生ができる市民活動について研究し，キャラクターをめぐる社会認識を深めていく。それとともに，行動の背景にある彼女自身の気持ちや里子たちの思いも含め，感情の探究も行っている。このように，社会認識をめざす「公民教育」的側面と他者の感情の探究をめざす「道徳教育」的側面を統合した学習活動が展開される。

　学習活動2「市民性—その意味は？」では，市民性というキャラクターの「概念の定義」がなされる。例えば「民主主義とは何ですか？」，「ルールが無かったら何が起りますか？」，「市民とは何ですか？」というように市民性に関わる民主主義，ルール，市民といった概念の研究がなされる。ここでは，市民性をよりよい社会づくりに参加し積極的に行動できるキャラクターと捉えていく活動がなされる。また特長的なのは，「不公平なルールをいかにして変えることができますか？」といった発問である。我が国の道徳教育の場合，ルールは守るべきものであるという順法精神が前面に出てしまう傾向がある。しかし，本プログラムでは「不公平なルールは市民の手によって変えることができる」というアメリカ合衆国の独立宣言や憲法に示された伝統的な価値観を初等段階から育成しようとしている。

　学習活動3「どうやったら善き市民になれるのか？」では，善き市民となるための具体的な方法を研究する。具体的な方法とは，「他者を尊重する」，「学校や地域との関わりをもつ」，「社会の役に立つ」の3つである。例えば「いかにしてあなたは家族に尊重の気持ちを伝えることができますか？」，「いかにして学校や地域と関わることができますか？」と発問し，家庭や地域において市民性を発揮する具体的な方法の研究が行われる。学習活動3では，市

民性を示すための外面的な行動の研究がなされる。

　以上のように，小単元「レビューを読む」では，分かりやすい同年代の子どもの実話から，キャラクターをめぐる社会認識と感情の探究を深めるとともに，子どもたちの日常経験をもとにキャラクターを定義していく活動がなされる。

(3) 小単元2「キャラクター・ジレンマ」——正義と人間関係のジレンマ研究——

　小単元2は本単元の中心的な単元であり，学習活動4「そのときどうする？」として「キャラクター・ジレンマ」の研究がなされる。キャラクター・ジレンマとは，正義に関するキャラクターと人間関係に関するキャラクターの葛藤を巡るものである。例えば，「クラスメイトが秘密にしてほしいと言って，父親から虐待されていることを話してくれたが，あなたならどうする？」といったジレンマを検討し，正義（市民として虐待の通告義務を果たす）と人間関係（友人との約束を守る）の葛藤状況を検討していく。子どもたちは，テーマとなっているキャラクターを，日常生活に起りうるジレンマの中でどのように発揮していくべきなのか具体的に吟味していく。

　ここでの学習活動は，ジレンマ事例についてクラスメイト同士でのブレーン・ストーミングやロール・プレイを取り入れる。ブレーン・ストーミングによって事例の状況を冷静に分析するだけでなく，実際に当事者の役割をロール・プレイし関係する人々の気持ちや状況を疑似体験し，現実に近い状況のなかでの行動選択を考えさせる。ここでも状況の冷静な認識と登場人物の感情の探究が統合して行われている。

　このように小単元2「キャラクター・ジレンマ」は，現実的に起りうるジレンマ状況の中で実際的に選択可能な行動の吟味を子どもたちに迫る学習が展開される。

(4) 小単元3「活動」――キャラクターの実践――

　小単元3では，学習活動5「善き市民となるためのより多様な方法」として，日常生活においてキャラクターを発揮していくための「実践的な活動例」が提示されている。特長的なのは「家族会議を開きましょう」や「親と一緒に選挙に行きましょう」といった家族とともに行う活動である。家族会議については，議題の決め方，役割分担など，市民としての議論の作法を家庭で実践することが推奨されている。また選挙については，親と一緒に選挙に出かけ民主主義社会の意思決定の様子を観察することが推奨されている。そして，具体的な政策への要望がある場合は，子どもでもできる「ロビー活動」が例示されている。このように子どもたちは，「行動的な市民」となるための「実践的な活動」を行うことで単元を終えるようになっている。

　以上のように小単元3「活動」では，子どもたちが日常生活で実践できる市民性に関する具体的な活動例を提示し，これまでの学習で習得した市民性に関する社会認識を社会的な行動面まで高めることで単元の終結としている。

(5) 単元構成の論理――キャラクターを示す行動力の育成――

　以上のように単元3「市民性」は，導入部となる小単元1「レビューを読む」において市民性を典型的に表した小学生の実話の分析を導入として，市民性についての社会認識，登場人物の感情の探究，市民性の定義を行う。展開部となる小単元2「キャラクター・ジレンマ」では，正義と人間関係に関する葛藤事例を研究し現実的な状況の中で市民性を示す行動を研究する。そして終結部となる小単元3「活動」では，市民性を日常生活において発揮する具体的な活動例を提示する単元構成となっていた。

　このような単元構成がなされるのは，3つの理由からであると考えられる。第1に小学生の発達段階に合わせた分かりやすい実話から学習を導入し，キャラクターをめぐる社会認識と感情の探究を促す。第2にキャラクター・ジレンマを研究することで，社会的文脈のなかで折り合いをつけながら選択

し得る現実的行動の吟味を促す。第3にキャラクターを発揮する具体的な活動例を提示することで，認識レベルの学習を行動レベルまで高めていく。このようにWDYSFの単元構成は，小学生の発達段階を考慮しながらキャラクターをめぐる公民教育的側面と道徳教育的側面を統合し，キャラクターを示す行動力の育成をめざしたものになっている。

5 小学校における立憲主義道徳学習の内容編成の論理

本節では，小学校における"道徳教育の立憲主義公民学習化"の論理を明らかにするために，アメリカ合衆国キャラクター・エデュケーション教材WDYSFを分析対象として，その内容編成を中心に考察を進めた。その結果，以下の3点が明らかになった。

第1に全体計画は，市民に求められるキャラクターを①個人領域，②人間関係領域，③社会的正義領域の3つの領域に分けて内容編成を行う。そうすることで，子どもたちに，①自分自身を発見していくこと（自己認識），②家族や集団のなかでうまくやっていくこと（協同），③正義の概念を土台とした道徳的な判断をすること（意思決定）を促す。

第2に単元構成は，キャラクターを典型的に表した小学生の実話を研究する小単元1「レビューを読む」，正義と人間関係に関する葛藤事例を研究する小単元2「キャラクター・ジレンマ」，キャラクターを実践する小単元3「活動」という3つの小単元によって展開する。そうすることで，小学生の発達段階を考慮しながらキャラクターを示す行動力の育成をめざす。

第3に小学校における立憲主義道徳学習は図2-2に示すように，道徳教育が主に扱っている人間関係に関する領域のみならず，憲法に基づく正義に関する領域を取り入れ，道徳教育と公民教育を統合した内容編成とし，内面的な道徳性と外面的な市民性の統一的な育成を図る。

WDYSFは，道徳教育と公民教育を大胆に統合し小学生の発達段階を考慮しながら市民性育成を実質化する具体的な内容編成の論理を提示していた。

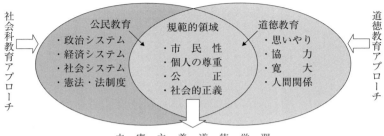

図2-2　立憲主義道徳学習の位置付け

そして，子どもたちにキャラクターを典型的に示す行動の研究を促すとともに，正解のないキャラクター・ジレンマを分析させることで開かれた価値観形成をめざしていた。小学校における立憲主義道徳学習の内容編成の在り方を示唆している。

注
1) Lewis, B. A., *What do you stand for? For Kids a guide to building character*, Second Edition, Minneapolis, Free Spirit Publishing, 2005.
2) 今谷順重「イギリスで導入された『新しい市民性教育』の理論と方法―人生設計型カリキュラムの構想―」全国社会科教育学会『社会科研究』第60号 2004, pp.1-10.
3) 藤原孝章「アクティブ・シティズンシップは社会科に必要ないか―社会科における社会参加学習の可能性を求めて―」全国社会科教育学会『社会科研究』第65号 2006, pp.51-60.
4) 桑原敏典・中原朋生「市民的資質教育としての憲法学習の改善―政策評価過程を取り入れた基本的人権学習の原理と方法―」日本公民教育学会『公民教育研究』第16号 2008, pp.19-34.
5) この課題に取り組んだ事例に，品川区における「市民科」の創設がある。同区の「市民科」は，道徳・特別活動・総合的な学習の時間を統合し，①自己管理領域，②人間関係形成領域，③自治的活動領域，④文化創造領域，⑤将来設計領域の5領域からなる広領域科目となっている。本節では同区の取組において十分に考察

されていない社会科公民教育と道徳教育を統合する論理の解明を試みたい。
6) 森分孝治は，社会科教育に道徳教育的な側面を導入する"危険性"を「事実と決断の一元論」による"閉ざされた価値観注入"として解明している。本稿では，森分の指摘を踏まえつつ，"開かれた価値観形成"としての「公民教育」と「道徳教育」の統合の論理について考察したい。
7) トーマス・リコーナー『人格の教育―新しい徳の教え方学び方』水野修次郎監訳・編集，北樹出版 2001，p.115.
8) Lewis, B.A., *What do you stand for? For Kids: a guide to building character: A leader's guide CD-ROM First Edition,* Minneapolis, Free Spirit Publishing, 2005.
9) Ibid., 1), pp.164-165.
10) Lewis, B.A., *What do you stand for? For Teens : a guide to building character,* Second Edition, Minneapolis, Free Spirit Publishing, 2005.
11) Ibid., 1), p.2.
12) この4名は道徳性の認知的発達理論を展開しており，本プロジェクトの内容編成だけでなく，学習方法論にもその所論が影響していると考えられる。この点を論証するには，小単元レベルの教授・学習過程の詳細な分析が必要であり，次節において論じることとしたい。
13) Ibid., 8), p.1.
14) Turiel, E., *The Culture of Morality: Social Development, Context, and Conflict,* Cambridge UK, Cambridge University Press 2002, pp.152-180.
15) Gilligan, C., *In a different voice: Psychological Theory and Women's Development,* Second Edition, Cambridge, Mass：Harvard University Press 1993, pp.24-63.
16) ローレンス・コールバーグ,岩佐信道訳『道徳性の発達と道徳教育―コールバーグ理論の展開と実践―第4版』麗澤大学出版会 2001, pp.105-116.
17) Monk L. R., *The Words We Live By, First Edition,* New York, The Stonesong Press 2003, pp.11-17.
18) 合衆国憲法前文には，「われら合衆国の人民は，一層完全な連合体を形成し，正義を樹立し，国内の静穏を保障し，共同の防衛に備え，一般の福祉を増進し，われらとわれらの子孫の上に自由の恵沢を確保する目的をもって，ここに合衆国のために，この憲法を成立し確立する」と謳われている。
19) 前掲書 7), p.155.

第4節　立憲主義道徳学習としての市民性育成の方法
──W.デーモンによる子どもの公正概念発達論を手がかりに──

1　子どもの公正概念発達論に基づく立憲主義道徳学習の論理

　本節の目的は，幼児期から児童期の子どもの公正概念発達論に基づき開発されたアメリカ合衆国キャラクター・エデュケーション教材『君は何を表すのか？：児童用（What Do You Stand For?:For Kids）』[1] 単元「公正（Fairness）」の分析を通して，子どもの発達過程を考慮しながら，憲法規範を基盤に子どもの市民性育成をめざす立憲主義道徳学習の方法論を明らかにすることにある[2]。

　前節では，小学校における立憲主義道徳学習を主に内容編成の論理から分析した。その基本的な分析視点は，法学，憲法学，倫理学といった学習内容の背景にある学問の論理が中心であった[3]。そのため，小学生の発達段階を考慮した子どもの論理からの分析が不十分であった。

　そこで本節はこのような問題を解決するために，前節で考察した『君は何を表すのか？：児童用』の単元「公正」を取り上げ，子どもの発達論に基づく立憲主義道徳学習の方法論を明らかにしていきたい。本節において単元「公正」を分析対象とする理由は以下の3点である。①認知心理学者による幼児期から児童期の子どもの公正概念発達論に関する体系的な先行研究が存在し単元構成の分析の示唆が得られる。②「公正」は合衆国憲法が提示する憲法規範のなかでも最も重要なものである。③我が国の子どもたちの公正概念の発達は，アメリカ合衆国に比べかなり遅いとの調査研究[4]も存在する。このように公正に関する学習の充実は，我が国においても大きな課題である。

2 デーモンによる子どもの公正概念発達論

『君は何を表すのか？：児童用』の単元「公正」は，認知心理学者デーモン（William Damon）による公正概念の発達論に影響を受け単元が開発されたと考えられる。ここでは，まずデーモンの所論[5]を立憲主義公民学習の視点から考察してみたい。

(1) 子どもの公正概念の発達

デーモンは3水準6段階からなる公正概念の発達過程を実証的に明らかにしている。彼の発達段階論は，先述した調査研究によって文化の違いがある我が国においても追試されその妥当性が検証されている。デーモンは，ピアジェ（Piaget），コールバーグ（Kohlberg）らの認知的発達理論に大きく影響を受けた認知心理学者である。よく知られているようにピアジェは子どもの道徳性発達を「他律から自律へ」の過程として捉えた。さらにコールバーグがその理論を精緻化し，道徳性発達の6段階論を提起している[6]。しかし，コールバーグ理論は，①青年期以降を主な対象として調査を行い幼児期や児童期の発達を軽視していること，②道徳性を幅広く包括的に論じたため，「公正」，「責任」，「権利」といった個々の価値概念の発達を明らかにしていない，といった問題があった。

そこで，デーモンは分配場面における子どもの公正の判断理由に注目し，4歳から8歳の子ども（後に4歳から10歳）を対象に子どもたちがどのような基準で公正さを判断しているのか調査した。デーモンが調査のため使用した例話は，以下のようなものである[7]。

> 4人の子どもたちで，ブレスレットづくりのお手伝いをしました。ご褒美にアイスクリームを8つもらい，みんなで分けることになりました。Aさんは他の3人より2歳くらい年下でしたが，他の3人は同じ歳でした。Aさんは一番年下で作ったブレスレットも一番少なかったです。Bさんは最もたくさんのブレスレットを作りました。Cさんは4人のなかで一番大きかったです。Dさんは，最っともキレイなブレスレットを作りました。さて，どのようにしてご褒美を分けましょうか。

 デーモンは例話に対する子どもたちの回答を，特に公正を判断する理由付けに注目し分析し，表2-9に示すような3水準6段階の公正概念発達論を提起した。彼の公正概念の発達段階は，0水準「自己欲求による混沌とした判断」，1水準「形式的平等を中心とする柔軟性のない判断」，2水準「個人の尊重と状況に応じた柔軟性のある判断」の3つの水準からなる。そして各々の水準がさらに2つの段階に分かれる6段階構造となっている。

 0水準は「自己欲求」に基づく判断の段階である。第1段階0-Aでは，自分が述べた分配案の理由を「わからない」，「私はそうしたい」のように述べる。判断は多くの場合「そうしたい」という子どもの「自己欲求」から導き出される。例話に対しては，「私はAさんが好きだから，Aさんにたくさんあげたい」といった回答をする。続く第2段階0-Bでは，「大きい子にたくさんあげる」，「男の子は少しでよい」というように，身体の大きさや性別といった外見的特長に基づいた理由付けがなされる。例話に対しては，「Cさんは体が一番大きいから，Cさんにたくさんあげる」といった回答をする。このように，0水準は，他者に自己の見解を正当化しようとする意識がない段階であり，「自己欲求を中心とした混沌とした判断」が中心となる。

 続く1水準では，子どもたちに公正の判断基準が芽生え始め「形式的平等を中心とする柔軟性のない判断」がなされる。第3段階1-Aでは，「みんな同じ数にする」，「同じにしないとケンカになる」というように形式的な平等を基準として判断がなされる。例話に対しては「4人ともみんな同じようにあげる」といった回答をする。続く，第4段階1-Bでは，「がんばった子に

表2-9 デーモンによる公正概念の発達段階

水準	判断基準	概　　要	段階
0 自己欲求による混沌とした判断	A 自己欲求	公正の判断は，行動を起こしたいという自己欲求から引き出される。判断理由を正当化しようという意図はなく，ただ欲求を主張するのみである。(例：それを使いたいから欲しい)	1
	B 外見的特長や性差	公正の判断は依然，欲求中心であるが，身体の大きさや性別といった外見的特長に基づいて理由付けするようになる。主張は変わりやすく，自分に有利にする傾向がある。(例：女の子だから一番たくさんあげる)	2
1 形式的平等を中心とする柔軟性のない判断	A 形式的平等	公正の判断は，厳密な平等の概念から引き出される。正当化は，形式的な平等の原則と一致しているが，一方的で柔軟性に欠ける。(例：みんな同じだけもらうべき)	3
	B 貢献や功績	公正の判断は，行動の結果から引き出される。人は，賞罰に関してお返しを受けるべきだと考える。貢献や功績の概念が現れるが，未だ一方的で柔軟性に欠ける。(例：がんばった人に一番多くあげる)	4
2 個人の尊重と状況に応じた柔軟性のある判断	A 個人の尊重	様々な人が存在しているが，人間的価値は等しいことが理解されている。特別なニーズ(例えば，貧困)による主張を重視する。選択は対立する主張の間で量的に妥協しようとする。(例：彼を一番多くし，彼女はいくぶん少なくする)	5
	B 公正の真の意味と状況の特殊性	互恵や平等の真の意味を考える。様々な人の主張や状況の特殊性を理解する。すべての人は役割に見合った報酬を受けられるべきであるという認識から正当化がなされる。(このことは，みんなを同じように扱うことを意味しない)	6

Damon, W., *The Social World of the Child*, Jossey-Bass Publishers, 1977, pp.74-77. を参照し筆者作成。表中のゴシック体は筆者による分析を記入。

たくさんあげる」，「作った数が少ない子どもは少なくする」というように貢献や功績を評価し，それに基づく分配を公正であると考える。例話に対しては，「Bさんは最っとも多くのブレスレットを作り，Dさんは最っともキレ

イなブレスレットを作ったので、ほかの二人よりもたくさんあげる」といった回答をする。このように1水準では、「形式的平等」、「貢献や功績」といった公正さを判断する基準が明確になっていく。

2水準では、「個人の尊重と状況に応じた柔軟性のある判断」がなされる。第5段階となる2-Aでは、「喉が渇いている人にはたくさんあげて、欲しくない人には少なくてよい」のように、個人のニーズによる分配を志向する。この段階の子どもたちは様々な人が存在することを認識し、それぞれを個人として尊重すべきことを理解している。最終段階となる第6段階2-Bは、第5段階の回答がより精緻化し組織化した段階であり、公正の真の意味を考えるとともに、様々な人の主張や状況の特殊性を理解している段階とされている。

デーモンの調査によると、アメリカ合衆国の子どもたちは6, 7歳児ですでに第4段階1-B「貢献や功績」による判断が多くなり、8歳ごろになると第5段階「個人の尊重」の段階が多くなっている。それに対して彼の公正概念発達論を我が国において追試した調査研究によると、日本の子どもはどの年齢においても第3段階1-A「形式的平等」の段階が多いとの指摘されている[8]。

(2) 公正概念発達論の立憲主義道徳学習への示唆

上述したデーモンの所論及び我が国における追試は、我が国の子どもたちへの立憲主義道徳学習の在り方に多くの示唆を与える。特に重要だと考えられるのは以下の3点である。

第1に6段階の発達段階論を提起したことにより、表2-10に示すように①発達の方向性と②各段階の発達課題が明確になった。幼児期においては自己中心性のある判断や外見的特長や性差に基づく判断を乗り越え「形式的平等」といった他者に合理的な説明が可能な公正さの判断基準を構成していくことが発達課題となる。また児童期においては第3段階「形式的平等」から

第2章 規範理解型公民学習   89

表2-10 公正概念の発達段階と発達課題

発達段階	発達課題	おおむねの年齢
段階1 自己欲求 （好きだからたくさん欲しい） ↓	発達課題① 自己中心性を抑制した判断	幼児期 4～6歳
段階2 外見的特長や性差 （女の子だからたくさんあげる） ↓	発達課題② 外見や性差ではなく形式的「平等の原則」による判断	
段階3 形式的平等 （みんな同じだけもらうべき） ↓	発達課題③ 嫉妬を抑制し，他者の「功績の評価」による判断	児童期前半 7～9歳
段階4 貢献や功績 （頑張った人に多くあげる） ↓	発達課題④ 人々の違いの認識と「個人の尊重」による判断	
段階5 個人の尊重 （一番困っている人に多くあげる） ↓	発達課題⑤ 公正の意味を問いながら状況に応じた判断	児童期後半 10～12歳
段階6 公正の真の意味と状況の特殊性 （論争問題学習が可能となる中等段階）	＊立憲主義的な学校・家庭・地域の環境構成	

(筆者作成)

　第4段階「貢献や功績」による判断を経て第5段階「個人の尊重」に向けて発達する。例えば，第3段階「形式的平等」の子どもには発達課題③「嫉妬や欲求を抑制し他者の能力や貢献の評価による判断」が課題となるというように，各発達段階における発達課題が明確になっている。児童期の立憲主義道徳学習では，各段階の発達課題が達成されることをねらいとした単元構成が必要となるわけである。

　第2にデーモンの公正概念発達の最終段階は，「個人の尊重を基礎とし公正の意味を問いながら，状況に応じた判断が下せること」となっている。これはアメリカ合衆国憲法とりわけ権利章典における「個人の尊重」の理念と合致している[9]。デーモンによる公正概念の発達段階論は，アメリカの子どもたちが合衆国憲法に基づく公正概念を身に付けていく過程を明らかにし

た。この点は発達に応じた憲法学習の検討や憲法に基づく論争問題学習の在り方に大きな示唆を与えると考えられる。

　第3に，我が国の子どもは，形式的平等に基づく判断の傾向が強く，個人の尊重に基づく判断が苦手であることが発達論上から明確になった。例えば，我が国の子どもたちは平等権（憲法14条）の表面的な理解は容易であるが，個人の尊重（憲法13条）の理解は困難であることが示唆される。アメリカ合衆国の子どもたちは8歳くらいになると「個人の尊重」に基づく判断ができるとされ，児童期高学年には合衆国憲法の基礎にある「個人の尊重」を日常生活レベルでも理解できる。しかし我が国の子どもの場合，児童期高学年においても「形式的平等」の志向が強く，日本国憲法の基礎にある「個人の尊重」を日常生活レベルで理解できないまま，憲法学習が展開されることとなる。少なくとも児童期を終えるまでには第5段階「個人の尊重」までの発達をとげていることが必要であろう。

3　公正概念発達論に基づく単元構成──『君は何を表すのか？：児童用』単元「公正（Fairness）」の場合──

　では，子どもの公正概念は，どのような教育を展開すれば発達していくだろうか。ここでは，『君は何を表すのか？：児童用』単元「公正（Fairness）」を手がかりとして考察を進めていきたい。本単元を分析対象とする理由は，幼児期の公正の判断の特長（公正さを客観的に説明しない段階）を踏まえて，児童期に必要な発達課題（根拠をもって公正の判断基準を説明できるようになる）を達成できるように単元が構成されているからである。

　『君は何を表すのか？：児童用』は前節で考察したように子どもたちに，①個人領域（自分自身についての領域），②人間関係領域（身近な人間関係についての領域），③社会的正義領域（合衆国憲法に基づく公正，責任，権利などについての領域）の認識を促すことで，市民として必要な行動力の育成をめざした7歳から12歳向けの道徳学習プログラムである。全体計画は①個人領域「あ

なたと知り合う (Getting to Know You)」、②人間関係領域「思いやり (Caring)」、「協力 (Cooperation)」、「人間関係 (Relationships)」、③社会的正義領域「市民性 (Citizenship)」、「公正 (Fairness)」、「安全 (Safety)」といった単元から編成される[10]。

単元「公正 (Fairness)」は社会的正義領域として設定されている単元であり、合衆国憲法の基本価値である「個人の尊重」に基づく公正な判断力の育成をめざした単元となっている。本単元の構成を教科書及び教師用指導書をもとにまとめたものを表2-11に示した。また表2-11の単元構成と公正概念の発達論の関係を表した詳細な教授・学習過程を資料2-1に示した。単元「公正 (Fairness)」は、小単元1「レビューを読む」、小単元2「キャラクター・ジレンマ」、小単元3「活動」の3つの小単元から構成されている。

(1) 導入——公正に関する社会認識と定義——

導入部となる小単元1「レビューを読む」では、ボスニアに住む6歳の少女ソーニャの実話を研究対象として、方法論的個人主義に基づく不公正な社会の認識と、公正の意味を研究していく活動がなされる。

学習活動1「実話」では、ボスニアで内戦がはじまり6歳の少女ソーニャの父親がイスラム教徒であることを理由に仕事を辞めさせられたことを事例に、子どもたちに"不公正な社会の現実"を認識させる活動が行われる。ソーニャという少女の視点から方法論的個人主義に基づく不公正な社会の認識を促すわけである。ここでは、人種や宗教の違いによる"差別"や、自然・生活・社会のすべてを破壊し庶民に貧困をもたらす"戦争"、少数の意思決定者による戦争開始といった"非民主的意思決定"が不公正な社会の現実として研究される。"差別"、"戦争"、"非民主的意思決定"といった事柄は、すべて"個人の尊重"を踏みにじる不公正な事例として取り上げられている。また、ソーニャが不公正な出来事に対して泣き叫ぶ弟をなぐさめた様子や不公正な出来事に対して「ソーニャは人に対して不公正な行動はしないと決め

表2-11 「公正」の単元構成

	学習活動	テーマと主な発問	学習内容	単元の構造	
				ねらい	展開
小単元1「レビューを読む」	学習活動1 実話	①なぜ、ソーニャは戦争が公正（フェアー）ではないと思いましたか？ ②ソーニャは，弟が公正でないと泣いたときに，どのようになぐさめましたか？ ③ソーニャは，よく生きるために公正でないことに出会ったらどうすると決めました？	○不公正な社会の現実 ・差別（人種，宗教） ・戦争（環境破壊，貧困） ・非民主的意思決定 ○自己欲求の抑制 ○他者の尊重	**方法論的個人主義に基づく不公正な社会の認識**	導入 公正と不公正の認知的葛藤
	学習活動2 公正その意味は？	①公正とは，どのような意味ですか？ ②あなたが常に公正に振る舞えば，どのようなことが起きますか？ ③公正でないことには，どのようなことがありますか？ ④なぜ，公正であることが大切ですか？	○公正の黄金律的な定義（自分の欲するところを他の人になせ） ○公正の社会的意味 ○不公正の定義 ○公正な行動の意義	**公正の定義** 発達課題⑤「公正の意味を問い，状況に応じた判断」	
	学習活動3 どうやったら公正になるのか？	①どのように「共有」し，どのように「交代」にすれば公正になりますか？	○共有と交代 ・形式的平等による分配 ・交代	**公正になる方法** →発達課題②「平等の原則」	展開 公正概念の発達論による学習活動
		②公正になるために，嫉妬（ジェラシー）をなくすことはできますか？	○嫉妬に依らない決定・嫉妬のコントロール	→発達課題③「功績の評価」	
		③あなたと違う人をいかにして尊重しますか？	○他者の尊重 ・人間の多様性と ・個人の尊重	→発達課題④「個人の尊重」	

小単元2「キャラクター・ジレンマ」	学習活動4 ジレンマ状況の分析	①バレエを習いたいという弟のことを，踊りは女の子がすることだとからかった友達に何と言いますか？	○男女差別 ・固定的性別役割の否定と友人との円滑な関係づくりのジレンマ	ジレンマ事例 →発達課題②「平等の原則」	
		②お母さんと誕生日に遊園地に行く約束をしていたが，当日は雨で，また別の日に行こうと言われたが，これは公正ですか？	○天候による予定変更 ・約束の厳格な履行と柔軟な状況判断のジレンマ	→発達課題③「功績の評価」	
		③白人と黒人ばかりが住む地域に日本人が引っ越してきたが，みんな仲良くしようとしない。あなたはどうすべきか？	○人種差別 ・人種差別の否定と友人との円滑な関係のジレンマ	→発達課題④「個人の尊重」	
小単元3「活動」	学習活動5 公正カード作り	①不公正な人にあったときどうするかをカードに書いて，持ち歩きましょう。	○一般生活における公正	活動 発達課題⑤「公正の意味を問い状況に応じた判断」 立憲主義的な学校・家庭・地域の環境構成	終結 実生活における公正の実践
	学習活動6 お手伝いを公正に	②お手伝いにポイントをつけて，家族が同じポイントになるように仕事を分けましょう。	○家庭生活における公正		
	学習活動7 公正な瓶作り	③不公正だと思うことが起こったときは，それをメモし，瓶に入れ週1回，瓶を開けて，メモについて話し合いましょう。	○学校生活における公正		
	学習活動8 ゲームを公正に	④ゲームをフェアーにするために，どうしますか？	○遊びにおける公正		

Lewis, B.A., *What Do You Stand For? : For Kids,* Free Spirit Publishing, 2005, pp.53-63. 及び Lewis, B.A., *A Leader's Guide to What Do You Stand For? : For Kids CD-ROM,* Free Spirit Publishing, 2005, pp.49-58. を参照し筆者作成。表中のゴシック体は筆者の分析を記入。

たこと」などを研究し，不公正には「公正な態度で臨むことが善である」ことが把握される。しかし，公正の定義は具体的には説明されない。ここでの学習は，不公正な社会の現実を子どもたちに認識させることによって，「では公正な社会とは何だろう？」と逆に公正の意味を探究していく動機づけを図っているわけである。

学習活動2「公正その意味は？」では，公正の定義がなされる。まず教師が公正の定義を「自分のして欲しいことを人にして，自分のして欲しくないことをしないこと」と説明し，公正の黄金律的な定義を行っている。また，「公正は，自分がもつ権利と機会を他者も同じようにもつこと」とも説明し，権利と機会の平等という立憲主義的な公正の定義も行っている。ここでは社会的現実と分離した形で「公正」の定義付けを行い，公正の定義と社会的現実のズレを認識させる。子どもたちに学習活動1で研究した「不公正な社会の現実」と「公正の定義」の葛藤を経験させるわけである。

以上のように導入部となる学習活動1と学習活動2では，子どもたちに「不公正な社会の現実」と「公正の定義」のズレの認識を促し，認知的な葛藤状況を経験させ，公正の真の意味を探究していく導入としている。

(2) 展開——公正概念の発達論に基づく学習——

展開部となる学習活動3「どうやったら公正になるの？」と学習活動4「キャラクター・ジレンマ」は，本単元の中心的な学習課題であり，デーモンによる公正概念の発達論に基づく学習が展開される。

①公正となる方法に関する学習

学習活動3「どうやったら公正になるの？」では，子どもたちが社会生活において物事を公正に進める方法として，「共有と交代」，「嫉妬（ジェラシー）によらない決定」，「人々の違いの尊重」という3つの具体的な方法を提示する。この3つの方法は，それぞれが公正概念の発達課題に即したものとなっ

ている。

　まず「共有と交代」は発達課題②「形式的平等の原則による判断」を子どもに迫るものである。例えば「交代」については，休み時間にブランコを独り占めすることと交代で平等に乗ることどちらが公正ですか，といった議論が展開される。

　続く「嫉妬（ジェラシー）によらない決定」では，発達課題③「他者の能力や貢献による判断」が促される。例えばソフトボールをしているとき，友人がたくさんヒットを打った場合，嫉妬の気持ちを抑えてどのようにその才能や貢献を評価すべきかが研究されている。ここでは嫉妬を抑制することが公正であることが明確に提示されている。このように他者の能力や貢献を冷静に評価することを推奨することが，形式的平等による判断を乗り越えるための学習課題として設定されている。このような道徳学習はわが国にない発想であり，アメリカ合衆国的な自由主義に基づく学習課題といえよう[11]。

　そして「人々の違いの尊重」では，発達課題④「人々の違いの認識と個人の尊重」に基づく判断が促される。例えば，皮膚の色や言語，宗教，障害の有無など，自己と違う人々の意見を聞かないことは不公正であることが研究されている。「人々の違いの認識と個人の尊重」は，合衆国憲法修正１条いわゆる権利章典の冒頭に述べられている信教の自由に基づく価値である。信教の自由はアメリカ合衆国において「第１の自由」と称され，多様な個人を尊重していくという国是を象徴する権利となっている。ここでの学習は，合衆国憲法に起源を持つ価値観を子どもたちの最終的な行動規範となることをめざしている[12]。

　このように，学習活動３では，子どもたちが日常生活のなかで，公正概念を発達させていくための方法を，発達課題②③④に即して具体的に提示している。子どもたちは自己の発達段階によって重点となる学習課題は異なると考えられる。ここではどの段階の子どもたちも学習を進められるように，発達段階に応じた課題が順番に提示される。

②公正と人間関係のジレンマ

　続く単元２「キャラクター・ジレンマ」では，公正概念の発達課題に即した３つのジレンマ事例が提示され，葛藤状況のなかで公正さを導き出す活動がなされる。

　ジレンマ１では「バレエを習いたい弟のことを，踊りは女の子がするものだとからかった友人に何と言う」といったテーマから，発達課題②「外見的特長ではなく形式的平等の原則による判断」を子どもに探究させている。ここでは男女差という外見的特長による判断ではなく，個人の希望を平等に尊重することが公正であることが研究されていく。

　続くジレンマ２では「誕生日の日に遊園地に行く約束を母親としていたが，当日は雨が降り別の日に行こうと言われたがこれは公正か」というテーマから，発達課題③「嫉妬や欲求を抑制し他者の能力や貢献による判断」を探究させている。ここでは，母親は遊園地に行く約束を果たそうとスケジュール調整をしていたが，天候という不可抗力が生じてしまった事例をもとに，遊園地に行きたいという欲求を抑えて，スケジュール調整をしてくれた母親の貢献を冷静に評価していく活動がなされる。

　そして，ジレンマ３では，「白人と黒人の子どもばかりが住む地域に，日本人の子どもが引っ越してきたが，みんな仲良くしようとしない。あなたならどうする」という事例が提示され，発達課題④「人々の違いの認識と個人の尊重」に基づく判断が促される。ここでは，白人や黒人と生活様式の異なる日本人とどのように共生していくべきなのかを探究し，自分と異なる他者を実生活において本当に尊重できるかどうかが研究される。

　以上のようなジレンマ学習では，各事例をもとに子どもたちによるブレーン・ストーミングやロール・プレイが展開される。例えばジレンマ３では，「日本人は，私たちと違いが多いが，仲良くすべきである」といった理念的な公正観と「友だちは誰も仲良くしたがらないし，私も仲間はずれにされたくない」といった子どもたちの現実的な人間関係がぶつかりあいジレンマと

なることを研究させていく。また，実際に日本人役，黒人役，白人役とロール・プレイを行い，現実に近い状況で子どもたちに判断させる学習を展開する。例えば日本人役の子どもには「仲間はずれにされると，どのような気分がしましたか？」と問い，白人役や黒人役の子どもには，「友だちみんなが，日本人を仲間はずれにしているのに，あなただけがそれに反対できますか？」と問う。教師は，「みんな仲良くしなさい」と無理に解決案をまとめるのではなく，理念的な公正観と子どもたちの現実的な人間関係がジレンマとなり，正解が固定できないことを認識させていく。そのためにブレーン・ストーミングによってジレンマ状況の具体的な研究を子どもたち自身が行うとともに，ロール・プレイによって登場人物の感情レベルまで追体験し，現実に近い状況の中で，どのような行動が選択可能である意思決定していく。

③終結——公正の意味を問いながら状況に応じた判断——

　終結部となる小単元3「活動」では，実生活において公正を実践していく具体的な活動例を提示し，公正概念の最終段階である発達課題⑤「公正の意味を問いながら状況に応じた判断」を促す学習が展開される。ここでは，「公正なカードづくり」，「お手伝いを公正に」，「公正な瓶づくり」，「ゲームを公正に」といった実生活において公正を実践していく具体的な活動例と環境構成例が提示される。例えば，学習活動6「お手伝いを公正に」では，子どもたちの家庭でなされている家事に，労働の重みに応じたポイントをつけ，家事を家族でできるだけ公正に分担する方法を探す活動がなされる。このような活動は，家庭生活や学校における特別活動といった時間において長期間継続して行われる活動となっている。子どもたちは，これまでの学習で習得した公正な行動を家庭，学級，学校，地域社会における日常生活の中で長期的に実践することによって，その発達を自ら促していく。

導入部	公正と不公正の認知的葛藤
学習の動機付け①	学習活動1(不公正な社会の現実)⇔学習活動2(公正の黄金律的な定義) 認知的葛藤

⇩

展開部	公正概念の発達論による学習活動	
発達課題② 外見や性差ではなく,形式的「平等の原則」による判断 (幼児期～児童期前半)	学習活動3(公正になる方法1) 「共有と交代」 ○どのように「共有」し,どのように「交代」にすれば公正になりますか？	学習活動4(ジレンマ1) 「固定的性別役割をめぐるジレンマ」 ○バレエを習いたいという弟のことを,踊りは女の子がすることだとからかった友達に何と言いますか？
発達課題③ 嫉妬を抑制した他者の「功績の評価」による判断(児童期前半)	学習活動3(公正になる方法2) 「嫉妬によらない決定」 ○公正になるために,嫉妬(ジェラシー)をなくすことはできますか？	学習活動4(ジレンマ2) 「天候による予定変更をめぐるジレンマ」 ○お母さんと誕生日に遊園地にいく約束をしていたが,当日は雨で,また別の日に行こうと言われたが,これは公正ですか？
発達課題④ 人々の違いの認識と「個人の尊重」による判断(児童期後期)	学習活動3(公正になる方法3) 「他者の尊重」 ○あなたと違う人をいかにして尊重しますか？	学習活動4(ジレンマ3) 「人種差別をめぐるジレンマ」 ○白人と黒人ばかりが住む地域に日本人が引越ししてきたが,みんな仲良くしようとしない。あなたはどうすべきか？

⇩

終結部	実生活における公正の実践
発達課題⑤ 公正の意味を問い,状況に応じた判断	学習活動5(公正なカード作り) 学習活動6(お手伝いを公正に) 学習活動7(公正な瓶作り) 学習活動8(ゲームを公正に)

図2-3 単元「公正」の構造と発達課題の関係　　　　(筆者作成)

④単元構成の論理

以上のように単元構成は図2-3に示したように，導入部において「公正の定義」と「不公正な社会現実」の認知的葛藤を経験させ学習の動機付けを図り，展開部において公正概念の発達課題②「平等の原則」，発達課題③「功績の評価」，発達課題④「個人の尊重」に即した学習活動を行い，終結部において最終的な発達課題である⑤「公正の意味を問い状況に応じた判断」を求める長期的な活動例を提示するものとなっていた。単元は，デーモンの公正概念の発達段階論に即した学習活動を展開するように構成されている。

4 立憲主義道徳学習の方法論──子どもの発達と憲法規範の論理の統合──

本節では，デーモンの公正概念発達論とそれに基づき開発された単元「公正（Fairness）」の分析を通して，憲法規範を基盤に子どもの市民性育成をめざす立憲主義道徳学習の方法論を明らかにしようとした。結論をまとめると以下のようになる。

第1にデーモンは「自己欲求」→「形式的平等」→「個人の尊重」と進む公正概念の発達段階論を提起した。幼児期においては「自己欲求」を乗り越えた判断を行うことが主な課題となっていた。そして児童期においては「形式的平等」から他者の貢献や功績による判断を経て「個人の尊重」に向けて発達することが課題とされた。

第2にデーモンの公正概念発達論の最終段階は，「個人の尊重を基礎とした公正な判断ができること」であり，合衆国憲法とりわけ権利章典における「個人の尊重」の理念と合致していた。デーモンによる公正概念発達論は，アメリカ合衆国の子どもたちが合衆国憲法に基づく公正概念を身に付けていく過程を明らかにしている。

第3にデーモンの理論をわが国で追試した渡辺の研究によるとアメリカ合衆国の子どもは8歳くらいには「個人の尊重」の段階に到達できるが，我が国の子どもは「形式的平等」の段階に留まり続けることが多い。

第4に単元「公正（Fairness）」は、デーモンの公正概念発達論に即した単元構成となっていた。特に展開部における嫉妬（ジェラシー）の扱いが特長的であった。展開部学習活動3は、嫉妬を抑制することが「形式的平等」に基づく判断から子どもたちを解放し、他者の貢献や功績を冷静に評価することを促し、そのことが「個人の尊重」に基づく判断に子どもたちを導くという道徳学習論を提示している。

第5に単元「公正（Fairness）」の特に終結部は、子どもの発達過程を見通した長期的な道徳学習の展開、学級の運営、学校の環境構成が必要であることを示していた。

以上のように、単元「公正（Fairness）」は、「個人の尊重」という子どもに育成したい憲法の基本理念・価値を明確化し、それを育成する手段としてデーモンの公正概念発達論を援用するとともに、学習展開も子どもたちを個人として尊重し、常に子どもたちの思考や意見を引き出していく道徳学習を

資料2-1　単元5「公正」の教授・学習過程

○単元の目標

　本単元で、子どもたちはフェアー（公正）の意味を学ぶとともに、他者をフェアーに扱うための3つの方法について探究する。それは、「共有すること、交代すること」、「嫉妬（ジェラシー）によらない決定」、「すべての人々の尊重」である。この単元では、子どもたちが不公正な扱いを受けたときの、対応法についても示唆していく。

○概念：共有・交代・嫉妬（ジェラシー）の取り扱い・自己中心的でない・他者の尊重・権利

■小単元1「レビューを読む」

過程	学習テーマと発問	教授・学習活動（資料）	子どもから引き出したい活動・知識
●学習活動1「実話」			
方法論的個人	○教科書の53ページから55ページの本当にあったお話を読みましょう。	T：指示する P：読む	○教科書の実話をレビューする。
	ソーニャが6才のとき、ボスニアで戦争が始まりました。セルビア人のお母		

主義に基づく不公正な社会の認識

さんは仕事を続けましたが、イスラム教徒のお父さんはすぐに仕事を辞めさせられました。ソーニャは、お父さんに「これは公正でない。」と叫びました。しかし、お父さんはただ、がっくりするだけでした。(**人種・宗教による差別**)

ソーニャが8歳になる頃、だんだんと食べ物やガソリンが足りなくなってきました。ソーニャは、誕生日にお人形を買ってほしいと頼みましたが、お母さんは、「また今度、ソーニャ。今はお金がないの。戦争をしているのよ。」と言うだけでした。ソーニャは「これは公正ではない。」と思いました。(**戦争による貧困**)

ソーニャは、お母さんに聞きました。「なぜ、人は戦争をするの? 私はバカだと思うの。みんな友人だったのに。」お母さんは、「そうよね。2・3人の人が戦争をすることを決めて、残りの私たちが困っているのよ。」と言いました。ソーニャはお母さんに「これは公正でない。」と叫びました。(**非民主的な意思決定**)

ボスニアにいるイスラム教徒は、危なくなってきました。お父さんは、家族のためにアメリカへ行くと言いました。お父さんが1人アメリカに行くときに、ソーニャの弟も「これは公正ではない。」と泣きました。ソーニャは、弟を抱えながら「いつも公正なわけではないのよ。辛いときをがんばって生きていきましょうね。」と言いました。しかし、その夜ソーニャはベッドで1人泣きました。(**不公正な現実の認識**)

その後、ソーニャも家族でアメリカに行くことになりました。しかし、ソーニャは、鉄砲や武器が友達、おじいさん、おばあさん、美しい家、美しい川を取り上げることは「公正ではない。」と言いました。(**戦争による人命、生活、自然の破壊**)

ソーニャは決めました。私のまわりに公正ではないことが起こっても、私はいつも家族や人にフェアー(公正)にしようと。(**他者の尊重**)

(教科書の53ページから55ページの概要。ゴシックは筆者による分析)

○ソーニャはなぜ、戦争は公正でないと思いましたか?	T:発問する P:仮説を立てる	○様々な答え 例1)戦争によって、イスラム教徒のお父さんだけが仕事を辞めさせられたから。(人種・宗教による差別) 例2)戦争によって、生活が貧しくなったから。(戦争による貧困) 例3)戦争は、少数の人が始めたのに、多数の人が被害を受けているから。(非民主的な意思決定) 例4)戦争によって家族や故郷が壊されたから。(戦争による破壊)
○弟が「公正じゃない」と泣いたとき、どのようになぐさめましたか?	T:発問する P:答える	○ソーニャは弟を抱きながら「いつも公正なわけではないよ。辛いときをがんばって生きていきましょう。」となぐ

	発問・指示等	T/P	予想される反応・例
	・ソーニャがそのように言うことは，よいことですか？ なぜ，そう思いますか？	T：発問する P：答える	さめました。 ・様々な答え 例1）よいことだと思います。現実の世界は不公正なことも多く，戦争が終わるまでは，不公正な状況でがんばらないといけないからです。 例2）悪いことだと思います。悪いのは不公正な戦争です。戦争をなくしたほうがよいからです。
	・あなたなら何といいますか？	T：発問する P：答える	・様々な答え
	○不公正が起こったとき，どうしようと決めましたか？	T：発問する P：答える	○ソーニャは，まわりに公正ではないことが起こっても，いつも家族や他の人に公正にしようと決めました。
	・この考えは，ソーニャの役に立ちますか？	T：発問する P：答える	・役に立ちますが，ソーニャは苦しいと思います。
	・この考えは，まわりの人にも役に立ちますか？	T：発問する P：答える	・まわりの人は，うれしいと思います。
●学習活動2「公正―その意味は？」			
公正の意味を問いながら状況に応じた判断（発達課題⑤）	○教科書の56～57ページを読んでみましょう。	T：指示する P：読む （資料②）	○公正についての記述を読む。
	○公正とは，どのような意味ですか？ ・それは，平等と意味が違うのですか？	T：発問する P：答える	○公正は，私がして欲しいと同じように，他の人にもすることです。 それは，私が持つ権利と機会を他の人も同じように持つことです。 ・公正は，すべての人をまったく同じように平等に扱うことではありません。
	○あなたが公正だったら，どんなことが起きますか？	T：発問する P：答える	○他の人から好かれ，尊敬され，信じてもらえます。また，他の人から思いやりがあり正直な人とみなされます。
	・なぜ，他の人はいつも公正であるとかぎらないのに，あなたは公正でないといけないのでしょう？	T：発問する P：答える	・この世界には不公正なことも多くあります。しかし，だれかが公正な行いをするように努力しないと問題はよくなりません。そして，私が他の人に公正に接すれば，他の人も同じように公正に接してくれるからです。
	○公正でないことには，どのようなことがありますか？	T：発問する P：答える	○例えば，餓えている人やホームレスがいること，戦争で死んでしまう人，学校に行く代わりに働いている子どもた

			ちがいることなど。
	・公正でないことを決めてしまうことはできますか？　なぜ，そう思いますか。	T：発問する P：答える	・例1）できない。公正か不公正かはときどきの状況によって変化するから。 ・例2）できる。飢えている人やホームレスがいることは，明らかに問題だから。
	・公正でないことを決めようとすることは難しいですか，それとも簡単ですか？　なぜ，そう思いますか？	T：発問する P：答える	・例1）難しい。例えば，私は自転車を持っていないのに，クラスメイトが新しい自転車を持っていたら，不公平を感じるが，みんなが同じ自転車を持っていることが公正かどうかも分からないから。 ・例2）簡単だ。明らかに自分にしてほしくないことはあるから。例えば，学校に行ける子どもと働かないといけない子どもがいるなど，同じ子どもでも扱いが違うのは不公正だから。
	○なぜ，公正であることが大切ですか？	T：発問する P：答える	○もし，この世界に公正な人がいなかったら，すべての人はみんなわがままになり，他の人への思いやりは無くなるでしょうか。このような世界にしないためにも，公正は大切だと思います。
	・みんなが公正であることをやめたらどうなりますか？		・みんなわがままで，他の人を気にしなくなる。

●学習活動3「どうやったら公正になるのか？」

平等の原則（発達課題②）	○教科書の56〜57ページを読んでみましょう。	T：指示する P：読む	○どのようにすれば公正になるかについての記述を読む。
	○どのように分けあい，交代すれば公正になりますか？	T：発問する P：答える	○分けあい，交代する方法は，たくさんあります。
	・分けあう方法には，どのようなものがありますか？		・例えば，ポテトチップスを分けあうことや，色マーカーのセットを分けあって使うこともできます。
	・交代すると，公正になるときは，どんなときですか？		・例えば，学校の休み時間にブランコやすべり台，スポーツの道具を交代で使うことや，家でコンピューター・ゲームを交代で使うこともできます。また，バスに乗るときや，お風呂に入るときは，順番に入ることもできます。
	○公正になるために嫉妬（ジェラシー）をなくす	T：発問する P：答える	○難しいです。例えば，自分が持っていないものを，他の人が持っていて，それ

学習テーマと主な発問	教授・学習活動（資料）	子どもから引き出したい知識・活動
ことはできますか？ ・それは，あなたを幸せにしますか？ ・嫉妬（ジェラシー）の気持ちを変える方法がありますか？		が欲しいものであるとき，ジェラシーを感じてしまいます。 ・嫉妬は私も，他の人も幸せにしません。 ・例えば，ソフトボールをしていて，友だちがたくさんヒットを打っていました。そのときに，「そんなにヒットを打つのは公正ではない。」と言っても，友だちは気分を悪くするだけです。代わりに，「球を打つのがうまいね！　どうやっているの？」と聞けば，きっと一緒に練習をしてくれるはずです。人の才能を見つけ，ほめるといつかみんながあなたの才能を見つけてくれます。
○人々はどのような違いがありますか？ ・あなたと違う人を，大切にできますか？	T：発問する P：答える	肌の色が黒い人，白い人。英語を話す人，スペイン語を話す人，ベトナム語を話す人，スワヒリ語を話す人。キリスト教，ユダヤ教，イスラム教，仏教を信じる人々。読み書きがうまい子，うまくできない子。飛んだり走ったりできる子，できない子など。たくさんの違いがあります。 ・様々な答え
・あなたを好きではない人にまで，公正にすることは，あなたに役立ちますか？	T：発問する P：答える	・様々な答え
○あなたは，公正でないことに出会ったら，どうしますか？ ・その方法をやってみたことがありますか？ ・どうなると思いますか？		○泣きたくなったり，怒りたくなったりするかもしれない。しかし，「公正でないことをする人と話し合う。」，「先生やお父さん，お母さんなど，大人に聞いて助けてもらう。」，「もし，あなたを邪魔しないことだったなら気にしない。」などのやり方がある。 ・様々な答え ・様々な答え

■小単元２「キャラクター・ジレンマ」

過程	学習テーマと主な発問	教授・学習活動（資料）	子どもから引き出したい知識・活動
	●学習活動「ジレンマ」		
平等	○"ジレンマ事例"について話し合いをする前	T：指示する P：読む	○活動：「話し合いのとき大切なこと」のプリントを見て５つのポイントを確認

の原則（発達課題②）	に，話し合いのやり方を考えてみましょう。		する。 ・起こったこと（事実）を知りましょう。 ・考えを分け合いましょう。 ・他の人のアイデアを借りましょう。 ・気持ちよく反対しましょう。 ・他の人の意見をしっかり聞きましょう。
	○では，フェアーについての"ジレンマ"を考えてみましょう。	T：指示する P：読む	○活動：教科書に示されている3つのジレンマをそれぞれ読む。

> ジレンマ1．あなたの弟のアレックスは，バレエのレッスンを受けたいと思っています。あなたの他の兄弟と友達は，アレックスに「ダンスは女の子がするものだ」と言いました。これは公正でしょうか？ それはなぜですか？ もし，アレックスがバレエを習い始めると何が起こりますか？ 習わなければ，どんなことが起きますか？ あなたは，このようなとき何といいますか？
> **平等の原則（発達課題②）**
> ジレンマ2．あなたのお母さんは，あなたと友達に，あなたの誕生日にアミューズメントパークに連れて行ってくれると約束をしていました。あなたは，ローラーコースターや乗り物を楽しみにしていました。しかし，あなたの誕生日の日，朝，目覚めると黒い雲が空に見えました。雨の1日になりそうでした。あなたのお母さんは，言いました。「アミューズメントパークは，別の日にとっておいたほうがいいわ。もし，雨が降ると楽しくありませんよ。」あなたは泣きながら「これは公正じゃない。約束したのに！！」と言いました。お母さんはアンフェアですか？ なぜ，そう思いますか？ みんなにとって公正なことをできますか？ **功績の評価（発達課題③）**
> ジレンマ3．あなたの家の近所には，黒人と白人が住んでいて，みんなうまくやっていました。そこへ，新しくクリという子が引っ越してきました。クリは日本人でした。しばらくして，友だちがクリとしゃべらないことや，クリをからかっていることを知りました。あなたは，クリを助けたいと思っていましたが，あなたもからかわれることを怖がっていました。クリや友だちが公正になるために，何ができますか？ あなたがそれをすれば，どのようなことが起きますか？ **個人の尊重（発達課題④）**

	○それぞれのジレンマについてブレーン・ストーミングをしてみましょう。 「ジレンマ3の場合」 クリや友だちが公正になるために，何ができますか？ また，あな	T：指示する P：話し合う	○活動：それぞれのジレンマの，最もよい解決法について話し合う。「ジレンマ3の場合」 例1）私は，何にもしないで，ほっておくよ。そうすればみんなからかわれない。 例2）私は，一人でもクリと仲良くする。みんなにからかわれるかもしれな

たがそうすれば，どうなりますか？		いけど。 例3）わたしは，友達にクリと一緒に遊んでみようと言います。みんなでクリと遊んでみれば楽しいかもしれない。
○どのやり方が，みんなのためになりますか？ ・どれが一番安全で，親切さを示すことができますか？ ・どれを選ぶとあなたは一番気分がいいですか？　また，それはなぜですか？		○例3）みんなで一緒に遊んでみること。 ・そうすればクリも喜ぶし，友だちもクリと遊んでみると面白いかもしれない。 ・私もクリと遊べるし，みんなにもからかわれない。
○ロール・プレイをしてみましょう。 ・役をやってどんな気分だった？ ・難しかったことは？ ・どのようなことを考えた？ ・あなたはその解決をよいと思いますか？	T：指示する P：ロール・プレイをする	○活動：それぞれのジレンマをロール・プレイで演じる。 ・クリ役「みんなにからかわれて，寂しかった」 わたし役「クリと友だちのことを考えていると，難しくて，困った。」

小単元3「活動」

過程	学習テーマと主な発問	教授・学習活動（資料）	子どもから引き出したい活動
●学習活動「活動」			
公正の意味を問いながら状況に応じた判断	○公正なポケットカード作り ・アンフェアーな人にどのようにしますか？　アンフェアーな人に会ったときに，あなたは何ができますか？ ・（指導者は子どもからでた意見をまとめカードに書く）	T：指示する P：話し合いを長期間定期的に繰り返す	・アンフェアーな人に会ったとき，どうするのかについて話し合う。
	・カードをポケットかバックに入れて持ち，アンフェアーなことがあったときに見ましょう。	T：指示する P：カードを携帯する。	・アンフェアーな人に会ったとき，どうするかについて書かれたカードを持ち歩き，困ったことがあったときに，それを見る。

をする（発達課題⑤）	○お手伝いをフェアーに ・家であなたがしているお手伝いはどんなことですか？ 家族がしなければならないお手伝いは？ どのお手伝いが難しいですか？ お手伝いにポイントをつけ，リストを作りましょう。	T：発問する P：答える	・家族で分担している家事について発表する。 ・家事についてのお手伝いリストを作る。 しなければいけないこと　ポイント　いつするの ベットメイク　　　　　　　　1　　　　毎日 猫のえさ　　　　　　　　　　1　　　　1日2回 皿洗い　　　　　　　　　　　2　　　　1日3回 洗濯　　　　　　　　　　　　2　　　　週2回 掃除機　　　　　　　　　　　3　　　　週1回
	・家族がみんな同じポイントになるようにお手伝いを分けてみましょう。	T：発問する P：リストをつくる	○おばあちゃん8ポイント ○お父さん8ポイント ○ぼく6ポイント
	○公正な瓶作り ・不公正だと思うことが起こったときや，不公正だと考えることを瓶に入れていきます。名前を書かないようにします。あなたは，何かするわけでなく不公正なことを見つけるだけです。	T：指示する P：見つける活動を長期間継続する	・不公正なことを見つけ，小さな紙に書き，瓶に入れる。
	・週1回フェアーデーを決めて，その瓶を開けます。書いてあることは，共有や交代にすることで，うまくいきますか？ ほっておくことができますか？ ジェラシーが入っていませんか？	T：発問する P：活動を長期間継続する	・瓶を開けて，不公正なことについて，みんなで話し合う。
	○ゲームをより公正に ・ゲームをしていて，アンフェアーだと思ったことがありますか？ ・同じ人が続けて勝った	T：発問する P：答える	・トランプやボードゲームなど，よくやっているゲームでアンフェアーだと思ったことについて話し合う。 ・ゲームのルールに問題がないか。

り，負けたりしたことはありますか？なぜ，そうなって，なぜ，そうならないのですか？ ・ゲームを公正にするにはどうしたらよいですか？	・ルールは正しいだけでなく，みんなが楽しめるものでないといけない。

Lewis, B.A., *What Do You Stand For? : For Kids*, Free Spirit Publishing, 2005, pp.53-63. 及び Lewis, B.A., *A Leader's Guide to What Do You Stand For? : For Kids CD-ROM*, Free Spirit Publishing, 2005, pp.49-58. を参照し筆者作成。

展開していた。まさに憲法規範を道徳学習の目標・内容・方法を貫く原理に位置付ける立憲主義道徳学習を展開している。

注
1) Lewis, B. A., *What Do You Stand For? For Kids* : Free Spirit Publishing, 2005 及び Lewis, B.A., *What Do You Stand For? For Kids* : a guide to building character : A leader's guide, CD-ROM First Edition, Free Spirit Publishing, 2005. を分析対象とする。
2) アメリカ合衆国のキャラクター・エデュケーションにも多様な形態が見られるが，基本的な考え方については，トマス・リコーナー著，水野修次郎監訳・編集『人格の教育―新しい徳の教え方学び方』北樹出版 2001 を参照。
3) 我が国においても，憲法学の内容の論理から立憲主義道徳学習といえる授業プランの開発が進んでいる。例えば法教育研究会『はじめての法教育』における単元「憲法の意義」の特に第2時「みんなで決めるべきこと，みんなで決めてはならないこと」をご参照いただきたい。
4) 渡辺弥生「児童期における公正観の発達と権威概念の発達との関係について」日本教育心理学会『教育心理学研究』37号1巻1989, pp.163-171.
5) デーモンの所論ついては Damon, W., *The Social World of the Child*, Jossey-Bass Publishers, 1977, Damon, W., *Social and Personality Development*, W. W. Norton, Inc, 1983 及び渡辺弥生「分配における公正観の発達」日本教育心理学会『教育心理学研究』34号1巻1986, pp.84-90, 渡辺弥生「児童期における公正観の発達と権威概念の発達との関係について」日本教育心理学会『教育心理学研究』37号1巻1989, pp.163-171. 等を参照。

6) 詳しくはローレンス・コールバーグ著, 岩佐信道訳『道徳性の発達と道徳教育―コールバーグ理論の展開と実践―第4版』麗澤大学出版会 2001. を参照。なお, 同書 (pp.139-140) においてコールバーグは, 効果的な社会科教育と効果的な道徳教育に明確な一線を画することができないと主張している。その根拠として, ①オリバーらが作成したハーバート社会科の論争問題学習は道徳的判断を求める発問が多いこと, ②オリバーの公的論争問題についての子どもの判断と, コールバーグの道徳的葛藤場面についての子どもの判断に, 統計的に有意な相関があると述べている。
7) Damon, W., *The Social World of the Child,* Jossey-Bass Publishers, 1977, pp.63-64.
8) 前掲書4)
9) この点については, 合衆国憲法とアメリカ合衆国の社会生活との関連を論じた Monk, L. R., *The Words We Live By, First Edition,* The Stonesong Press, 2003. に詳しい。
10) 本プロジェクトの全体計画については, 前節を参照されたい。
11) 筆者が本教材を入手したのは, ワシントンDCにあるホロコースト博物館内の教師用教材販売コーナーであった。ユダヤ人への大量虐殺を振り返る同博物館において, 本教材は人種差別撤廃と人種の融和を図る好教材として大々的に販売されていた。本教材における嫉妬（ジェラシー）の取り扱いも, アメリカ合衆国的な自由主義の現れというよりも, ユダヤ人に対する民衆の嫉妬（ジェラシー）心を煽ったナチス的な人種差別に対する警戒心の現れの可能性もある。
12) 本単元は, 憲法の条文を直接学習するのではなく, 子どもの日常生活から憲法の理念を教授しようとする広義の憲法学習と捉えることができる。

第5節　社会的正義学習としての市民性育成
―― R.C. ウェイド『社会的正義のための社会科』の場合 ――

1　社会的正義学習の原理
――思いやり（Care）と公正（Fairness）に基づく社会認識学習――

　本節では, アイオワ大学のR.C. ウェイドによる社会的正義のための社会科教育論の分析を通して, 小学校における"社会科"の立憲主義公民学習化の論理を解明していく。

第3節と第4節では，小学校における"道徳教育"の立憲主義公民学習化の論理を明らかにした。特に内容編成に関しては，自分自身を知る「個人領域」，思いやり（Care）をはじめとする「人間関係領域」，公正（Fairness）をはじめとする「社会的正義領域」の3つの領域が存在することが明らかになった。では，立憲主義道徳学習による憲法規範の理解を，どのように社会認識学習と結びつけていくべきであろうか。

本節では，このような問題を解明していくために，ウェイドが著した『社会的正義のための社会科』[1]を分析していく。本書は，小学校における伝統的な社会科を子どもたちが社会的正義を実現していく市民となることをめざす「社会的正義学習」に転換していくことをめざした社会科教育理論書である。本書においてウェイドは，思いやり（Care）と公正（Fairness）に基づく社会的正義学習を主張している。なお本書には，具体的なカリキュラムデザインや，サンプル単元指導計画等の具体案も提示されている。そこで，本書に提示されている小学校における社会的正義学習論の概要，全体計画，単元構成を分析することで，上記の課題に応えていきたい。

2　R.C. ウェイド『社会的正義のための社会科』の教育原理

（1）教育目標――他者の苦しみを自己の可能性として認識できる市民の育成――

ウェイドは，社会科教育のみならず小学校教育全体の中核的な目標を「尊重（Respect），責任（Responsibility），人間生活と環境への思いやり（Care）に基づく他者へのサービスへの参加（Commitment）」[2]と捉えている。そして，子どもたちに社会的正義を教えることの意義を以下のように説明する[3]。

> 社会的正義について教えることは，高校や大学，職業に向けた準備ではない。それは，子どもたちが世界の世話人となり，民族，性差，年齢，体の大きさ，性志向，宗教，社会階級，身体能力に関わりなく住みよい世界を築くための技能，知識，価値を発達させることである。

このようにウェイドは、民族、性差、宗教、社会階級、身体能力といった問題に起因する社会の不公正な現実を認識し、すべての人々が住みよい世界を築くための技能、知識、価値を子どもたちが学ぶことを社会的正義学習の究極の目標としている。ウェイドのイメージする社会的正義とは、合衆国憲法の基本理念である個人の尊重（Respect）をベースに、人々が尊重されていない現実を不公正と捉え、それを是正していくことである。そのため、子どもたちに不公正によって苦しむ人々の現実を認識し、それを自己の問題として探究できることを社会科の目標と捉える。つまり、他者の苦しみを自己の可能性として認識できる市民の育成がめざされるわけである。

(2) 教育内容──伝統的社会科カリキュラムを基盤とする社会的正義学習──

上記のような目標を達成するために、ウェイドは小学校社会科カリキュラムに伝統的な同心円拡大論を堅持しつつ、それを社会的正義学習に転換していくことを現実的な方策として主張する[4]。つまり、教室、学校、身近な地域、州、合衆国、世界と同心円に拡大していく社会科カリキュラムのなかで、不公正な社会事象とそれを改善しようとする人物に焦点をあてる学習を提案する。

(3) 教育方法──教科外活動との連携の強化──

ウェイドは、社会的正義学習を展開するために有効な教育方法として、まずクラスルーム・コミュニティーを民主的に創造していくべきであると主張する[5]。具体的には、子どもたち一人ひとりが参加できる議論学習の雰囲気づくり、教室の座席配置を工夫するなどの環境構成、議論を積み重ねていくサークル・ミーティングなどを導入することを提案する。そして、子どもたちが自己の見解を自由に述べていくことができる民主的なクラスルーム・コミュニティーの構築が推奨される。ウェイドにとって教室は、地域、合衆国、世界につながる社会の入り口であり、小社会である教室を自由かつ平等な空

間として構築することが社会的正義実現の第1歩なのである。

また,不公正な社会事象を発見するフレームワークとして,キャラクター・エデュケーションにおいて子どもたちが幼児期から学んでいる思いやり(Care)と公正(Fairness)の概念を重視する。思いやり(Care[6])は人間関係領域に関する視点であり,社会的な不公正によって実際に苦しみを感じている「人物」の思いや感情を想像し探究していくためのフレームワークとなる。公正(Fairness[7])は,社会的正義に関する視点であり,社会的な不公正の背景にある「社会システム」を冷静に分析するための視点である。ウェイドは,思いやり(Care)に基づく「人物学習」と公正(Fairness)に基づく「社会認識学習」を通した社会的正義学習の方法論を主張する。

3 人権,民主主義,自然保護の3つのスコープ——全体計画——

(1) 人権,民主主義,自然保護の3つのスコープ

では,伝統的な同心円拡大カリキュラムを堅持しつつ,小学校社会科を社会的正義学習に転換していくためには,どのような内容編成の論理が必要だろうか。表2-12にウェイドが学年段階によって例示している教育内容[8]のまとめを示した。

ウェイドは,伝統的な小学校社会科の同心円拡大カリキュラムに,人権,民主主義,自然保護の3つのスコープを導入する社会的正義のための社会科教育の内容編成論を展開している。では3つのスコープの概要を考察してみよう。

①人権

人権の領域は,社会的正義学習の最も重要な学習領域である。ここでは国内や世界における不公正な出来事に焦点をあてる。人権は,合衆国憲法や権利章典,国際人権宣言により,西洋の諸国が近代以降に生み出したものであると認識されがちである。しかし,ウェイドはその起源を,古代のイスラエ

表 2-12　初等社会科における「社会的正義学習」のカリキュラムイメージ

スコープ（領域） シーケンス （環境拡大）	①　人権 国内や世界における不公正な出来事に焦点を当てる領域	②　民主主義 民主的統治の原理や重要性を学ぶ領域	③　自然保護 地球への思いやりに関する領域
低学年 身近な地域	飢餓，ホームレス，差別，性，労働問題，貧困，ステレオタイプ，失業，同性愛嫌悪者	学校や地域における民主主義の実践学習（平等，自由，責任，コミュニティーなど）	地域の自然環境，社会環境，農業，食物
中学年 国内の問題 （合衆国史） （地理）	奴隷制，植民地主義，中国人鉄道労働者，児童労働，移民労働，大恐慌，地下組織運動，公民権運動，女性の権利運動，子どもの権利運動，平和運動，ラテン運動，国際人権宣言批准	民主主義システム（地方政府，州政府，連邦政府，ルールと法，合衆国憲法，忠誠の誓いと合衆国憲法など）	環境と地形，環境破壊，環境汚染，学校におけるリサイクルプログラム，近隣の川の清掃，禁煙レストランの権利擁護
高学年 グローバルな問題 論争問題	ホロコースト，アパルトヘイト，スペインのインカ支配，コロンブスのアメリカ発見，ネイティヴ・アメリカンの虐殺，戦争犯罪者裁判，独立運動	論争的な問題（投票，ロビー活動，ボイコット，ストライキ，市民的不服従など）	グローバルな食糧・エネルギー・水の問題，アメリカ市民が地球の資源の三分の一近くを使用している問題など

Wade, R.C., *Social Studies for Social Justice-Teaching Strategies for the Elementary Classroom*, Teachers College Press, 2007, pp.52-55. を参照し筆者作成。

ルやギリシャまで遡ると考える。同様にネイティヴ・アメリカンや古代アジアにもその萌芽を見出すことができるという。そして，小学校社会科カリキュラムにおける人権学習のあり方について，以下のように述べる[9]。

　　小学校社会科カリキュラムにおける人権に関する授業は，国内や世界における不公正な事象に焦点をあてる。ここでは苦しめられ周辺に追いやられた人々の正

義のための運動やそこで活躍した人物についての学習を重視する。それらは社会科カリキュラムのそれぞれの段階で展開可能である。不公正について学習することは，幼い子どもたちの他者への関心や共感を喚起する。そして社会的正義の実現に貢献した運動や歴史的出来事を研究することは，子どもたちに現在や未来における社会改革への希望だけではなく，実践的方法も提示する。

　このようにウェイドは，小学校社会科カリキュラムの各学年段階において，人権に関する学習が可能であるという。小学校低学年では，不公正や公正に関する地域の問題を見ていく。例えば，ホームレス，差別，性，労働問題，貧困，ステレオタイプの差別，失業，などが含まれる。そして，具体的な学習は，不公正な事象の背景とともに，問題とその解決を目指した人物の姿を研究していく。小学校中学年では，地域史や合衆国史の学習と関連付けながら人権に関わる学習を展開する。不公正について学ぶための事例として，奴隷制，植民地主義，中国人鉄道労働者，児童労働，移民労働，大恐慌などが挙げられる。また正義のための歴史的な運動の事例には，地下組織運動，公民権運動，女性の権利運動，子どもの権利運動，平和運動，ラテン運動，国際人権宣言批准までの動きなどがある。小学校高学年では，グローバルな公正及び不公正に関する学習を展開する。例えば，ホロコースト，アパルトヘイト，スペインのインカ支配，コロンブスのアメリカ発見，ヨーロッパ人の入植後におきたネイティヴ・アメリカ人の取り扱いなどが挙げられる。また，アパルトヘイトの終焉，第2次世界大戦後の戦争犯罪者裁判，世界の各地で進められた独立運動などの事例も学習可能である。

　このように，人権の領域は，地域史や合衆国史学習を社会的正義学習に転換していくことを意図したものであることが分かる。

②民主主義

　民主主義の領域では，民主政治の原理や重要性を学ぶ。この領域は，社会的正義を実現するために，民主政治の原理や政治システムの実態を研究して

いく領域である。ウェイドは，この領域について次のように述べる[10]。

> 民主主義の基本原則について学ぶこと，例えば，私たちの民主的な政府はいかにして機能しているのか，民主主義のプロセスを利用するとどのような変化が可能かについて学ぶことは，市民が効果的に民主社会に参加し社会を改善すべき存在であるならば，非常に重要なことである。民主政治の原理や重要性を学ぶ最も意味のある方法は，教室における生きた民主主義の実践を通して学習することである。子どもたちが，平等，自由，責任，コミュニティーといった民主主義的な考え方を学ぶ唯一の方法は，彼らもそれによって生きることである。日々の教室生活において民主的な実践の機会はしばしばあるものであり，教科活動と同様に教科外活動についても子ども自身が選択し意思決定すること，例えば，ルールを作る，クラスの活動を評価する，クラスの議論を通じてアイデアと意見を共有するといったことを含んでいく。

このようにウェイドは，民主政治の原理や政治システムの実態の学習と，教室を子どもたちが尊重される民主的な空間として構築していくことを，連続したものと捉えている。そして，同心円カリキュラムに基づき，教室や学校における民主主義システムの学習から国内，世界へと繋がる学習を構想している。

例えば，小学校低学年では，学校や地域における民主主義の実践学習，つまり平等，自由，責任，コミュニティーへの参加を実践していく学習を行う。小学校中学年では，地方政府，州政府，連邦政府，ルールと法，合衆国憲法，忠誠の誓いと合衆国憲法など，民主主義システムに関する学習を行う。小学校高学年では，投票，ロビー活動，ボイコット，ストライキ，市民的不服従といった伝統的な論争問題を取り上げる。

このように民主主義の領域は，小学校社会科における特別活動やクラス活動といった教科外活動と地域学習や公民学習を連続させながら社会的正義学習に転換していくことを意図している。

③自然保護

　自然保護の領域は，地球への思いやり（Care）に関する学習を展開する。ここでは，近年の環境教育の隆盛に従い，自然保護のために「グローバルに考え，ローカルに行動すること」を目標とした学習を展開していく。自然保護の学習についてウェイドは次のように述べる[11]。

> 　自然保護（小学生に親しみやすい言葉に言い換えると「地球への思いやり」となる）は，社会的正義学習の第3の学習領域となる。なぜならグローバル社会における社会的正義の実現は，環境への配慮なしには成り立たないからである。このような視点は2つの主張によって支持される。第1に，動物や植物も私たちの世界の重要な一部であり，彼らの権利を思いやり，尊重することは必要なことと考えられる。第2に，環境の危機と社会的危機は不可分であるからである。

　このような論理に基づき，身近な地域の問題，国内の問題，グローバルな問題の順に学習は展開していく。例えば，小学校低学年では，地域の自然環境，社会環境，農業，食べ物などに関する学習を展開する。特に子どもたちに身近な食べ物に関する問題から農業，自然環境といった方向に拡大する学習を意図する。小学校中学年では，環境と地形，環境破壊，環境汚染，学校におけるリサイクルプログラム，近隣の川の清掃，禁煙レストランの権利擁護といったように，地理教育と環境教育が連携した学習を展開する。小学校高学年では，グローバルな食糧・エネルギー・水の問題，アメリカ市民が地球の資源の3分の1近くを使用している問題など，自然保護に関するグローバルな問題を探究していく。

　このように自然保護の領域は，特に教科外で行われる学校内リサイクル運動のような環境教育と社会科における地理教育を社会的正義学習に展開していく論理を提示している。

　以上のようにウェイドは，伝統的な同心円拡大に基づく小学校社会科カリキュラムのシーケンスを堅持しつつ，①人権，②民主主義，③自然保護の3つのスコープによって，様々な単元を社会的正義学習にアレンジしていくこ

とを提案している。

4 CareとFairnessをフレームワークとする社会的正義学習
――単元構成――

　では，社会的正義学習は具体的な単元レベルにおいて，どのように展開するのであろうか。表2-13にウェイドが提示するサンプル単元「公民権運動」の概要を示した。また，この表を作成する根拠となるより詳細な教授学習過程を示した教授書を資料2-2に示した。

　本単元は，社会的正義学習の3つのスコープの1つである「人権」の領域に関するサンプル単元である。対象学年は小学校2～3年生となっている。本単元は，学習活動1「公民権運動とは？」，学習活動2「公民権運動で活躍した人物」，学習活動3「公民権運動の流れ―その原因と影響―」，学習活動4「公民権運動の学習のまとめ」の4つの学習活動から構成されている。

　まず導入部となる学習活動1「公民権運動とは？」では，公民権運動[12]という社会的正義に関する社会事象とその運動に参加した主要人物の概要把握がなされる。小学校2～3年生は，公民権運動やキング牧師について，ほとんど知らない。したがって，絵本やインターネットを活用し，まず子どもたち自身で公民権運動の概要を研究していく。特に公民権運動をリードしたキング牧師，バスボイコット運動のきっかけを作ったローザ・パークス，白人専用高校に初めて通ったリトルロックナインなど，公民権運動に関わった具体的な人物の行動から，公民権運動のイメージを掴んでいく。

　展開1となる学習活動2「公民権運動で活躍した人物」では，公民権運動に関わる主要な人物の行動や感情を探究し，思いやり（Care）をフレームワークとする人物学習を展開する。ここでは，ローザ・パークス（バスボイコット運動），リトルロックナイン（白人専用高校であるリトルロック高校に入学した9名の黒人子ども），ルビー・ブリッジ（連邦政府の護衛によって白人専用学校に入学した黒人少女），シャイアン・ウェブとレイチェル・ウエスト（モンゴメリー

表2-13 サンプル単元「公民権運動」の単元構成

対象：2～3学年

単元指導計画		分析
学習活動「テーマ」	主な問題と内容	ねらい
学習活動1 「公民権運動とは？」	○公民権運動とは？ ・公民権運動（キング牧師） ・バスボイコット運動（ローザ・パークス） ・リトルロック事件（リトルロックナイン）	社会事象と主要人物の概要把握
学習活動2 「公民権運動で活躍した人物」	○キング牧師の他に公民権運動で活躍した人物は？ ・ローザ・パークス（バスボイコット運動） ・リトルロックナイン（白人専用高校であるリトルロック高校に入学した9名の黒人子ども） ・ルビー・ブリッジ（連邦政府の護衛によって白人専用学校に入学した黒人少女） ・シャイアン・ウェブとレイチェル・ウエスト（モンゴメリー大行進に参加した二人の黒人少女） ○白人専用学校に入学する黒人の気持ちはどのようなものでしたか？（ロール・プレイ）	主要人物の行動や感情の探究 Careをフレームワークとする人物学習
学習活動3 「公民権運動の流れ―その原因と影響―」	○公民権運動の流れはどのようなものでしたか？ ・バスボイコット事件（1955） ・リトルロック事件（1957） ・ワシントン大行進（1963） ・公民権法の成立（1964） ・血の日曜日事件（1965） ・モンゴメリー大行進（1965） ・キング牧師の暗殺（1968）	社会事象の原因と影響の探究 Fairnessをフレームワークとする社会認識学習
学習活動4 「公民権運動の学習のまとめ」	○公民権運動が終わって何十年も経っていますが，人種差別や人種隔離はなくなりましたか？ ○リーダーが一人でがんばれば運動はうまくいきますか？ ○社会的正義のために，あなたにもできることはありますか？	社会的正義のために子ども自身ができることの探究

Wade, R.C., *Social Studies for Social Justice-Teaching Strategies for the Elementary Classroom*, Teachers College Press, 2007, pp.60-63.を参照し筆者作成。表中のゴシック体は筆者の分析を記入。

大行進に参加した二人の黒人少女）の4つの人物・グループの行動と感情を探究していく。例えばローザ・パークスについては，バスボイコット運動のきっ

かけとなった次の事件について研究する。彼女は，1955年にアラバマ州においてバスに乗り仕事場から帰宅していたところ白人用の席が空いていたので座っていた。次第にバスが白人で混みはじめ，運転手が彼女に白人に席を譲るように命じた。しかし，彼女はそれを拒み，人種分離法違反で逮捕された。これをきっかけとしてモンゴメリー・バスボイコット事件が起こった。公民権運動のきっかけを作った彼女は，そのシンボルとなり，後に連邦議会も彼女を「公民権運動の母」と呼んだ。このような概要を把握した後，「彼女はなぜ，席を譲らなかったのですか？」と問い，彼女が席を立つことを拒んだ理由を，彼女の感情への共感的理解を含めて探究していく。また学習のまとめでは，1960年当時に6歳であり「公立学校における人種差別を禁止する判決」に基づき，NAACP（全米黒人地位向上協会）に選ばれて1人で白人専用であった小学校に入学したルビー・ブリッジの行動のロール・プレイを行う。ルビーが入学する初日には，彼女の入学に反対する白人住民が学校周辺に押し寄せ，彼女に汚い言葉を浴びせていた。ルビーは4名の政府のボディー・ガードに守られて登校した。子どもたちは，自分と同年代のルビーを中心に，悪口を言う白人役，黒人を守るボディー・ガード役に分かれてロール・プレイを行う。ここでは当時の状況を再現しながら，ルビーの置かれた状況や感情を探究し，Care（思いやりや共感的理解）をフレームワークとする人物学習を展開する。

　展開2となる学習活動3「公民権運動の流れ―その原因と影響―」では，社会事象の原因と影響を探究し，公正（Fairness）をフレームワークとする社会認識学習を展開する。ここでは，まず公民権運動の原因と影響を年代順に研究していく活動を行う。まず人種差別の実態がどのようなものであり，何が不公正であったのかが研究される。そして，そのような不公正な現実に対して，どのような人物が行動を起こし，どのような影響を与えていったのか，公民権運動全体の流れも研究していく。そして，公民権運動に関する有名な判決の概要なども研究していく。ここでの学習は，合衆国憲法が提示す

る「個人の尊重」「自由」「平等」といった公正（Fairness）の概念をフレームワークに，子どもたち自身が合衆国の歴史における不公正な社会事象を研究していく学習を展開する。

　終結となる学習活動4「公民権運動の学習のまとめ」では，社会的正義のために子ども自身でできることを探究し，学習のまとめとしている。ここではまず「公民権運動が終わって何十年も立っていますが，人種差別や人種隔離はなくなりましたか？」と問い，人種差別が今現在も社会の不公正な現実として存在していることを確認する。そして「リーダーが一人でがんばれば運動はうまくいきますか？」と問い，社会的正義を実現するためには，多くの市民の行動が必要であることを認識する。最後に「社会的正義のために，あなたにもできることはありますか？」と問い，子どもたちが実際にできることを探究し，終結としている。

　これまでの分析を踏まえ，社会的正義学習において子どもたちに形成される社会的正義の構造を示してみよう。図2-4に「白人専用学校に入学したルビー・ブリッジ」を事例に社会的正義の構造を示した。本単元は，社会的正義を①感情，②社会事象，③理念，④現実という4つの側面に構造化し，子どもたちに認識させようとしている。

　①感情では，共感的理解を中心とする思いやり（Care）アプローチによって，社会的正義の樹立に関わった具体的な人物の感情の探究が行われる。例えば「はじめて白人専用学校に入学する黒人少女ルビーの気持ちは？」といった発問やロールプレイから，彼女の不安や恐れ，また連邦政府へのボディーガードへの信頼感などの感情を探究する。ここでは，ルビーの感情の共感的理解を中心に事件の概要の把握が図られ，小学校低学年の子どもも理解できる気持ちの理解を入口に，社会的正義の探究を開始する。

　続く②社会事象では，社会状況から社会的正義を見出していく公正（Fairness）アプローチが展開される。ここでは，ルビーがおかれた社会状況とそこに見られる社会的正義を認識していく。例えば，ルビーは「NAACP（全

図 2-4「社会的正義の構造」

米黒人地位向上協会）に選ばれて一人で白人専用学校に入学した」「入学初日には，ルビーの入学に反対する白人住民が学校周辺に押し寄せ，彼女に罵声を浴びせた」「ルビーは 4 名の連邦政府のボディーガードに守られながら登校した」といった事件に関する社会状況が認識される。特に，ルビーと異なる立場である人種別学を正義と考える白人の存在をクローズアップし，子どもたちに社会的正義が揺れ動き，人種共学と人種別学の二つの正義が衝突していることを認識させている。つまり，子どもたちに価値のジレンマを経験させ，自己と違う見解への遭遇を促すわけである。

③社会的正義の理念の認識では，これまでの学習を踏まえて，この当時，連邦最高裁判所や連邦政府が選択した社会的正義とは何か認識していく。例えば，連邦最高裁判所が「公教育における人種差別は許されない」との判決を下したことや，連邦政府が最高裁の判決にもとづきルビーにボディーガードを 4 名もつけて入学を支援したことから，「人種差別の撤廃」が連邦政府が選択した社会的正義であることを認識させる。

④社会的正義の現実では，連邦政府が選択した社会的正義の理念が，実現

されていない社会状況が認識される。例えば「公民権運動が終わって何十年も経っていますが，人種差別や人種隔離はなくなりましたか？」と問い，ルビーが入学した学校が一時的に白人と黒人の共学となったが，それを嫌う白人全員が引っ越したため，現在は黒人のみが通う学校になっている現実を認識する。子どもたちに，社会的正義の理念と現実のズレを認識されるとともに，社会的正義の実現のために子どもたちができることを探究させている。

以上のように，本単元は子どもたち自身が最終的に社会的正義のために実践できることをめざし，「思いやり（Care）をフレームワークとする人物学習」と「公正（Fairness）をフレームワークとする社会認識学習」をセットで展開していることが分かる。このような学習は，他者の苦しみを自己の可能性として認識し，それを改善していくための社会認識と実際的な行動を研究できる市民の育成をめざしたものとなっている。

5　社会的正義学習としての市民性育成の特質

以上の考察から社会的正義学習としての市民性育成の特質をまとめると以下のようになる。

第1に，社会的正義学習は伝統的な小学校社会科カリキュラムのシーケンスである同心円拡大の論理を維持しつつ，各学年段階において「人権」「民主主義」「自然保護」をスコープとして，社会的正義をテーマとする様々な単元を導入する。特に「人権」は歴史，「民主主義」は公民，「自然保護」は地理において，多くの単元を導入していく。

第2に，社会的正義学習としての社会科は，キャラクター・エデュケーションの3大領域である「個人領域」，「人間関係領域」，「社会的正義領域」のうち，「個人領域」を「社会認識学習」に転換する。そして，思いやり（Care）をはじめとする「人間関係領域」，公正（Fairness）をはじめとする「社会的正義領域」をフレームワークとして，社会的正義に関する「社会認識学習」を展開していく。

第2章　規範理解型公民学習　123

　第3に，具体的な学習は，社会的正義に関する事件を主な対象として，思いやり（Care）の視点から登場人物がおかれた状況や感情を探究するとともに，公正（Fairness）の視点から事件の背景にある不公正な状況や，その事件に関する判決を研究していく。

　このような特質は，小学校社会科を憲法規範に基づく立憲主義公民学習に現実的に転換していく論理を明確にしている。

資料2-2　サンプル単元「公民権運動」の教授・学習過程
対象：2〜3学年

過程	教師の発問・指示	教授・学習活動（資料）	子どもから引き出したい知識・活動
社会的正義に関する「社会事象」と「主要人物」の概要把握	●学習活動1「公民権運動とは？」		
	○いくつかの小グループに分かれて，キング牧師及び，公民権運動についてインターネットで調べましょう。	T：指示する P：調べる	○小グループに分かれて調べる。 （多くの子どもたちは，キング牧師や公民権運動についてほとんど知らない。断片的な情報でもよいので，インターネット上の情報を収集する。）
	・各グループで調べたことをまとめましょう。 （教師がクラス全体の議論をファシリテートする）	T：指示する P：発表する	・公民権運動は黒人が白人と同じ扱いを受けることをめざした運動である。キング牧師は公民権運動のリーダーだった。
	○2人組になって，公民権運動に関する本を読みましょう。 ・本を読み，分かったことをノートにまとめましょう。また，インターネットを活用してもよいです。 ・各グループで分かったことを発表しましょう。 ＊留意事項：このような活動を展開するために，子どもたちの言語力に合わせた同じ本に数種類の言語レベルの要約を準備しておく。なお，国語の時間には，これらの本を音読しておく。また，算数の時間	T：指示する P：読む T：指示する P：まとめる	○『私はローザ・パークス』（白人用のバス席に座り逮捕され，モンゴメリー・バスボイコットのきっかけを作った女性の伝記）や『壁を砕け：リトルロックナインの奮闘』（最高裁判決により白人専用のセントラルハイスクール高校に入学した9人の黒人子どもの物語）といった本を読み合う。 ・本やインターネットで分かったことをノートにまとめる。 ・調べたことをクラス全体で発表し，知識を共有する。 ＊国語の時間でも，公民権運動に関する本を読む。

	には，公民権運動に関わるデータを整理しておく。		＊算数の時間には，公民権運動に関するデータを整理しておく
●学習活動２「公民権運動で活躍した人物」			
「主要人物」の行動や感情の探究	○キング牧師以外に公民権運動で活躍した人物にはどのような人がいますか？	T：発問する P：答える	○ローザ・パークス，ルビー・ブリッジ，リトルロックナイン，シャイアン・ウェブとレイチェル・ウエストなどがいる。
	○ローザ・パークスはどのような人物ですか？	T：発問する P：答える	○彼女は，1955年にアラバマ州において，バスに乗り仕事場から帰宅していたところ，白人用の席が空いていたので，そこに座っていた。すると，バスが白人で混みはじめ，運転手が彼女に白人に席を譲るように命じた。しかし，彼女はそれを拒み，人種分離法違反で逮捕された。これをきっかけとして，モンゴメリー・バスボイコット事件が起こった。彼女は公民権運動のきっかけを作ったシンボルとなり，後に連邦議会も彼女を「公民権運動の母」と呼んだ。
	・彼女はなぜ，席を譲らなかったのですか？	T：発問する P：説明する	・彼女が席を譲らなかった理由には，いくつかの説がある。例えば，「彼女は歳をとっていたため立てなかった」，「仕事で疲れすぎて立てなかった」，「命令のままに立つのは嫌だった」などの説がある。
	・どれが正しい説明でしょうか？　理由を挙げて説明しなさい。	T：発問する P：説明する	・彼女自身は「屈服するのが嫌だったと」と語っているので，黒人だから白人に席を譲らなければならないことに，納得がいかなかったのでないか。
	○黒人と白人が一緒に学校に行けるようになるために，どのような人々が活躍しましたか？	T：発問する P：答える	○リトルロックナインやルビー・ブリッジがいる。
	・リトルロックナインとはどのような人々ですか？	T：発問する P：答える	○1957年に，アーカンソー州の白人専用のリトルロック高校に10名の黒人子どもが，入学しようとした。しかし，入学初日には，10名の入学に反対する白人住民とそれを応援する州兵が学校を囲んで

		いた。10名は集団で登校する予定だったが，家が貧しいため自宅に電話のなかったエリザベス・エクスフォードだけは一人で学校に向かった。彼女は白人や州兵から悪口を言われながら登校しようとした。しかし，10名とも初日には，学校に入れず，嫌がらせのショックから一人は入学を諦めた。エリザベスを含む残った9名は，それから一年以上，白人からのいじめに耐えながら，学校に通った。
・ルビー・ブリッジはどのような人物ですか？	T：発問する P：答える	○1960年に6歳だった彼女は，「公立学校における人種差別を禁止する」という判決に基づき，NAACP（全米黒人地位向上協会）に選ばれて一人で白人専用であった小学校に入学した。入学初日には，ルビーの入学に反対する白人住民が学校周辺に押し寄せ，彼女に悪い言葉を浴びせていた。ルビーは4名の政府のボディー・ガードに守られて登校した。
○シャイアン・ウェブとレイチェル・ウエストはどのような人物ですか？	T：発問する P：答える	○1965年にキング牧師の指導のもと，「選挙権を求める大行進」がセルマからモンゴメリーに向けて五日間行われた。当時，小学生だったシャイアン・ウェブとレイチェル・ウエストは，黒人の地位向上をめざし，この行進に参加した。セルマを出発した時点で3000人だった行進も，モンゴメリーに近づくと25000人に膨れ上がった。二人は道中，様々な苦難に出会いながらも無事に歩き続けた。
○では，白人専用の学校に入学する黒人の気持ちをロール・プレイで実践してみましょう。 ・白人役（悪口を言う） ・黒人役（我慢しながら登校する） ・ボディー・ガード役（黒人を守る）	T：指示する P：演じる	○エリザベース・エクスフォードやルビー・ブリッジスの入学初日の様子をロール・プレイで再現する。 ・各役を演じた後，その気持ちやおかれていた状況を確認する。

●学習活動3「公民権運動の流れ―その原因と影響―」

「社会事象」の原因と影響の探究	○公民権運動の原因と影響を年代順に見ていきましょう。各自で読んだ本の中で，重要だと思う出来事を1つ選んで，選んだ人から黒板に板書しなさい。同じ出来事は選べません。	T：指示する P：調べる	○子ども1人につき，1つの出来事について詳しく調べる。 ・バスボイコット事件（1955） ・リトルロック事件（1957） ・ワシントン大行進（1963） ・公民権法の成立（1964） ・血の日曜日事件（1965） ・モンゴメリー大行進（1965） ・キング牧師の暗殺（1968）
	・各自が調べたことを紙にまとめてみましょう。	T：指示する P：まとめる	・子ども1人が1つの出来事を1枚の紙にまとめる。
	・各自がまとめた紙を出来事の年代順にまとめて，公民権運動の流れを説明してみましょう。	T：発問する P：答える	・公民権運動は，バスボイコット事件やリトルロック事件など，黒人に対する明らかな差別行動がマスコミを通じて全米に流され，黒人や黄色人種のみならず多くの白人の支持者を加えて行われた運動である。

●学習活動4「公民権運動の学習のまとめ」

子どもができることの探究	○公民権運動が終わって何十年も経っていますが，人種差別や人種隔離はなくなりましたか？	T：発問する P：答える	○なくなっていない。例えば，ルビー・ブリッジが入学した白人専用の小学校は，一時的に白人と黒人の共学となったが，それを嫌う白人住民が引っ越したため，現在は黒人のみが通う学校になっている。
	・みなさんの日常生活で人種差別や人種隔離は見られますか？	T：発問する P：答える	・様々な答え
	・公民権運動は誰がリーダーとなりましたか？	T：発問する P：答える	・キング牧師である。
	○リーダーが一人でがんばれば運動はうまくいきますか？	T：発問する P：答える	○うまくいかない。公民権運動もたくさんの市民の協力があってこそ可能であった。また，多くの子どもたちが公民権運動に参加し，社会を変革してきた。
	○社会的正義のために，あなたにもできることはありますか？	T：発問する P：答える	○様々な答え ・学校のグランド内でのサッカーを禁止した校長に手紙を書き，サッカーの許可を求める。 ・教室で動物を飼うことに許可をも

| | | | らう運動をする。 |

Wade, R.C., *Social Studies for Social Justice-Teaching Strategies for the Elementary Classroom*, Teachers College Press, 2007, pp.60-63.を参照し筆者作成。表中のゴシック体は筆者の分析を記入。

注

1) Wade, R.C., *Social Studies for Social Justice-Teaching Strategies for the Elementary Classroom*, Teachers College Press, 2007.
2) Ibid., p.xi.
3) Ibid., pp.xiii-xiv.
4) Ibid., pp.31-35.
5) Ibid., pp.16-29.
6) ここでいう Care の概念は，ノディングスが展開している Care の概念と同義である。詳しくはノディングス著・佐藤学監訳『学校におけるケアの挑戦―もう1つの教育を求めて』ゆみる出版 2007, pp.206-254.をご参照いただきたい。なお我が国における社会科と Care との関係については，鎌田公寿「シティズンシップにおけるケアの位置―Noddings の理論を手がかりに―」『中等社会科教育研究』第30号，2012, pp.43-55 をご参照いただきたい。
7) ここでいう Fairness の概念は，ロールズが展開する公正の概念と同義である。詳しくは，J・ロールズ　田中成明編訳『公正としての正義』木鐸社 1979, J・ロールズ，エリン・ケリー編　田中成明・亀本洋・平井亮輔訳『公正としての正義　再説』岩波書店 2004 をご参照いただきたい。
8) Ibid., pp.52-55.
9) Ibid., p.53.
10) Ibid., p.55.
11) Ibid., p.56.
12) 公民権運動の詳細については，大谷康夫『アメリカの黒人と公民権法の歴史』明石書店 2002 をご参照いただきたい。

「第2章　規範理解型公民学習」の小括

　第2章では規範理解型公民学習について論じた。規範理解型は，"立憲主義公民学習の導入"，"道徳教育の立憲主義公民学習化"，"社会科教育の立憲主義公民学習化"，の3つのアプローチが存在する。
　"立憲主義公民学習の導入"は，道徳教育と社会科教育に分化する前の原型的な学習であり幼稚園において開始される。そこでは，幼児の社会認識発達の特徴を踏まえながら，憲法規範を研究し，就学以降に展開される公民学習の基礎を培うことをねらいとする。そのために，社会システムを背景とする社会慣習領域，憲法が提示する正義概念を背景とする道徳領域，憲法が擁護する個人領域の3領域を幼児が明確に認識できる内容編成とする。各領域の学習では，他の領域とのジレンマを幼児に経験させることによって，当該領域の認識の深化を図る方法をとる。
　"道徳教育の立憲主義公民学習化"は，小学校低学年から中学年において展開される。そこでは，道徳教育が主に扱っている人間関係に関する領域のみならず，憲法に基づく正義に関する領域を取り入れ，道徳教育と公民教育を統合した内容編成とする。そうすることで，内面的な道徳性と外面的な市民性の統一的な育成をねらいとする。各単元は，子どもに育成したい憲法規範を明確化し，それを育成する方法論として発達心理学者による道徳性発達論を援用するとともに，学習展開も子どもたちを個人として尊重し，常に子どもたちの思考や意見を引き出すものである。
　"社会科教育の立憲主義公民学習化"は，小学校中学年から高学年において展開される。そこでは，伝統的な小学校社会科カリキュラムのシーケンスである同心円拡大の論理を維持しつつ，各学年段階において「人権」「民主主義」「自然保護」をスコープとして，社会科教育を憲法規範に基づく社会的正義学習に転換することをねらいとする。具体的な学習は，社会的正義に関する事件を主な対象として，思いやり（Care）の視点から登場人物がおかれた状況や感情を探究するとともに，公正（Fairness）の視点から事件の背景にある不公正な社会状況や社会システム，また，その事件に関する判決を研究していく。
　子どもたちは，この3つのアプローチによって，憲法規範そのものの意味や社会に及ぼす影響を研究することによって，憲法が志向する開かれた社会の論理を理解していく。なお，規範理解の公民学習で使用される「尊重」「公正」「市民性」

「責任」「思いやり」といった憲法規範は，学習の目標に応じて，概念の意味付けや学習のアプローチが変化していく。つまり，単元名が同じであっても，子どもたちに身近な「人間関係」の理解を促すのか，憲法が志向する「社会的正義」の理解を促すのかといった学習目標に応じて，臨機応変に学習内容が変化する。

このように憲法理解型の公民学習は，憲法規範を演繹的かつ体系的な規範として教授するのでなく，学習目標に応じて多様なアプローチを選択し，憲法規範の帰納的かつ経験的な理解を子どもたちに促す点に特長がある。

第3章　規範体験型公民学習
――社会見学による憲法規範の追体験――

第1節　社会見学による憲法規範の追体験

　第3章では，規範体験型の公民学習について論じる。規範体験型は「社会見学による憲法規範の追体験」をめざす公民学習であり，規範理解型の学習を補完するために実物主義や経験主義を背景とした社会見学学習が中心となる。

　規範体験型は抽象的な概念である憲法規範を，実物資料，マルチメディア，史跡，実際の政府機関の見学等によって，子どもたちに具体化させていく。また，学習活動も憲法規範を追体験できる経験的内容とする。

　アメリカ合衆国における規範体験型公民学習は，実物資料，マルチメディアを活用した展示物を見学していく"博物館見学としての規範体験学習"と実際の政府機関を見学していく"政府見学としての規範体験学習"の2つの動きが存在する。そして両者とも，社会科における歴史学習や政治学習との連携を重視したプログラムを展開している。また，各プログラムは，見学活動のみに終わるのではなく，見学と憲法規範の体験学習をセットで展開する。例えば，選挙の重要性を学ぶために，選挙権の拡大の歴史を写真や絵画などの資料によって具体的に学び，その後に模擬投票といった体験的学習活動を展開する。このように規範体験型は，前章で考察した規範理解型公民学習を具体的な体験学習によって補完するものとなっている。

　"博物館見学としての規範体験学習"は，どのような実物資料，マルチメディアを選択し，それをどのように展示，配列し，いかなる体験学習を準備して

いくかが課題となる。子どもたちは社会科における憲法学習によって, 憲法, 市民, 人権, 三権分立といった言葉を知っている。しかし, その言葉が実社会においてどのように機能し, 市民がどのような行動によって, それを生かしてきたのか認識できていない。特に, 歴史学習と政治学習が分離している伝統的な社会科カリキュラムでは, 憲法規範が合衆国史においてどのような影響を与えてきたのか, 継続的に研究することが困難である。そこで, 本章第2節では, 博物館見学学習として, 合衆国憲法発祥の地であるフィラデルフィアにある国立憲法センターが開発した『憲法博物館教育プログラム（児童用）』を分析する。本プログラムは, 憲法という抽象的な概念を具体的に理解するために, 大型スクリーン映像や実物の法律, イメージ画像等のマルチメディア資料を徹底的に活用する。そして, 博物館の展示は, 年代順を基本とする。各展示パートにおいて憲法に関する重大な事件を取り上げ, 「あなたならどうする？」と問い続けることにより, 子どもたちに憲法の歴史を追体験させていく。第2節において, このような国立憲法センターが提示する憲法学習論を明確にすることで, 博物館見学としての規範体験学習の論理を明らかにしていく。

　"政府見学としての規範体験学習"は, 実際の政府機関や関連する史跡といった社会資源を活用しながら, いかなる体験学習を展開するかが課題となる。子どもたちは政治学習において, 立法, 行政, 司法の三権分立の意義やその歴史的背景は学んでいる。しかし, 実際どのような人々が, 憲法規範に基づき, いかなる政治活動をしているのかの実態を把握していない。政府機関や史跡といった社会資源を活用する規範体験学習のあり方とはいかなるものであろうか。本章第3節では, 政府機関見学学習として, 政治の実際に接近（クローズアップ）する市民性教育をめざすクローズアップ財団による『ワシントンDC見学学習プログラム』を取り上げる。本プログラムは, 憲法に基づく立法, 司法, 行政の各政府機関が集中し, 憲法に関する数多くの歴史遺産が存在する首都見学を中心とする規範体験学習を展開する。例えば, 子

どもたちは，憲法が提示する権力分立という規範を，三権の各機関を見学することで体験的に学習する。また，子どもたちが憲法に基づく民主主義の歴史を実感できるように，憲法と民主主義に関する歴史遺産の見学学習を展開する。

　以上のような規範体験型の主な対象は，初等後期から中等前期であり，博物館見学や政府見学といった視覚によって憲法規範の理解を深めていくとともに，プログラムの中に必ず子どもたちが憲法規範を模擬体験（ロール・プレイ，模擬議会，パフォーマンス活動など）する学習が設定される。

　第3章では規範理解型を補完する学習として規範体験型による政治的社会化の論理を解明していく。規範体験型は，憲法規範に基づく社会科教育及び道徳教育といった"学校教育"と博物館や政府機関による"社会教育"が連携して取り組むプロジェクト学習であり，連携の内容と方法についても考察していく。

第2節　博物館見学学習としての市民性育成
　　　──国立憲法センター『憲法博物館教育プログラム（児童用）』の場合──

1　博物館見学による市民性育成の論理

　本節では，アメリカ合衆国ペンシルベニア州フィラデルフィアにある国立憲法センターの現地調査[1]及び，同センターが見学者向けに開発した『憲法博物館教育プログラム（児童用）』[2]の分析を通して，博物館見学による市民性育成の論理を明らかにしていく。

　小学生にとって，憲法が提示する主権者としての市民，権力分立，個人の尊重といった概念は，抽象的で捉えにくいものである。そもそも，憲法という概念そのものが実態として可視化が困難な概念となっている。小学生には，視覚や分かりやすいイメージ図によって，憲法が提示する概念を理解してい

く必要がある。また，視覚的な体験とともに，ロール・プレイやシミュレーションといった模擬体験を導入し，体験的な学習を進めることが，抽象的な概念をより具体的に理解していく手段として非常に有効であると考えられる。

そこで，本節では，教室内では困難な憲法に関する視覚的体験学習を展開する国立憲法センターの現地調査及び，同センターが開発した『憲法博物館教育プログラム（児童用）』の分析を通して，上記の問題を考えていきたい。

2　博物館と教室の連携——国立憲法センターの憲法学習論——

国立憲法センターは，ドナルド・レーガン政権下の1988年に成立した憲法遺産伝承法（The Constitution Heritage Act）に基づき建設が進められ，2000年に完成したアメリカ合衆国唯一の憲法に関する博物館である[3]。同センターは憲法制定会議が行われたフィラデルフィアにあり，独立宣言が起草されたリバティー・ホールなどの史跡が残る国立独立歴史公園（Independence National Historical Park）内に建設されている。

国立憲法センターは，アメリカ合衆国憲法の基本理念の伝承による主権者としての市民（We the People）の育成を使命としている[4]。幼児から高校生までの憲法博物館見学プログラムの開発はもちろん，憲法教育に関する数多

写真1　国立憲法センターの外観　　（筆者撮影）

くの教材を開発し，全米の社会科公民教育に影響を及ぼしている。また，子どもたちは，社会見学や修学旅行の一環として，フィラデルフィアの独立期の遺跡とともに，同博物館を訪れる場合が多い。

同センターが開発する憲法学習プログラムは，博物館と教室の連携を重視している。実際に見学が可能な子どもたちには，見学事前学習，見学学習，見学事後学習の3段階のプログラムを準備している。また，見学が困難な遠隔地の子どもたちには，同センターの展示物を学習資料とした憲法学習教材を供給している。

博物館内の展示は，憲法学者と歴史学者を中心とするチームによってマルチメディアをフル活用した多彩な視覚的体験や疑似体験が可能なものとなっている[5]。

3 憲法博物館見学を軸とする憲法と市民の歴史の体験学習
────全体計画────

では，国立憲法センターは，どのような論理から体験を重視した憲法学習を展開するのであろうか。ここでは，同センターが開発した『憲法博物館教育プログラム（児童用）』を分析対象とする。本プログラムの詳細な指導計画を節末の資料3-1，資料3-2，資料3-3に示した。また，これらの資料をまとめたものを表3-1に示した。

本プログラムは，教室における「事前学習」，国立憲法センターにおける「見学学習」，教室における「事後学習」の3つのパートから計画されている。

(1) 事前学習

教室における「事前学習」では，国立憲法センターの概要と見学の目標の把握がめざされる。同センターは，①グランド・ホール・ロビー，②キンメル・シアター，③メイン展示室の大きく3つのパートに分かれている。メイン展示室は，さらにA憲法の歴史を年代順に学ぶコーナー，B活動的市民

表3-1 『憲法博物館教育プログラム（児童用）』の全体計画

	学習活動	主な問題と活動	ねらい
(1)事前学習	国立憲法センターとは？	○国立憲法センターとは，何でしょう？ ○あなたは憲法にサインしますか？ ○活動的市民の意味とは？	見学の目標「憲法と行動的市民の意味の研究」の把握
(2)国立憲法センターでの体験活動	導入 自由の成長	○キンメル・シアターという円形の劇場における「自由の成長」という映像鑑賞 ・どのような歴史を経て，合衆国憲法前文の「We the People」にすべての市民が仲間入りを果たしましたか？	We the Peopleの一員であることを体験 ・我ら人民
	学習活動1 タイム・トラベラーになろう	○憲法に関わる重要事件に関する展示物を年代順に並べている円形メイン展示室において重要な6つの事件について研究。 ・なぜ，その事件が重要だと思いますか？ ・活動的な市民として，その時代をよくするために何ができたと思いますか？	活動的な市民の歴史的な活躍を体験 ・活動的市民
	学習活動2 投票ブース活動	○歴代大統領10名の中から，ベストだと考える大統領1名に投票する活動を行う。なお，投票の前に十分に知識を持つことが重要であると説明し，まず，10名の大統領の業績が学べるコーナーでの学習を促し，学習の後に投票する。 ・なぜ，その大統領に投票しましたか？ ・何がよき指導者をつくると思いますか？	行政（大統領と州政府）の役割とともに大統領の選出を体験 ・行政システム
	学習活動3 州の物語	○展示物から子どもたちが暮らす州に関する基本事項を学ぶ。	
	学習活動4 大統領宣誓	○大統領が就任式で宣誓する文章を，宣誓台の上に立ち，朗読するロール・プレイを行い，議論する。	
	学習活動5 法律のタワー	○アメリカ合衆国において成立した法律がタワーのように積み上げられているコーナーに移動し，憲法と他法との関係や法の構造について学ぶ。 ・私たちはなぜ，憲法以外にたくさんの法律を作っているのでしょうか？	立法（法律）の役割と憲法の独自性を体験 ・立法システム
	学習活動6 陪審員	○陪審員コーナー（模擬法廷）において，アメリカ司法システムにおける陪審員の役割を学ぶ ・あなたなら有罪と無罪のどちらだと思いますか？	司法（陪審員）体験 ・司法システム

	終結 憲法への署名	○等身大ブロンズ像を配置し，フィラデルフィア憲法制定会議を再現した部屋において，憲法に賛成する場合，子どもは憲法草案に署名する。 ・会議の進行を確認する。 ・賛成の場合，憲法に署名する。	憲法制定会議と憲法批准の署名の体験 ・憲法制定会議
(3) 事後学習	事後 活動的な市民の定義	○18ページの子ども用ワーク・シートの項目を各自で確認し，活動的市民になるために必要なものを選択する。 ・各自が選択した項目が活動的な市民となるために，本当に必要か議論しなさい。	活動的市民の定義と役割の再確認 ・活動的市民
	陪審員	○国立憲法センターでは，模擬法廷を見学して，アメリカ法システムにおける陪審員の役割を学びました。ここでは，「3匹のクマ」という物語を題材に，原告，被告，起訴，検察，弁護士の各役割を学んでいきましょう。まず，「3匹のクマ」を読んでみましょう。	

National Constitution Center, *Class Visit Activity Guide Elementary School*, Comcast Foundation, 2006. を参照し筆者作成。表中のゴシック体は筆者の分析を記入。

として民主主義を体験するコーナー，C憲法制定会議の模様を再現した55名の会議参加者の実物大彫刻があるコーナーに分かれている。子どもたちは，このようなセンターの概要を理解するとともに，センターが「憲法」と「活動的市民」の歴史に関する体験的学習を行う場所であることを把握する。また，見学の最後には，子どもたち一人ひとりが憲法に賛成か反対かを意思決定し，賛成の場合は憲法に署名をする活動を行うことを予告する。そして，「あなたは憲法にサインしますか？」と問い，アメリカ合衆国の市民として，憲法を承認する社会契約を結ぶ意義を認識させて，見学の動機付けを図る。事前学習の終結では，「憲法と活動的市民の意味」を研究することが，国立憲法センターを見学する目標であることをクラスで確認し，終結としている。

(2) 国立憲法センターでの体験活動

　国立憲法センターに到着すると，バス駐車場からメインゲートに向かう。メインゲートに向かって右側の壁には，大きく"We the People"から始まるアメリカ合衆国憲法前文が掲げられていること確認する。メインゲートでは，We the People（われら合衆国の人民）の意味を再確認するとともに，見学によって子どもたちもその一員であるか研究することを促し見学の動機付けを図る。

　　"We the People of the United States, in Order to form a more perfect Union, establish Justice, insure domestic Tranquility, provide for the common defense, promote the general Welfare, and secure the Blessings of Liberty to ourselves and our Posterity, do ordain and establish this Constitution for the United States of America."

　　我ら合衆国の人民は，より完全な連邦を形成し，正義を樹立し，国内の平穏を保障し，共同の防衛に備え，一般の福祉を増進し，われらとわれらの子孫のうえに自由のもたらす恵沢を確保する目的をもって，アメリカ合衆国のために，この憲法を制定する。

　メインゲートを入ったグランド・ホール・ロビーには，アメリカの50州の旗と領土を表わす巨大な展示がある。ここでは，アメリカ合衆国憲法を批准している50州の旗と憲法の効力が及ぶ地理的な範囲を視覚で示すことによって，憲法の持つ権力を実感できるように工夫してある。

　博物館入口での動機付け学習に続き，キンメル・シアターと呼ばれる円形の劇場において，劇場の壁に設置された巨大円形スクリーンに「自由の成長」というアメリカ合衆国憲法の歴史をテーマとする映像が流される。内容は，個人の尊重と自由を理念とする合衆国憲法が，制定当時，白人成人男性のみの権利を擁護していたが，次第に，ネイティヴ・アメリカン，女性，アフリカ系アメリカ人など，あらゆる人々の権利を擁護する存在になったことを学ぶものである。劇場の中央に，一人のパフォーマーがいて，解説を加えなが

ら，すべての市民が「We the People」の仲間入りを果たした歴史を熱く語る。ここで，子どもたちは，合衆国憲法前文の「We the People」にすべての市民が仲間入りを果たした歴史を映像によって疑似体験する。そして，実際の人物であるパフォーマーが，あなたも「We the People」の一員であると子どもに問いかけることで，体験活動の導入を図る。

続く学習活動1「タイム・トラベラーになろう」では，憲法に関わる重要事件に関する展示物を年代順に並べてある円形メイン展示室において活動する。展示室の壁は，憲法を視点にした合衆国史を表わしている。特に重要な6つの事件については，壁に小部屋が準備されている。子どもたちは，少数グループに分かれ，各部屋で準備されている体験学習を行いながら，「あなたが入った小部屋では，どのような事件が起こっていますか？」「なぜ，その事件が重要だと思いますか？」「活動的な市民として，その時代をよりよくするために何ができたと思いますか？」といった問題を考えていく。ここでは，活動的市民が歴史的に果たしてきた役割を研究するとともに，ロール・プレイによってその役割を疑似体験する。

学習活動2「投票ブース活動」，学習活動3「州の物語」，学習活動4「大統領宣誓」は，行政（大統領と州政府）の役割とともに大統領の選出を体験することで，合衆国憲法の行政システムについて学習する。例えば，学習活動2「投票ブース活動」では，歴代大統領10名のなかから，ベストだと考える大統領1名に投票する活動を行う。なお，投票の前に十分に知識を持つことが重要であると説明し，まず，10名の大統領の業績が学べるコーナーでの学習を促し，学習の後に投票する。そして，「なぜ，その大統領に投票しましたか？」「何がよき指導者をつくると思いますか？」と問い，行政府のトップを選ぶ市民の投票行動を疑似体験するとともに大統領に求められる資質を研究していく活動を行う。

学習活動5「法律のタワー」では，立法（法律）の役割と憲法の独自性を体験し，合衆国憲法における立法システムについて研究する。ここでは，ア

メリカ合衆国において成立した法律がタワーのように積み上げられているコーナーに移動し，憲法と他法との関係や法の構造について学ぶ。特に，「私たちはなぜ，憲法以外にたくさんの法律を作っているのでしょうか？」と問い，法律が生活に密着していることを視覚的に把握する。また，一般法と憲法の違いを十分に認識できるように「あなたは，自転車に乗るときにヘルメットをかぶりますか？　そのことは憲法に書かれていると思いますか？」といった問いを研究していく。ここでは最高法規としての憲法と，一般法の違いを学ぶ。

学習活動6「陪審員席」では，陪審員の模擬体験を行い司法システムについて研究していく。ここでは特に，市民が陪審員として参加する刑事裁判について，簡単な模擬裁判を行い，検察，弁護士，裁判官，陪審員の役割を学んでいく。市民が直接参加する陪審員制度を体験的に学ぶ，司法システムとともに市民による司法参加の意義を研究していく。

そして，見学活動の終結である「憲法への署名」では，等身大ブロンズ像を配置し，フィラデルフィア憲法制定会議を再現した部屋において，憲法制定会議と憲法への署名の模擬体験を行う。憲法制定会議の模様を再現したこの部屋では，憲法制定会議に参加した12邦の代表者42名の等身大ブロンズ像が設置されている。憲法の父と呼ばれるジェームズ・マディソンの像をはじめとする連邦主義者に対して，議論の趨勢を怪訝そうに見つめる反連邦主義者たちの様子も忠実に再現されている。そして，憲法署名コーナーにおいて，アメリカ合衆国憲法に賛成する子どもは憲法草案に署名する。子どもたちは，見学活動全体を振り返り，憲法に賛成か反対かを判断し，憲法承認の社会契約を結ぶか否か意思決定することで見学を終える。

(3) 事後学習

見学後，教室において活動的市民とは何かに関する「事後学習」を行う。ここでは，次のような選択肢から活動的な市民に必要な行動を選択し，その

理由を議論する活動を行う。

  ・学校のクラブに入る・署名を集める・異議を申し立てる・クレーム・闘いをはじめる・権威を疑う・よい成績をとる・選挙権を得たら選挙に行く・地域の美化に努める・権威を尊重する・学校の運動場のゴミを集める・すべてのルールを守る・スポーツチームでプレイする・授業の中で挙手する・クラスでの議論に参加する・新聞編集者に手紙を書く・政府機関にEメールを出す

　子どもたちは，国立憲法センターの見学を通して自分なりの活動的な市民のイメージを構築している。事後学習ではまず，各自のイメージを発表し議論する活動を行う。

　また最後に，センターで行った陪審員裁判の模擬裁判をより詳細に行い，市民が参加する刑事裁判システムを復習し学習の終結としている。

(4) 規範体験型公民学習の構造

　以上のように『憲法博物館教育プログラム（児童用）』は，①事前学習において主権者である市民（We the People）として「憲法に賛成する場合は憲法に署名をする」という体験学習の主題を提示し，②国立憲法センターにおける見学・体験活動を通して憲法の内容及び歴史を理解した後に，その趣旨に賛同する場合，憲法に署名することを中心的な学習活動としている。そして，③事後学習において，憲法に署名した活動的市民（Active Citizen）として行動する方法を学習し，終結としている。

　このような学習展開を採用する理由は，「市民として憲法制定会議に疑似的に参加し，憲法に賛成の場合は憲法に署名をする」という体験を通して「主権者である市民が憲法を制定すべきである」という憲法制定権に関する規範を子どもたちに十分に理解させるためである。ここでは，憲法起草者たちが，憲法制定会議において憲法の内容や問題点を十分に吟味した過程を，憲法の歴史を踏まえた現代的な視点から追体験させる。そして，憲法に署名した子どもは，憲法に基づく活動的市民の活動可能性の研究を行う。また憲法に署

名をしなかった子どもは，活動的市民として憲法の問題点や修正に向けた行動可能性を学習する。このような体験学習の構造を示すと以下のようになる。

規　範
◎主権者である市民が憲法を制定すべきである。
①市民が主権者となるべきである。（We the People）
②市民は活動的であるべきである。（Active Citizen）
③市民は行政・立法・司法の三権に影響を及ぼすべきである。（三権分立）

+

体　験
◎市民として憲法制定会議に疑似的に参加し，憲法に賛成の場合は批准書に署名をする。
①主権者としての市民の歴史に関する映像鑑賞（We the People）
②歴史的な事件における活動的市民の行動の疑似体験（Active Citizen）
③一般市民が可能な三権に影響を及ぼす行動の模擬体験

↓

認　識
◎私は合衆国憲法に賛成し，署名をしたので，主権者である市民として活動する。
①合衆国憲法は市民が主権者であると定めている。しかし，憲法成立当初は白人成人男性のみが市民であった。様々な歴史を経て多くの市民が主権者の仲間入りを果たしてきた。
②合衆国の歴史は，主権者である市民が活躍した歴史である。
③合衆国憲法は，権力を行政・立法・司法の三権に分立し，市民がそれぞれの権力に影響を及ぼせるシステムを保障している。

　本プログラムが子どもたちに理解を促したいメインとなる規範は，「憲法は主権者である市民が制定すべきである。」という合衆国憲法前文から導かれる憲法制定権に関する規範である。このメイン規範は，さらに「市民が主権者となるべきである。（We the People）」「市民は活動的であるべきである。（Active Citizen）」「市民は行政・立法・司法の三権に影響を及ぼすべきである。（三権分立）」というサブとなる規範を有する。さらに，サブとなる規範を具

体化する実践規範が下位に位置付く。例えば三権分立については，"市民が大統領を選ぶべきである。(行政権)" "市民は法律を作るべきである。(立法権)" "市民は裁判に参加すべきである。(司法権)" といった具体的な実践規範が学習対象となる。

　本プログラムでは，上記のように，メイン，サブ，実践と構造化された規範の理解を促すために，各規範に適合する体験活動を準備している。メイン規範に対しては，「憲法制定会議に疑似的に参加し，憲法に賛成の場合は批准書に署名をする。」というメインとなる体験学習を設定する。この課題を達成するために，子どもたちは「主権者としての市民の歴史に関する映像鑑賞（We the People）」「歴史的な事件における活動的市民の行動の疑似体験（Active Citizen）」「一般市民が可能な三権に影響を及ぼす行動の模擬体験」といったサブとなる体験学習を展開する。さらに三権分立については，"大統領選挙の模擬投票，大統領のロールプレイ（行政権）" "合衆国で制定された法律の視覚的な認識（立法権）" "陪審員裁判の模擬裁判（司法権）" といった実践的な体験学習を行う。

　以上のように本プログラムは，構造化された規範を，構造化された体験によって学習することで，子どもたちに「合衆国憲法は市民が主権者であると定めている。」「合衆国の歴史は，主権者である市民が活躍した歴史である。」「市民がそれぞれの権力に影響を及ぼせる」「私は合衆国憲法に賛成し，署名をしたので，主権者である市民として活動する。」といった憲法に関する実践的な認識形成を促している。

4　マルチメディアを活用した憲法の歴史と実態の追体験
　　　──博物館見学による市民性育成の論理──

　これまで考察した，国立憲法センターによる『憲法博物館教育プログラム（児童用）』の考察から明らかになった博物館見学による市民性育成の論理をまとめると以下のようになる。

第1に，憲法という抽象的な概念を具体的に理解するために，まず，憲法がなぜ必要とされ，どのような役割を果たしてきたのかを，大型スクリーン映像や実物の法律，イメージ画像等のマルチメディア資料を徹底的に活用する。

　第2に，子どもたちが憲法の意義を歴史的に追体験していくことを重視する。そのために，博物館の展示は年代順を基本とする。そして，各展示において憲法に関する重大な事件を取り上げ，「あなたならどうする？」と問い続けることにより，子どもたちが憲法の歴史を追体験できる内容とする。

　第3に，子どもたちが活動的市民となることをめざし，憲法が子どもたちに身近で重要な存在であることを意識できるように構造化された憲法規範を，構造化された体験によって学習する。そうすることで，主権者としての実践的な憲法に関する認識を形成する。

　以上のように，国立憲法センターが提示する憲法学習論は，マルチメディアと体験学習によって子どもたちに憲法の歴史や役割の研究を促しながら，子どもたちも We the People（われら合衆国の人民）の一員であることを自覚させていく政治的社会化の一環となる。

資料3-1　国立憲法センター　訪問前学習の展開

過程	教師の発問・指示	活動	子どもから引き出したい知識・活動
導入	◎国立憲法センターとは，何でしょう？	T：問題を板書し資料を配る	・資料①「国立憲法センターの概要（概要説明・地図）」を参照する。
展開1　憲法と博物館の概	・「博物館」とは何でしょうか？	T：発問する P：答える	・大きな建物の中に，たくさんの絵，恐竜の骨，古いものなどが，いっぱいある場所。
	・「憲法」という言葉は，何を示しますか？	T：発問する P：答える	・パーマのカツラを被った男たちが法律について話し合ったもの。1枚の大きな紙に読みにくい文字で書かれたもの。
	・この2つの言葉を合わせるとどうなりますか？	T：発問する P：答える	・「憲法博物館」になる。

第3章　規範体験型公民学習　145

要とMQの把握	・国立憲法センターは，他の博物館と何が違いますか？	T：発問する P：答える	・憲法博物館は，ドナルド・レーガン大統領が署名した連邦法によって作られた全米でフィラデルフィアの1ヵ所にしかない国立のタウン・ホールである。
	・国立憲法センターでは，どのようなものを見て，何ができると思いますか？	T：発問する P：答える	・国立憲法センターは，①グランド・ホール・ロビー，②キンメル・シアター，③メイン展示室の大きく3つのパートに分かれている。①では，アメリカの50州の旗と領土を表わす巨大な展示がある。②キンメル・シアターでは，「自由の誕生」というテーマで1787年の憲法制定から現在までのアメリカの自由と民主主義の歴史を20分で上演する。③メイン展示室は，さらにA憲法の歴史を年代順に学ぶコーナー，B活動的市民として民主主義を体験するコーナー，C憲法制定会議の模様を再現した42名の会議参加者の実物大彫刻があるコーナーの3つに分かれている。
	・あなたの町に国立憲法センターのタウン・ホールのようなものはありますか？	T：発問する P：答える	・様々な答え
	○あなたは憲法にサインしますか？	T：発問する P：答える	○見学コースの最後は，憲法制定会議の再現コーナーである。憲法に賛成の場合は，憲法にサインすることになっている。しかし，実際に見学するまで分からない。
展開2　見学の概要把握	○国立憲法センターの案内図を見ましょう。	T：指示する P：見る	○国立憲法センターの案内図を参照し，見学当日のポイントを確認する。
	・バス駐車場からキンメル・シアターまでの順路は？	T：指示する P：記入する	・案内図に順路を記入する。
	・昼食を食べる場合は，お気に入りの食事を記入してください。	T：指示する P：記入する	・案内図に順路を記入する。
	・あなたの州の旗を描きなさい。それがセンターのどこにあるか示しなさい。	T：指示する P：記入する	・州の旗を描く。案内図の①グランド・ホールに印をつける。

	・メイン展示室に何があるか記入しなさい。 ・サインホールでは，憲法に賛成する場合，サインをしなさい。	T：指示する P：記入する T：指示する P：把握する		・案内図にメイン展示室の内容を記入する。 ・憲法制定会議の再現コーナーで，憲法に賛成する場合は，署名（サイン）することを把握する。
終結　見学のねらいの把握	◎国立憲法センターとは，何でしょう？	T：発問する P：答える		◎国立憲法センターは，憲法制定会議が開かれたフィラデルフィアにあるアメリカでただ1つの憲法の博物館である。そこでは，憲法の歴史，役割とともに市民の歴史，役割も学ぶことができる。最終的に，主権者として憲法に賛成する場合は，それにサインをする場所である。
	・では，みんなで国立憲法センターへの旅に出かけましょう。 ・見学の注意事項を説明します。	T：発問する P：確認する T：説明する		・国立憲法センターへの旅は，ただ楽しいだけではなく，「憲法と行動的市民の意味」について学ぶことを確認する。 ・国立憲法センター訪問は，憲法についての問いに答えを見つけるチャンス。 ・引率の先生から離れない。 ・サインホールでは写真撮影可能。それ以外は禁止。

National Constitution Center, *Class Visit Activity Guide Elementary School*, Comcast Foundation, 2006. pp.5-10. を参照し筆者作成。

資料3-2　国立憲法センター　見学学習の指導計画

全　体　計　画				分　析
展示パートと学習活動		小テーマ	主な活動内容及び発問	ねらい
1　キンメル・シアター―「自由の成長	導入 自由の成長	・植民地アメリカ ・独立戦争 ・独立宣言 ・憲法制定会議 ・憲法の誕生 ・権利章典の誕生 ・南北戦争 ・第1次世界大戦 ・第2次世界大戦 ・公民権運動 ・現在	○キンメル・シアターと呼ばれる円形の劇場において，劇場の壁に設置された巨大円形スクリーンに「自由の成長」というアメリカ合衆国憲法の歴史をテーマとする映像が流される。内容は，個人の尊厳と自由を理念とする合衆国憲法が，制定当時は白人成人男性のみの権利を擁護していたが，次第に，ネイティヴ・アメリカン，女性，アフリカ系アメ	合衆国の歴史が憲法前文 We the People（我ら人民）のメンバーを拡大した歴史であることを認識するとともに映像を通して子どもたちもそのメ

第3章 規範体験型公民学習　147

「長」の鑑賞			リカ人など，あらゆる人々の権利を擁護する存在になったことを学ぶものである。劇場の中央に，1人のパフォーマーがいて，解説を加えながら，すべての市民が「We the People」の仲間入りを果たした歴史を熱く語る。 ◎どのような歴史を経て，合衆国憲法前文の「We the People」にすべての市民が仲間入りを果たしましたか？	ンバーの一員であることを体験

| 2 メイン展示室①「活動 | 学習活動1
タイム・トラベラーになろう | ・連合規約（1787）
・バーンズ逃亡奴隷事件（1854）
・アンティータムの戦い（1862）
・禁酒法（1919）
・炉辺談話（1942）
・学校教室（1954） | ○円形メイン展示室の壁は，憲法に関わる重要事件に関する展示物を年代順に並べて，憲法を視点にした合衆国史を表わしている。特に重要な6つの事件については，壁に小部屋が準備されている。子どもたちを少数グループに分け，各部屋を鑑賞し，次の問いに答える。 | 合衆国は憲法規範に基づき，主権者である活動的な市民が社会を変えてきたことを認識するとともに活動的な市 |

				・あなたが入った小部屋では，どのような事件が起っていますか？ ・なぜ，その事件が重要だと思いますか？ ・活動的な市民として，その時代をよりよくするために何ができたと思いますか？ ・各時代の人々で，誰か実際に会ってみたい人はいますか？ ・その人は，今の時代をどのようによりよくしたいと考えると思いますか？ ・活動的な市民として，現在の問題をどのように改善していますか？	民の行動を体験

行政システム	学習活動2 投票ブース活動		・ワシントン ・ジェファーソン ・リンカーン ・Tルーズベルト ・トルーマン ・ウィルソン	○歴代大統領10名の中から，ベストだと考える大統領1名に投票する活動を行う。なお，投票の前に十分に知識を持つことが重要であると説明し，まず，10名の	行政（大統領と州政府）の役割とともに大統領の選出を体験

第3章 規範体験型公民学習　149

（大統領とその選出）の体験		・Fルーズベルト ・アイゼンハワー ・ケネディー ・ジョンソン	大統領の業績が学べるコーナーでの学習を促し、学習の後に投票する。 ・なぜ、その大統領に投票しましたか？ ・何がよき指導者をつくると思いますか？ ・あなたは、保護者と一緒に選挙に行ったことがありますか？ ・その時の経験を覚えていますか？ ・投票できる条件はどれがいいと思いますか？ ・あなたは投票が重要だと思いますか？ ・学校で投票の練習をする機会がありますか？	
	学習活動3 州の物語	・州名 ・州知事名 ・州の上院議員 ・州の下院議員 ・州の鳥 ・州の花 ・州の旗	○子どもたちが暮らす州に関する基本事項を学ぶ。	
	学習活動4 大統領宣誓	・大統領の宣誓	○大統領が就任式で宣誓する以下の文章を、宣誓台の上に立ち、朗読するロール・プレイを行い、議論する。 ・大統領宣誓コーナーに集合する。 ・子どもたちの中から投票で大統領と副大統領を選ぶ。 ・大統領の要件を確認する。 ・大統領に選ばれた子どもが、1804年以来使用されている以下の宣誓文を宣誓する。 「私は合衆国大統領の職務を忠実に遂行し、全力を尽くして合衆国憲法を維持、保護、擁護することを厳粛に誓う」	
立法	学習活動5 法律のタワー	・憲法と法律の区別	○これまでに、アメリカ合衆国において成立した法律が	立法（法律）の役割と憲

システムの疑似体験	・憲法の最高法規性 ・連邦法 ・州法 ・その他の法	タワーのように積み上げられているコーナーに移動し，憲法と他法との関係や法の構造について学ぶ。 ・私たちはなぜ，憲法以外にたくさんの法律を作っているのでしょうか？ ・あなたは，自転車に乗るときにヘルメットをかぶりますか？　そのことは憲法に書かれていると思いますか？ ・あなたは，自動車に乗るときにシートベルトを着けますか？　そのことは憲法に書かれていると思いますか？ ・あなたは，犬の散歩をするときに首輪をしますか？　そのことは憲法に書かれていると思いますか？ ・あなたは，ゴミを捨てますか？　そのことは憲法に書かれていると思いますか？ ・憲法以外の法律をあなたは知っていますか？	法の独自性を体験

第3章 規範体験型公民学習　151

司法システムの疑似体験	学習活動6 陪審員席	・裁判 ・陪審員の役割 ・検察官 ・弁護士	○陪審員コーナー（模擬法廷）において，アメリカ司法システムにおける陪審員の役割を学ぶ ・子どもたちは陪審員席に座る。 ・事後学習する「食べ物泥棒と3匹のクマ」の話を読む。 ・誰が犯人だと思いますか？ ・あなたなら，有罪と無罪のどちらだと思いますか？	司法（陪審員）システムの体験
3 憲法制定会議の疑似体験	終結 憲法への署名	・憲法制定会議 ・55名の参加者	○等身大ブロンズ像を配置し，フィラデルフィア憲法制定会議を再現した部屋において，憲法に賛成する場合子どもは，憲法草案に署名する。 ・42名の参加者のうち，トマス・ジェファーソンやジェームズ・マディソンなどの主要人物を確認する。 ・会議の進行を確認する。 ・賛成の場合，憲法に署名する。	憲法制定会議と憲法批准の署名の体験

National Constitution Center, *Class Visit Activity Guide Elementary School*, Comcast Foundation, 2006, pp.14-17. を参照し筆者作成。なお，表中のゴシック体は筆者による分析を記入。
写真は http://constitutioncenter.org/ncc_exhbt（20111231）より転載。

資料3-3　国立憲法センター　訪問後学習の展開

過程	教師の発問・指示	活動	子どもから引き出したい知識・活動
導入	◎何が"活動的市民"をつくっていくのでしょうか？	T：メイン・クエスチョンの提示	・国立憲法センターのテーマである「活動的市民」について振り返る。
展開1 活動的な市民の定義	①活動的市民となるために，以下のことは必要ですか？	T：発問する P：確認する	①18ページの子ども用ワーク・シートの項目を各自で確認し，活動的市民になるために必要なものを選択する。 ・学校のクラブに入る ・署名を集める ・異議を申し立てる ・クレーム ・闘いをはじめる ・権威を疑う ・よい成績をとる ・選挙権を得たら選挙に行く ・地域の美化に努める ・権威を尊重する ・学校の運動場のゴミを集める ・すべてのルールを守る ・スポーツチームでプレイする ・授業の中で挙手する ・クラスでの議論に参加する ・新聞編集者に手紙を書く ・政府機関にEメールを出す
	②各自が選択した項目が活動的な市民となるために，本当に必要か議論しなさい。	T：指示する P：議論する	②上記の各項目が必要かどうか，議論する。各子どもが必要だと思う項目を提示し，その理由を説明する。
	③議論が終われば，クラス全体で必要な項目に投票する。	T：指示する P：議論する	③クラス全員で必要だと思う項目に投票する。
	④2～3人で何に投票したか議論してみましょう。	T：指示する P：議論する	④まわりの子どもと投票した項目について，議論する。
展開2 市	○国立憲法センターでは，模擬法廷を見学して，アメリカ法システムにおける陪審員の役	T：指示する P：読む	○「3匹のクマ」を読む クマの家族がおいしいお粥を朝ごはんに作りました。しかし，そのお粥は熱すぎて，すぐに食べることがで

第3章 規範体験型公民学習　153

民が陪審として参加する裁判の模擬体験

割を学びました。ここでは，「3匹のクマ」という物語を題材に，原告，被告，起訴，検察，弁護士の各役割を学んでいきましょう。まず，「3匹のクマ」を読んでみましょう。

○裁判に登場する人々の役割を説明しましょう
・被告＝罪を犯したことが疑われる人物。
・起訴＝被害者の訴えに基づき，通常，州や市の政府が行う。
・検察＝起訴する側の法律家
・弁護＝被告を弁護する法律家
・被害者＝被害を受けたことを主張する人
・陪審員＝一般市民から選ばれ通常12名で構成される。裁判中の議論と提示される証拠によって被告が有罪か無罪かを決める。

・この事件での被害者は？
・この事件の被告は？
・クマを応援するのは？
・食べ物泥棒を守るのは？

T：発問する
P：答える

きませんでした。お粥が冷めるまで，クマの家族は散歩に出かけることにしました。家族が出かけている間に，食べ物泥棒が家の中に入ってきました。彼女は森の中を散歩していて，おいしそうなお粥の匂いに誘われて，この家に入ってしまいました。彼女は全員のお粥を食べようとしました。しかし，お父さんのお粥は熱すぎ，お母さんのお粥は冷たすぎたため，ちょうどよい温かさだった子グマのお粥をすべて食べつくしました。そして，食べ物泥棒は，イスに座って休むことにしました。お父さんのイスは大きすぎ，お母さんのイスは小さすぎたので，子グマのイスに座ると，イスが粉々に壊れてしまいました。そこで，食べ物泥棒は，ベッドでうた寝をすることにしました。お父さんのベッドは固すぎ，お母さんのベッドは柔らかすぎたため，子グマのベッドに入ると気持ちがよくなり完全に眠ってしまいました。彼女が寝ている間にクマの家族が家に帰ってきました。彼らはお粥が食べられていて，イスが壊されているのを見つけ，嫌な気分になりました。子グマのベッドに食べ物泥棒が眠っているのを見つけ，一斉に吠えました。食べ物泥棒は，びっくりして叫び声をあげ，飛び上がって逃げ出しました。お母さんグマは，警察を呼び，食べ物泥棒がお粥を食べ，イスを壊したと証言しました。今日は，まさにその彼女の裁判が行われます……。

・被害者はクマの家族です。
・被告は食べ物泥棒です。
・検察官です。
・弁護士です。

| 終結 | ◎刑事裁判の役割とはどのようなものですか？ | T：発問する
P：答える | ◎検察官が被害者の訴えを，弁護士が被告人の権利を守り，陪審員が判決を下す。 |

National Constitution *Center, Class Visit Activity Guide Elementary School*, Comcast Foundation, 2006, pp.16-18. を参照し筆者作成。

注
1) 本節の分析は，2008年に筆者らが実施した国立憲法センターの現地訪問調査にもとづいている。
2) National Constitution Center, *Class Visit Activity Guide Elementary School*, Comcast Foundation, 2006.
3) 社会科教育における博物館の活用については，小笠原喜康「非概念的『体験の海』としての博物館の意味－歴史学習の知識論的読み解きによって」『社会科教育研究』第110号 2011, pp.46-56. 及び，福山文子「博物館活用に求められる『教師力』－『構成的な学び』の視点から」『社会科教育研究』第110号 2011, pp.95-106. をご参照いただきたい。
4) Benedict, M.L., *National Constitution Center*, The National Constitution Center, 2007. p.5.
5) Ibid., pp.8-9.

第3節　首都見学学習としての市民性育成
──クローズアップ財団『ワシントンDC見学学習プログラム』の場合──

1　首都見学学習としての市民性育成

　本節では，バージニア州にある公民教育団体クローズアップ財団が開発した『ワシントンDC見学学習プログラム』[1]の分析を通して，首都見学学習としての市民性育成の論理を明らかにしていく。
　首都は，憲法に基づく立法，司法，行政の各政府機関が集中するとともに，憲法に関する数多くの歴史遺産が存在する。憲法という言葉として書かれた

第 3 章　規範体験型公民学習　155

抽象的な概念が，実態化する場所が首都である。子どもたちは，教室において教科書で学んだ三権の概念や，憲法が歩んできた歴史を首都における見学活動によって，実態として明確に研究することができる。では，どのような見学活動を構想すれば，より効果的な憲法規範の理解を促す学習が成立するだろうか。

2　クローズアップ財団の公民教育論

ワシントン DC に隣接するバージニア州アレキサンドリアにあるクローズアップ財団は，1971 年に創設された非営利無党派の公民教育団体である。政治の実態にクローズアップ（接近）する公民教育をめざし，本節で分析対象とする『ワシントン DC 見学学習プログラム』をはじめ，小学校から高等学校までの憲法学習，権利学習，歴史学習，社会参加学習，時事問題学習など様々な公民教育の教材を開発し，全米に供給している[2]。

クローズアップ財団が創設されたきっかけは，1960 年代の公民権運動やベトナム反戦運動における若者の政治的行動にある。1960 年代の政治運動には，武装グループによる学校占拠やデモ行進，暗殺など若者に多くの犠牲が出た。しかし，それらの運動の多くが実際の政治や司法判断に効果的な影響を与えることができなかった。そこで，子どもたちが政治を動かす実態にクローズアップできる公民教育の必要性が唱えられた。クローズアップ財団はそのような時代背景のもとに創設された。アメリカ合衆国憲法は，より平和的で効果的な政治的行動を保障している。クローズアップ財団は，その実態をまず，じっくり子どもたちに研究させる"現実的公民教育"を志向する公民教育団体である。クローズアップ財団は，団体の使命を以下のように規定する[3]。

> クローズアップ財団の使命は，民主主義における権利と責任を享受できる市民の育成のために，人々に民主主義に関する知識を与え，勇気づけ，能力を引き出すことにある。

このように同財団の第1の使命は，権利と責任を有する市民の育成のために，民主主義に関する「知識」を啓発することにある。特に，子どもたちに民主的な政治システムとその実態に関する十分な知識を与えることによって，効果的な政治参加が可能であることの理解を促しながら公民としての能力を引き出すことを，最も重要な使命に位置付けている。

また，クローズアップ財団は以下のような4つの信条を標榜している[4]。

1 見識があり積極的な個人は，強力な地域と活力のある民主主義の基礎である。地域への幅広い参加が民主主義の本質であり，だれ1人として除外すべきではない。
2 無知，皮肉，無関心は私たちの民主的政治システムの現在的危機である。
3 知識を得ることと技能を鍛えることは，公民と地域への生涯にわたる関与にとって不可欠である。
4 人は変わることができる。

このように同財団は，すべての市民が政治に参加していく参加民主主義を民主主義の基本と捉えている。そして，政治についての無知や無関心は民主的政治システムの危機であるとの認識に立っている。さらに，民主主義についての知識や技能を鍛えることが不可欠であると主張する。最終的に，市民としての行動が変化していくことをめざしている。

クローズアップ財団は，上記のような使命と信条を具体化するために数多くの公民教育教材やプログラムを開発している。このような教材やプログラムは，以下のような公民教育の原理によって開発されている[5]。

1 民主主義は，活動的で見識ある参加が必要となる動的な政治システムである。
2 市民の権利と責任はすべての人によって共有されるべきである。
3 公民学習はすべての人のためにある。
4 公民的参加は生涯にわたるプロセスである。
5 私たちは直接経験によって，もっとよく学ぶことができる。

教育原理の1と2は,民主主義と市民像に関する項目である。クローズアップ財団は,先述したように,参加民主主義を民主主義の本質と捉え,政治を動かす権利と責任を有する市民の育成を教育目標とする。また,教育原理の3と4は,公民教育の対象と時期に関する項目である。同財団は,子どものみならず大人も含め,すべての市民を対象として生涯にわたる公民教育,公民的参加を支援することを教育理念としている。最後の教育原理の5は,教育方法に関する原理であり,直接経験を重視し,"なすことによって学ぶ"ことを重視した公民教育を展開する。

以上がクローズアップ財団の公民教育論の概要であるが,同団体がフラグシップ・プログラムとして掲げているのが『ワシントンDC見学学習プログラム』である。

3 『ワシントンDC見学学習プログラム』の概要

『ワシントンDC見学学習プログラム』の概要をまとめたものを表3-2に示した。本プログラムは,1伝統的な首都体験(ワシントンDC4日間),2植民地の冒険(ワシントンDCとバージニア5日間),3独立への道(ワシントンDCとフィラデルフィア5日間)の3つのプログラムが準備されている。核となるのが,1伝統的な首都体験(ワシントンDC4日間)である。2植民地の冒険は,1伝統的な首都体験の内容にバージニア州見学を1日加えたプログラムである。また,3独立への道は,1伝統的な首都体験の内容にフィラデルフィア見学を加えたものである。

1伝統的な首都体験は,ワシントンDCの主要な政府機関と民主主義に関する歴史遺産を見学しながら,宿泊先のホテルにおいて民主主義の体験的学習を展開するプログラムである。政府機関については,立法(連邦議会),行政(ホワイトハウス),司法(連邦裁判所)の各機関を見学する。歴史遺産については,政治家に関するメモリアルパーク(ルーズベルト,フランクリン,リンカーン)と戦争に関するメモリアルパーク(朝鮮戦争,ベトナム戦争,アーリン

表 3-2　クローズアップ財団『ワシントン DC 見学学習プログラム』の概要

	1　伝統的な首都体験 （ワシントン DC 4 日間）	2　植民地の冒険 （ワシントン DC とバージニア 5 日間）	3　独立への道 （ワシントン DC とフィラデルフィア 5 日間）
日曜日	・出発 ・ホテルチェックイン ・夕食とオリエンテーション	・出発 ・ホテルチェックイン ・夕食とオリエンテーション	・出発 ・ホテルチェックイン ・夕食とオリエンテーション
月曜日	・ルーズベルトとフランクリンメモリアルの散策 ・最高裁判所と連邦議会の丘の散策 ・危機に対する調停 ・教員と子どものミーティング （オプション）	・ジェームズタウンへの移動 ・ジェームズタウンの散策 ・ウィリアムズバーグ訪問 ・ワシントン DC への移動 ・模擬議会活動	・フィラデルフィアに移動 ・国立憲法センター訪問 ・独立記念公園散策 ・ワシントン DC への移動 ・模擬議会活動
火曜日	・リンカーン，朝鮮戦争，ベトナム戦争，第 2 次世界大戦メモリアムの散策 ・アーリントン墓地の訪問 ・普通の市民がワシントン DC の歴史的な場所から学ぶ事の重要性についての討議	・最高裁判所と連邦議会の丘の散策 ・ルーズベルトとフランクリンメモリアルの散策 ・危機に対する調停 ・教員と子どものミーティング（オプション）	・最高裁判所と連邦議会の丘の散策 ・ルーズベルトとフランクリンメモリアルの散策 ・危機に対する調停 ・教員と子どものミーティング （オプション）
水曜日	・市民性の出発 ・ホワイトハウスでの記念写真 ・帰路，もしくはニューヨークに向かう	・リンカーン，朝鮮戦争，ベトナム戦争，第 2 次世界大戦メモリアムの散策 ・アーリントン墓地の訪問 ・普通の市民がワシントン DC の歴史的な場所から学ぶ事の重要性についての討議 ・市民性の出発	・リンカーン，朝鮮戦争，ベトナム戦争，第 2 次世界大戦メモリアムの散策 ・アーリントン墓地の訪問 ・普通の市民がワシントン DC の歴史的な場所から学ぶ事の重要性についての討議 ・市民性の出発
木曜日		・帰路，もしくはニューヨークに向かう	・帰路，もしくはニューヨークに向かう

Close up Foundation, *Teacher's Guide to Middle School Programs in Washington DC, 2007-2008*, p.2. より筆者作成。

トン墓地）を見学する。また，宿泊先のホテルでは，「国家的危機に対する調停の体験学習」「ワシントンDCの歴史遺産から学ぶ意義についての討論」「市民性の出発（見学に基づく理想の市民像の発表）」といった民主主義の体験学習も準備されている。

2植民地の冒険は，上述した1伝統的な首都体験の内容に，最初の植民地政府が置かれたバージニア州のジェームズタウンとウィリアムズバーグの歴史遺産の見学活動を加えたプログラムである。ジェームズタウンでは，イギリス植民地政府の最初の議会の遺構等を見学する。また，ウィリアムズバーグでは最初の植民地総督府等を見学するとともに，植民地時代の歴史遺産を数多く見学する。ここで子どもたちは，植民地アメリカがネイティヴ・アメリカンであるインディアンを虐殺し制覇した事実とともに，植民地政府が議論によって政治を行っていたことなど，アメリカ合衆国の歴史の明と暗をともに学ぶ。そして，宿泊先のホテルでは，1伝統的な首都体験の3つの体験学習に加え，「模擬議会活動」も行い，合計4つの体験学習も展開する。

3独立への道は，1伝統的な首都体験の内容にフィラデルフィアにおける国立憲法センターと独立記念公園の見学を加えたプログラムである。国立憲法センターは，前節において分析したアメリカ合衆国唯一の憲法に関する博物館である。同センターが建設されている独立記念公園には，独立宣言の起草や憲法制定会議が行われた独立記念館も存在する。また，フィラデルフィアはワシントンDCが建設されるまでの10年間，アメリカ合衆国の首都となった場所でもある。子どもたちは，独立宣言と憲法の発祥の地であるフィラデルフィアにおいて，ユネスコの世界遺産にも登録されている独立記念館とともに，国立憲法センターも見学することによって，独立や憲法制定の際の議論の論点や意味，そして，現在への影響まで体験的に学習する。そして，宿泊先のホテルでは，1伝統的な首都体験の3つの体験学習に加え，「模擬議会活動」も行い，合計4つの体験学習も展開する。

以上のように，本プログラムは現在の首都であるワシントンDCを中核に，

過去に首都であったフィラデルフィアや植民地政府のおかれたバージニアを含む首都の歴史と実態を研究するものとなっている。また，オプションで過去に1年間だけ首都の置かれたニューヨークへのツアーも組まれている。

4 アメリカ合衆国における民主主義の歴史と現実の体験学習
――首都見学教育プログラム3「独立への道」の場合――

(1) 首都見学教育プログラムの実際

　ここでは，首都見学教育プログラム3「独立への道」を分析対象として，民主主義の歴史と現実の体験学習の論理を分析してみよう。「独立への道」を分析対象とする理由は，前節で考察したフィラデルフィアの国立憲法センターの見学がプログラムに導入されており，前節とのセットで分析することにより，憲法規範の体験学習による市民性育成の論理の全体像が明らかになると考えるからである。

　節末の資料3-4に，首都見学教育プログラム「独立への道」の詳細な見学計画を提示した。また，資料3-4をもとに作成した見学計画の概要を表3-3に示した。本プログラムは5日間でワシントンDCとフィラデルフィアの見学を行うものである。初日（日曜日）と最終日（木曜日）は移動日となるため，実質的な見学学習は3日間となっている。

　1日目（月曜日）は，フィラデルフィアにおいてアメリカ合衆国の独立と憲法の歴史に関する研究を行う。まず，国立憲法センターの見学では，憲法の歴史，三権分立システム，活動的市民をテーマとし，アメリカの民主主義における憲法の役割を体験的に学ぶ（詳細は前節をご参照いただきたい）。その後，独立記念公園の見学では，独立宣言の起草や憲法制定会議が行われた歴史遺産のある記念公園を散策する。アメリカ独立戦争や憲法制定会議の舞台となった場所で歴史的背景と当時の議論について学習する。その後，ワシントンDCの宿泊先のホテルに戻り，「模擬議会活動」を行う。この活動では，クローズアップ財団が開発した時事問題学習教材『現在の問題』を使用し，

第 3 章　規範体験型公民学習　　161

表 3-3　「独立への道（ワシントン DC とフィラデルフィア 5 日間）」の概要

日　程	見学先と概要	
日曜日	出発・ホテルチェックイン・夕食とオリエンテーション	
1 日目 （月曜日） アメリカの独立と憲法に関する歴史の研究	フィラデルフィアに移動	
	1 国立憲法センター	憲法制定会議が行われた，フィラデルフィアにある「国立憲法センター」を見学する。同センターは，憲法の歴史，三権分立システム，活動的市民をテーマとする博物館であり，民主主義社会における憲法の役割を学習。（詳細は前節）
	2 独立記念公園	独立宣言の起草や憲法制定会議が行われた，歴史遺産のある記念公園を散策。アメリカ独立戦争や憲法制定会議の舞台となった場所で歴史的背景と当時の議論について学習。
	ワシントン DC への移動	
	3 模擬議会活動 （ホテルでの学習活動1）	クローズアップ財団が開発した時事問題学習教材『現在の問題』を使用した政策議論学習。（翌日の議会見学の予習）
2 日目 （火曜日） 三権（立法・司法・行政）の役割の研究	4 連邦議会と最高裁判所の丘	連邦議会を見学する。立法府の役割とともに，下院，上院の相違も学習する。 連邦最高裁判所を見学する。司法府の役割を学習するとともに，建物に込められた意味も研究する。
	5 ルーズベルトとフランクリンメモリアル	ルーズベルトメモリアルを見学し，大統領と行政府の役割を学習する。特に，ニューディール政策を研究。
	6 危機に対する調停 （ホテルでの学習活動2）	内戦や対外戦争といった，国家的な危機における交渉や調整をシミュレーションする活動（翌日の戦争学習の予習）
3 日目 （水曜日） 民主主義における戦争の意味の研究と見学活動のまとめ	7 リンカーン，朝鮮戦争，ベトナム戦争，第 2 次世界大戦メモリアル	戦争に関するメモリアムを散策しながら，「Freedom is not Free（自由は犠牲を伴う）」という言葉の意味を研究する。
	8 アーリントン墓地	戦没者が埋葬されているアーリントン墓地を訪問し，民主主義社会における戦争と犠牲者の存在の意味を研究する。
	10 ワシントン DC の歴史遺産から学ぶ意義	これまでの見学学習を振り返る。
	11 市民性の出発 （ホテルでの学習活動3）	これまでの見学活動とホテル内での集団学習活動をプレゼンテーション・ボードにまとめる。ボー

		ドには「歴史的な場所から学んだこと」,「時事問題について」,「現在の市民の役割について」の3つの観点をまとめる。
木曜日	帰路，またはニューヨーク	

Close up Foundation, *Teacher's Guide to Middle School Programs in Washington DC, 2007-2008*, p.2及び筆者らによるワシントンDC見学プログラム担当者(クローズアップ財団プログラム・マネジャー：ドナ・ミュラー氏)へのインタビュー，ワシントンDC・フィラデルフィアにおける現地調査より筆者作成。

政策議論学習を行う。ここでは，税制や社会保障，軍事政策や外交などの様々な時事問題について議会における政策議論を体験していく学習を行う。なお，この活動は翌日の議会見学の予習も兼ねている。

　2日目（火曜日）は，立法，司法，行政の三権の役割と実態の研究を行う。まず，連邦議会の見学を行い，立法府の役割とともに，下院，上院の相違も学習する。連邦議会では，見学担当者から議会の役割の説明を受けるとともに，質疑応答を通して立法活動の実態にクローズアップしていく。また，隣接する連邦最高裁判所も見学する。ここでは，司法の役割と実態の見学とともに，建物に込められた意味も学ぶ。ワシントンDCの政府機関の多くが民主主義の発祥の地である古代ローマの建築様式を取り入れていることや，憲法と秤を持つ女神像が社会的正義の象徴であること等を実際に見学することによって学ぶ。続いて，ホワイトハウスとルーズベルトメモリアルを見学し，大統領と行政府の役割を学習する。特に，ルーズベルト大統領が展開したニューディール政策について研究し，行政府の役割と実態を研究していく。その後,宿泊先のホテルに戻り,「危機に対する調停」という体験学習を行う。この学習活動は，内戦や対外戦争といった国家的な危機における交渉や調整をシミュレーションする活動であり，翌日の戦争学習の予習も兼ねている。

　3日目（水曜日）は，民主主義における戦争の意味の研究と見学活動のまとめを行う。まず，リンカーンメモリアル，朝鮮戦争メモリアル，ベトナム戦争メモリアル，第2次世界大戦メモリアルを見学しながら，「Freedom is not Free（自由は犠牲を伴う）」という言葉の意味を探究していく。ここでの学習は，戦争を賛美するものでは決してなく，アメリカ民主主義の歴史において行われた戦争の現実をクローズアップしていく学習が展開される。

特に，「Freedom is not Free（自由は犠牲を伴う）」という言葉の重みを，南北戦争を経て奴隷解放を成し遂げたリンカーンの業績からはじめ，研究していく。また，キング牧師が公民権運動の際，「私には夢がある」と演説した場所も確認するとともに，キング牧師も凶弾によって倒れたことも再確認する。その後，戦没者が埋葬されているアーリントン墓地を訪問し，民主主義社会における戦争と犠牲者の存在の意味をさらに研究していく。

ホテルに戻り，すべての学習活動のまとめとして，「市民性の出発」という学習活動を行う。「市民性の出発」ではまず，これまでの見学活動とホテル内での集団学習活動の成果をプレゼンテーション・ボード（段ボール箱を3つ折にした自立するボード）にまとめる。ボードには「歴史的な場所から学んだこと」，「時事問題について」，「現在の市民の役割について」の3つの観点をまとめる。

以上のように，「独立への道（ワシントンDCとフィラデルフィア5日間）」の見学プログラムは，ワシントンDCとフィラデルフィアにしかない民主主義に関する歴史遺産，政府機関を見学するとともに，その見学にフィットするホテル内での体験学習を準備する見学と体験をセットにした首都見学体験プログラムになっている。

(2) 規範体験型公民学習の構造

首都見学教育プログラムは，子どもたちに「市民としての現実的な政治行動を選択し実践すべきである」という規範の理解を促すために，首都とその近郊にしかない政府機関及び憲法に関する史跡等の見学と，その見学に意味付けを与える体験学習を準備している。

このような学習展開を採用する理由は，首都という政治権力が集中する場

所において，子どもたちに政治の現実を十分に見学させるとともに，その意義を体験させる"民主主義の演習"によって，現実的な方法で政治に影響を与える市民の育成をめざすためである。このような体験学習の構造を示すと以下のようになる。

規　範

◎市民は，現実的な方法で政治に影響を与えるべきである。
①市民は，議論によってルールや解決策を策定するべきである。（議論）
②市民は，社会問題の解決のために交渉や調整を行うべきである。（調停）
③市民は，自由を守るために犠牲が伴うことを理解すべきである。(Freedom is not Free)

＋

体　験

◎首都を中心に憲法に関する博物館・史跡・政府機関の見学後，体験的な学習を展開する。
①憲法博物館，独立記念公園の見学後，模擬議会体験。
②連邦議会，最高裁判所，大統領メモリアルの見学後，国家的危機に対する調停体験。
③戦争メモリアル，アーリントン墓地の見学後，自由を守るための犠牲に関する議論体験。

↓

認　識

◎市民は，歴史的に様々な方法で政治に影響を与えてきた。また現在でも，市民が政治を動かす現実的な方法が存在する。
①市民は，憲法制定会議以来，議論と多数決によってルールや解決策を策定してきた。
②市民は，立法，司法，行政の各公権力に影響を及ぼすことができる。
③市民は，何らかの犠牲を伴う活動によって，自由を守っている。

　本プログラムが子どもたちに理解を促したいメインとなる規範は，「市民は，現実的な方法で政治に影響を与えるべきである。」という合衆国憲法前

文とクローズアップ財団の教育理念から導かれる規範である。このメイン規範は、さらに「市民は、議論によってルールや解決策を策定するべきである。（議論）」「市民は、社会問題の解決のために交渉や調整を行うべきである。（調停）」「市民は、自由を守るために犠牲が伴うことを理解すべきである。（Freedom is not Free）」というサブとなる規範を有する。

　本プログラムでは、市民が選択し得る現実的な政治行動の理解を促すために、各行動規範に適合する体験活動を準備している。体験学習のメインテーマは「首都を中心に憲法に関する博物館・史跡・政府機関の見学後、体験的な学習を展開する。」というものである。このメインテーマを達成するために、「憲法博物館、独立記念公園の見学後、模擬議会体験」「連邦議会、最高裁判所、大統領メモリアルの見学後、国家的危機に対する調停体験」「戦争メモリアル、アーリントン墓地の見学後、自由を守るための犠牲に関する議論体験」いったサブとなる体験学習を展開する。サブとなる体験学習は、必ず首都とその近郊にしかない政府機関及び憲法に関する史跡等の見学学習とセットで行うのが、本プログラムの特長である。例えば、戦争メモリアル、アーリントン墓地を見学し、合衆国が自由を守るために犠牲を払ってきた歴史を十分に見学した後に、「Freedom is not Free」という言葉の意味について体験的な議論学習を展開している。

　以上のように本プログラムは、市民が歴史的に様々な方法で政治に影響を与えてきた事実を見学活動によって十分に理解し、その見学に合致する体験学習を見学直後に展開することで、市民が政治を動かす現実的な方法を実践的に学ぶようになっている。これらの見学・体験学習によって、「市民は、憲法制定会議以来、議論と多数決によってルールや解決策を策定してきた。」「市民は、立法、司法、行政の各公権力に影響を及ぼすことができる。」「市民は、何らかの犠牲を伴う活動によって、自由を守っている。」といった市民の政治行動の実際にクローズアップできるわけである。

5 首都見学学習としての市民性育成の論理

これまでの分析から、首都見学学習としての市民性育成の論理をまとめると、以下のようになる。

第1に、首都見学学習は、民主主義を市民による参加を前提とする動的な政治システムと捉え、子どもたちが政治システムと市民の参加状況の実態に接近していく学習を展開する。そのために、首都における実際の政府機関の見学学習を行う。子どもたちは、憲法が提示する権力分立という規範を、三権の各機関を見学することで体験的に学習する。

第2に、首都見学学習は、子どもたちが憲法に基づく民主主義の歴史を実感できるように、憲法と民主主義に関する歴史遺産の見学学習を展開する。子どもたちは、憲法が提示する主権者としての市民の行動規範（主体的な政治参加、議論による解決など）を歴史的に学ぶ。

第3に、見学活動にフィットする構造化された体験学習を見学の前後に展開することによって、憲法が想定する民主的な「議論」「調停」「市民性」の在り方を体験的に学ぶ。

以上のように、首都見学学習は三権分立といった政治システムのフレームワークや権利と責任といった市民的行動といった憲法が提示する規範を首都における見学体験学習によって具体的に学んでいくものとなっている。

資料3-4 クローズアップ財団「ワシントンDC見学学習プログラム」の概要

	3 独立への道（ワシントンDCとフィラデルフィア五日間）
日曜日	・出発 ・ホテルチェックイン ・夕食とオリエンテーション
	・フィラデルフィアに移動

第3章 規範体験型公民学習　167

一日目（月曜日）アメリカの独立と憲法に関する歴史の研究	1 国立憲法センター訪問 	憲法制定会議が行われた，フィラデルフィアにある「国立憲法センター」を見学する。国立憲法センターは，憲法の歴史，三権分立システム，活動的市民をテーマとする展示が中心であり，民主主義社会における憲法の役割を学習する。（詳細は前節）
	2 独立記念公園散策 	独立宣言の起草や憲法制定会議が行われた，歴史的な場所にある記念公園を散策。アメリカ独立戦争や憲法制定会議の舞台となった場所で，歴史的背景と当時の議論について学習する。
	・ワシントンDCへの移動	
	3 模擬議会活動 （ホテル内での集団学習活動1）	クローズアップ財団が開発した時事問題学習教材『現在の問題』を使用した，政策議論学習。（翌日の議会見学の予習）
二日目（火曜日）三権（立法・司	4 連邦議会と最高裁判所の丘の散策 	連邦議会を見学する。立法府の役割とともに，下院，上院の相違も学習する。

法・行政)の役割の研究		連邦最高裁判所を見学する。司法府の役割を学習するとともに，建物に込められた意味も研究する。
	5 ルーズベルトとフランクリンメモリアルの散策	ルーズベルトメモリアルを見学し，大統領と行政府の役割を学習する。特に，ルーズベルトによる，ニューディール政策に関する研究を行う。
	6 危機に対する調停 (ホテル内での集団学習活動2)	内戦や対外戦争といった国家的な危機における交渉や，調整の実態をシミュレーションする活動（翌日の戦争学習の予習）
三日目（水曜日）民主主義における戦争の意味の研究と見学活	7 リンカーン，朝鮮戦争，ベトナム戦争，第2次世界大戦メモリアルの散策 	戦争に関するメモリアムを散策しながら，「Freedom is not Free（自由は犠牲を伴う）」という言葉の意味を研究する。

動のまとめ	 
8 アーリントン墓地の訪問	戦没者が埋葬されている，アーリントン墓地を訪問し，民主主義社会における戦争と犠牲者の存在の意味を研究する。
10 普通の市民がワシントンDCの歴史的な場所から学ぶ事の重要性についての討議	これまでの見学学習を振り返る。
11 市民性の出発 （ホテル内での集団学習活動3） 	これまでの見学活動とホテル内での集団学習活動をプレゼンテーション・ボードにまとめる。ボードには，「歴史的な場所から学んだこと」，「時事問題について」，「現在の市民の役割について」の3つの観点をまとめる。

| 木曜日 | 帰路，もしくはニューヨークに向かう | |

Close up Foundation, *Teacher's Guide to Middle School Programs in Washington DC, 2007-2008*, p.2 及び筆者らによるワシントン DC 見学プログラム担当者（クローズアップ財団プログラム・マネジャー：ドナ・ミュラー氏）へのインタビュー，ワシントン DC・フィラデルフィアにおける現地調査より筆者作成。なお資料の中の写真はすべて筆者撮影。

注

1) Close up Foundation, *Teacher's Guide to Middle School Programs in Washington DC2007-2008*, Close up Foundation, 2006.
2) 例えば，以下のようなプロジェクトがある。
   ・Close Up Foundation, *Current Issues 2005 Edition Teacher's Guide*, Close Up Publishing, 2004.
   ・Close Up Foundation, *Current Issues 2005 Edition*, Close Up Publishing, 2004.
   ・Close Up Foundation, *International Relations-Understanding the Behavior of Nations Fifth Edition Teacher's Guide*, Close Up Publishing, 2005.
   ・Close Up Foundation, *International Relations-Understanding the Behavior of Nations Fifth Edition*, Close Up Publishing, 2005.
   ・Close Up Foundation, *Perspectives-Readings on Contemporary American Government*, Close Up Publishing, 1997.
   ・Close Up Foundation, *The American Economy-Government's Role, Citizen's Choice Fourth Edition Teacher's Guide*, Close Up Publishing, 2005.
   ・Close Up Foundation, *The American Economy-Government's Role, Citizen's Choice Fourth Edition*, Close Up Publishing, 2005.

・Close Up Foundation, *Words of Ages-Witnessing U.S. History Through Literature Teacher's Guide*, Close Up Publishing, 2000.
・Close Up Foundation, *Words of Ages-Witnessing U.S. History Through Literature*, Close Up Publishing, 2000.
3) 2008年に筆者らが実施したクローズアップ財団の現地訪問調査時に入手した，同財団のミンションに関するレジュメ資料に基づく。
4) 同上
5) 同上

「第3章 規範体験型公民学習」の小括

　第3章では，規範体験型公民学習について論じた。規範体験型は，第2章において考察した規範理解型を補完するものであり，学校教育と社会教育の連携によるプロジェクト学習を展開する。規範体験型は，学校教育における憲法に関する基礎知識に関する事前学習を前提とするため，初等後期から中等前期を中心に展開される。規範体験型には，"博物館見学としての規範体験学習"と"政府見学としての規範体験学習"の2つのアプローチが存在する。

　"博物館見学としての規範体験学習"は，博物館における大型スクリーン映像や実物の法律，イメージ画像等のマルチメディア資料を徹底的に活用し，社会科において学習した憲法という抽象的な概念の直観的かつ具体的な理解を促すことをねらいとする。そして，社会科における歴史学習との連携を考慮し，博物館の展示を年代順とする。各展示ブースでは，子どもたちが活動的市民となることをめざし，模擬投票，模擬裁判といった体験的な学習を準備する。また，事前学習，見学学習，事後学習という3段階からなるプログラムを準備し，学校教育と社会教育の連携によるプロジェクト学習を展開する。

　"政府見学としての規範体験学習"は，教室において学ぶ三権分立といった政治システム，権利と責任，市民的行動といった憲法が提示する規範を政府見学によって具体的に研究することをねらいとする。そのために，民主主義を市民による参加を前提とする動的な政治システムと捉え，子どもたちが政治システムと市民の政治参加状況の実態に接近していく学習を展開する。子どもたちは，憲法が提示する権力分立という規範を，三権の各機関を見学することで体験的に学習する。見学の前後に見学内容にフィットする体験的学習を展開することによって，憲法が想定する民主的な「議論」「調停」「市民性」の在り方を体験的に学ぶ。

　子どもたちは，この2つのアプローチによって社会科における政治学習や歴史学習において学んだ抽象的な憲法規範を，具体的な実物資料や政府見学によって具体的に研究し理解していく。また，憲法規範実現の困難性や問題点も冷静に研究していく。

第4章 規範分析型公民学習
――歴史認識を通した憲法規範分析――

第1節 歴史認識を通した憲法規範分析

　第4章では，規範分析型の公民学習について論じる。規範分析型は，「歴史認識を通した憲法規範分析」をめざす市民性育成プロジェクトであり，多数決原理と少数者の権利保障（Majority Rule, Minority Rights）のジレンマ研究を原理とする歴史学習が中心となる。

　規範分析型は，子どもたちが規範理解型や規範体験型の公民学習で研究してきた憲法規範を再確認するとともに，それらが社会にどのような影響を及ぼしてきたのか，歴史事象を通して冷静に分析していく。このような規範分析型は，規範理解を中心とする政治的社会化と規範批判を中心とする政治的個性化の中間に位置付く公民学習となる。子どもたちは，憲法が多数決の尊重（民主主義）や少数者の権利保障（個人の尊重）といった規範を社会的な価値として宣言していることを分析するとともに，そのような規範が社会に及ぼしてきた影響を冷静に研究していく。規範分析型が歴史認識にこだわる理由は，憲法規範が社会に承認されてきたその生成過程を分析できること，憲法規範が社会に及ぼした影響を負の側面も含めて冷静に分析できること，そして，歴史事象であれば事象の原因，結果，評価をトータルに分析することができるからである。つまり，歴史学習では，子どもたちが，自己の価値観や見解によって短絡的に社会事象を認識し評価することを阻み，評価の前にあくまでも社会事象を十分に分析していくことの重要性を学ぶことができる。

　アメリカ合衆国において，歴史学習と公民学習を融合させる試みは一般的

である。合衆国史を民主主義の発展の歴史と捉える市民性育成のための歴史学習が、日常的に展開されている。市民性育成のための歴史学習には、2つの動きが存在する。1つは、アメリカ合衆国の民主主義を世界で最も優れた政治形態とみなし、合衆国史を民主主義の発展史として、子どもたちが批判不可能な形で注入していく"規範注入型の歴史学習"である。もう1つは、アメリカ合衆国の民主主義は政治形態の可能性の1つに過ぎず、メリットもデメリットもある相対的なものであるとし、子どもたちが批判可能な形で研究していく"規範分析型の歴史学習"である。本章では後者の"規範分析型の歴史学習"を分析対象とする。なぜなら、本研究で追究している立憲主義公民学習は、子どもたちを個人として尊重し、教室における批判の自由を保障した公民学習であるからである。前者の"規範注入型の歴史学習"は、国家と集団の尊重を旨とする教化に過ぎない。

　ここでは、"規範分析型の歴史学習"の典型例として、ロサンゼルスにおいて合衆国憲法に基づく市民性教育を展開する憲法上の権利財団が開発した『自由の基礎：生きている権利章典の歴史』を取り上げる。本プロジェクトは、合衆国史を憲法上の人権カタログである権利章典の生きた歴史と捉える。そして、合衆国憲法の起源となるイギリスの民主主義の発展史から研究をはじめ、合衆国における権利章典の成立から現在まで年代順に研究していく。各年代において多数決原理と少数者の権利保障 (Majority Rule, Minority Rights) という2つの憲法規範がジレンマとなる事例を取り上げ子どもたちが分析していく。本章では、『自由の基礎：生きている権利章典の歴史』の全体計画、単元構成、教授学習過程のトータルな分析を通して、憲法規範を負の側面も含めて、子どもたちが批判可能な形で分析していく規範分析型公民学習の論理を明らかにしていく。

　なお、前章までの分析では、道徳教育や社会見学を含めた中範囲の立憲主義公民学習論について論じてきた。第4章では、一教科教育である社会科教育を憲法規範に基づく公民学習に転換していく論理を考察していく。具体的

には，中等教育の通年科目の合衆国史，または合衆国政府の科目の内容編成の論理を解明していく。そうすることで，一教科教育としての社会科において，歴史学習を通して市民性を育成する意義を具体的なプロジェクトの分析から明らかにし，政治的社会化と政治的個性化の橋渡しをする市民性育成の論理の解明をめざす。

第2節　歴史学習としての市民性育成
―― M. クラッディー『自由の基礎：生きている権利章典の歴史』の場合 ――

1　歴史学習としての市民性育成の論理

　本節の目的は，一教科教育としての社会科おいて，歴史学習を通して市民性を育成する意義を具体的なプロジェクトの分析から明らかにすることにある。前章までの分析では，道徳教育や社会見学を含めた中範囲の立憲主義公民学習論について論じてきた。ここでは，一教科教育である"社会科"を憲法規範に基づく公民学習に転換していく論理を考察する。

　社会科の性格を表す言葉に，「社会科は，社会諸科学（Social Sciences）を教科として組織したシヴィック・エデュケーション」[1] であるとの定義がある。この定義から，立憲主義公民学習との関連で論点を抽出してみると以下の3点になる。①社会科教育が育成しようとする市民（シヴィック）とは何か。共同体主義的な「公民として市民」を育成するのか，自由主義的な「個としての市民」を育成していくのか。また，道徳教育や特別活動と異なる社会科教育としての市民性育成の守備範囲[2] はいかなるものだろうか。②市民を育成するために，社会諸科学を教科として組織する，組織化の論理は何か。何を基軸として，具体的にはどのような内容編成がなされるのか。③実際の授業は，どのような論理から構成され実践されるのだろうか。

　このような問題に対して，序章で言及したようにアメリカ合衆国における

民間教育団体[3]による市民性育成プロジェクトは示唆に富む。なぜなら，そこでなされている社会科教育学研究は，憲法によって保障された教育の自由[4]に基づき，自己の責任において社会科教育実践を行っている教員の多様で切実な期待に応えようとしており，開発されるプロジェクトも多様であり即授業実践が可能なものになっている。また，育成の目標である"市民"についても，一つ一つのプロジェクトがそれぞれの市民像を提示している。

そこで，本稿では，カリフォルニアにある市民性教育に関する非営利・無党派の団体である「憲法上の権利財団（Constitutional Rights Foundation）」が開発した中等教育段階用の権利学習プロジェクト『自由の基礎（Foundations of Freedom）』を取り上げ，その教育原理・全体計画・授業構成を分析していく中で上記の問題を考えていきたい。

2 『自由の基礎』の教育原理

(1) 教育目標——「個としての市民」育成——

『自由の基礎』は，アメリカ民主主義の本質を自由民主主義（リベラル・デモクラシー）と捉え，自由民主主義社会における"個人の自由"のあり方を，国家・社会との関係から徹底して探究することによって"個としての市民"を育成することを教育原理としている。

広義の民主主義という言葉には，個人の尊厳を重視し，各個人の自由を尊重しようとする自由主義（リベラリズム）[5]と，個人が国の政治に積極的に参加すること（できること）を重視し，多数意見による決定を尊重する狭義の民主主義（デモクラシー）という２つの意味が混在している。つまり，自由主義は国家・社会の"目標"に関する概念であり，その目標を"個人の尊厳と自由"におく思想である。それに対して，狭義の民主主義は国家・社会の意思決定の"方法"に関する概念であり，その方法の正当性を"多数決"におく思想であると捉えることができる[6]。

『自由の基礎』は，その中でも前者の自由主義に教育的意義を見出し，"自

由"を社会科の学習の根幹に据えている[7]。それは，多数派による専制政治や国家による個人の自由侵害に対抗できる"個としての市民"を育成するという教育目標からの選択である。

では，具体的な教育内容はいかなるものになるのだろうか。『自由の基礎』には，「私たちの権利章典の生きている歴史」という副題がつけられており，合衆国憲法における人権カタログである権利章典について，なぜ，それが必要とされ，どのような役割を果してきたのか，歴史的に学んでいくものとなっている。

プロジェクトの内容編成者であるマーシャル・クラッディーは，「権利章典は，政治的権力を抑制し，多数者の利益に対して少数者の権利を擁護し，個人を尊重していく立場にある。」[8]と述べ，個人の尊厳を保障していく"権利章典"の歴史に自由の基礎を見出し，それを"個としての市民"の育成をめざす社会科の中核的な学習内容としている。

(2) 学習指導原理――権利に関する社会的ジレンマ研究――

では，『自由の基礎』の学習指導原理はいかなるものだろうか。それは，権利章典の歴史に内在するジレンマを，社会的事実に基づき研究していくことである。アメリカの自由民主主義は，市民の平等な参加による多数決に基づく政治をめざす，民主主義の理念（Majority Rule）と，多数派による個人・少数者への権利侵害を防ぐという自由主義の理念（Minority Rights）がジレンマを抱えながら，権利章典という装置によってかろうじて維持されてきたものである。それらの理念の葛藤状況は，アメリカ社会の現実に様々なジレンマを生じさせてきた。クラッディーは述べる。

> 権利章典の歴史は，功績と悲劇の両面を含んでいる。その原理は，戦時期や国家的危機の時に厳しく試された。これらの暗い時期に，国民としての私たちはその意味を見失い，一時的な恐怖や古くからの偏見に屈した。そして，自らの利益を守ることにきゅうきゅうとし，他者の権利を侵害してきた。[9]

このように,『自由の基礎』は,権利章典の歴史を視点として,アメリカ社会を負の側面も含め冷静に分析しようとする。そして,"個人の自由"や"少数者の権利保護"という権利章典の持つ理念が,社会における多数者による決定や利益追求とどのようなジレンマを生んできたのかその実態を解明していくことを学習指導の原理としている。

3 『自由の基礎』の内容編成原理

(1) 全体計画——自国史をシーケンスとする権利学習——

『自由の基礎』は,合衆国史をシーケンスとした権利学習となっている。本プロジェクトの全体計画に分析を加えたものを表4-1に示した。

全体計画は,大単元1「起源」から大単元15「生きている権利章典」まで,年代順に15の大単元から構成されている。イギリス市民革命を自由の「起源」と捉え,その時代からプライバシー権が確立しつつある「現在」までを時系列で研究していく。また,全体計画は学習内容から3つのパートに構造化することができる。大単元1「起源」から大単元6「南北戦争」まではパートⅠにあたり,「自由の基本原理」が学習される。ここでは,個人の尊厳や自由を守っていくための権利保障システム(権利章典・法の支配・司法審査制など)の確立過程が研究される。続く大単元7「変化するアメリカ」から大単元12「自由の行進」まではパートⅡにあたり,「自由を巡る問題」を研究する。ここでは,自由の基本原理が現実の社会状況との間にいかなるズレや問題を生んできたのかという「権利に関する社会的ジレンマ」が研究される。大単元13「法の適正過程」から大単元15「生きている権利章典」まではパートⅢにあたり,「権利を巡る現代的論点」を研究する。ここでは,プライバシー権などを事例に権利章典の再解釈による「自由の新展開」について学習される。

各大単元は,現在の権利保障システムの基盤となっている"権利・概念"を学ぶために,合衆国の歴史から典型的な"社会状況"が選択されている。

第4章 規範分析型公民学習　179

表 4-1 『自由の基礎』の全体計画とその構造

全体計画		内容分析		全体構造	
大単元名（年代） 小単元名		社会状況	焦点となる概念	内容選択の基準	
パートI　自由の基本原理	1　起源（1215-1689） 　1　起源 　2　マグナカルタ 　3　J. ロックと社会契約論	イギリス市民革命	ロックの社会契約論	権利の起源と現在の権利論との接点を認識	権利保障システム確立過程の研究
	2　植民地での経験（1607-1759） 　1　植民地での経験 　2　R. ウィリアムズ：生きた経験 　3　ゼンガー事件	植民地アメリカ	信教の自由 報道の自由	権利侵害の歴史的状況の把握	
	3　アメリカの危機（1763-1776） 　1　アメリカの危機 　2　T. ジェファーソン	アメリカ独立革命	代表権 独立宣言		
	4　時代の新秩序（1781-1788） 　1　時代の新秩序 　2　連邦主義者の議論 　3　G. メイソン：忘れられた創立者	合衆国憲法の成立	憲法 権力分立 法の適正過程	権利保障システムの存在意義の把握	
	5　権利章典（1789-1833） 　1　権利の章典 　2　J. マディソン：権利章典の父 　3　J. マーシャルと司法審査権	権利章典の成立	権利章典 司法審査権		
	6　南北戦争（1850-1870） 　1　南北戦争 　2　R. B. トーニー 　3　F. ダグラス	奴隷制の存廃を巡る南部と北部の対立	平等保護	権利保障の対象者の名目的拡大（差別撤廃過程1）	
パートII　自由を巡る問題	7　変化するアメリカ（1865-1920） 　1　変化するアメリカ 　2　女性の参政権 　3　Yick Wo v. Hopkins（1886） 　4　Lochner v. New York（1905）	都市化と産業化	経済の自由 対 労働者の保護	資本主義と権利保障のジレンマ研究	経済	権利に関する社会的ジレンマ研
	8　戦争と反動（1916-1920） 　1　戦争と反動 　2　Schenk v. United States（1919） 　3　O. W. ホームズ Jr 　4　C. A. ウィットニー	社会主義の勃興	言論の自由 対 明白かつ現在の危険	革新主義と反動主義の対立による社会的ジレンマ研究	思想	

	9 大恐慌の正常化（1920-1937） 1 大恐慌の正常化 2 Gitlow v. NewYork（1925） 3 M. サンガー	労働運動	表現の自由 対 明白かつ現在の危険			究
	10 第2次世界大戦（1939-1945） 1 第2次世界大戦 2 korematsu v. United States（1944） 3 M. ヤスイ	日系人への強制措置	個人の自由 対 国家の安全保障	社会的ヒステリー状況における個人の権利保障に関するジレンマ研究	心理	
	11 冷たい戦争（1945-1957） 1 冷たい戦争 2 P. ロブソン 3 J. R. マッカーシー上院議員	マッカーシズム	信条の自由 対 全体主義			
	12 自由の行進（1950-1990） 1 自由の行進 2 T. マーシャル 3 Brown v. board of Education（1954）	公民権運動	平等保護	権利保障の対象者の実質的拡大（差別撤廃過程2）		
パートⅢ 自由の新展開	13 法の適正過程（現在） 1 法の適正過程 2 偉大な自由令状 3 C. E. ギデオンと弁護士権 4 残酷かつ異常な刑罰 5 ミランダ権 6 Mapp v. Ohio（1961）	刑事事件の多発化	法の適正過程	厳格解釈による権利1（手続き的権利）		権利を巡る現代的論点研究
	14 第1の自由（現在） 1 アメリカにおける信教の自由 2 W. ゴビットとL. ゴビット 3 Wisconsin v. Yode（1972）	学校教育と宗教活動の衝突	信教の自由	厳格解釈による権利2（実質的権利）		
	15 生きている権利章典（現在） 1 生きている権利章典 2 武器を保持する権利 3 R. ボークとプライバシー権 4 猥褻性 M. スロープとツーライブクルー 5 Rust v. Sullivan（1991）	新しい権利の誕生	プライバシー権	柔軟解釈による権利（新しい権利）		

Rhodehamel, J.H., Rohde, S.F., Blum, P.V., *Foundations of Freedom : a Living History of our Bill of Rights,* Constitutional Rights Foundation, 1991, pp.6-111. 及び Rhodehamel, J.H., Rohde, S.F., Blum, P.V., *Foundations of Freedom:a Living History of our Bill of Rights Teacher's Guide,* Constitutional Rights Foundation, 1991, p.323 を参照し筆者作成。なお表中のゴシック体は筆者による分析を記入。

第4章 規範分析型公民学習　181

『自由の諸基礎』は，歴史的事実を通した権利学習となっているわけである。

(2) 歴史を通した権利学習の内容編成原理
　　——自由権生成過程としての合衆国史研究——

　以上のような全体計画は，憲法の条文にしたがって学習されるわが国の権利学習とは対照的な編成となっている。これは，アメリカの自由民主主義が，演繹的な「理念・原則」の所産ではなく，帰納的かつ自然発生的な「事実」の所産であることが1つの理由となっている。そのため，「権利」や「個人の自由」といった概念を歴史的事実に基づき，実践的に学んでいくように全体計画がなされるわけである。また，本プロジェクトには，「個としての市民」の育成をめざし，「自由権の生成過程を歴史的に研究できる」ように全体計画を行うという原理もみられる。

　図4-1に示したように，自由（L0）は個別に侵されて初めて自覚化した自由（L1）となり，侵害された自由を取り戻したいという人々の意思が，法によって保護される自由権（L2）を生成させた。そして，国家が侵してはならない「個人の自由」の領域を確定するために，自由権をカタログ化した権利章典（L3）が成立し，自由権を「法の支配」によって保障していくために裁判所による「司法審査権」が確立したのである。さらに，判例によって権利章典が解釈され，新たな自由権（L4）が生成されてゆく。『自由の基礎』では，パートⅠにおいて自由（L0）の侵害から裁判所に司法審査権が確立するまでの「権利保障システム確立過程の研究」が行われ，パートⅡ・Ⅲにおいて，民主主義（多数決）や功利主義（公共の利益追求）といった社会の原理が，個人の尊厳や自由を守ろうとする権利章典との原理との間にどのような社会的ジレンマを生じさせてきたのかを研究していく学習構造となっている。

　自由権が保障される背景には，その自由が侵害されてきたという歴史的事実が必ず存在する。『自由の基礎』は，子ども自身がその歴史的事実を研究することによって，自己が保持することになる権利の本来的意味や価値を認

識し、これからも起こり得る自由の侵害に対抗していくことをめざす。では，各パートを具体的に分析し検証していこう。

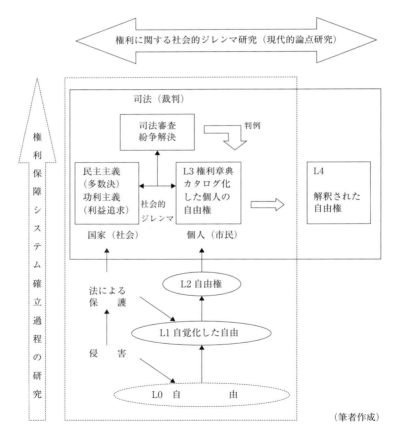

図4-1 『自由の基礎』の学習構造

(3) 3つのパートによる権利学習——「基本原理」「問題」「新展開」——
①「自由の基本原理」の内容編成——権利保障システム確立過程研究——

　パートⅠでは，ロックや彼の理論を実践しようとした自由主義者が，恣意的な国家権力の行使を制約していくために，法の支配や立憲主義といった「自由の基本原理」を構想し，それらを憲法や権利章典，司法審査制といった「権利保障システム」を確立していくことによって，実質的に機能させたことを学ぶように構成されている。

　表4-1の上段を概観すると，大単元1において，「権利の起源」としてイギリス市民革命を研究し，自由主義の基本原理としてロックの社会契約論を学ぶ。大単元2と3では，植民地アメリカにおいて信教の自由や報道の自由が侵されたことを事例に，「権利侵害」の歴史が研究される。そして，イギリス本国人による「権利侵害」に対抗したアメリカ独立革命が研究され，「代表なくば課税なし」という代表権の概念や，独立宣言における革命権や自然権といった概念が学習される。大単元4と5では，多数派や国家による個人や少数者への権利侵害に対抗するために，法の適正過程・憲法・権利章典・司法審査権といった「権利保障システム」が確立していった過程が研究される。大単元6では，そのシステムによる「権利保障の対象者」が，南北戦争を経て，名目的であるが黒人まで拡大していく過程が研究される。

　以上のように，パート1では，権利章典や司法審査制といった権利保障システムの確立過程を，歴史的な社会状況から研究し，それを通して，国家や社会が侵すことのできない個人の自由を確定していくための自然権や革命権といった「自由の基本原理」を学習できるような内容編成がなされている。このような内容編成を行うのは，権利やそれを保障するシステムの意義を認識し，それらを主体的に使用できる権利主体としての市民の育成をめざすためである。

　パート1ではさらに，権利に関する社会的ジレンマの起源を把握できるように内容編成を行うという論理もみられる。例えば，大単元1では，「ロッ

クの影響を受けた独立宣言における社会契約には，女性やアメリカ先住民も参加していたことになるのか？」といったテーマを研究し，権利という概念が社会的弱者や少数者を除外して成立したことが把握される。また，大単元6では，南北戦争を取り上げ，黒人の権利保障システムへの参加過程が研究されている。しかし，あくまでも法制上に平等原則が導入されだけで，権利保障の対象者が名目的に拡大されたに過ぎないことも研究される。ここでは，「人種差別」がアメリカ社会にとって根深いジレンマであることが認識される。

以上のようにパート1は，「自由の基本原理」の学習とともに，「多数決原理」対「少数者の権利」，「権力者」対「弱者」，「人種差別」といった現在の社会的ジレンマの起源を確認するパートとなっている。パートIは，権利に関する社会的ジレンマを研究していくための基礎研究に位置付けることができよう。

②「自由を巡る問題」の内容編成——権利に関する社会的ジレンマ研究——

パートⅡでは「自由を巡る問題」の学習として，権利に関する社会的ジレンマ研究が行われる。

表4-1の中段を概観すると，大単元7では資本主義と権利保障のジレンマを研究することで，「経済」と自由を巡る問題が研究される。急速な都市化と産業化という社会状況が取り上げられ，企業の「経済活動の自由」と「労働者の保護」が社会的ジレンマとなることが研究される。大単元8・9では革新主義と反動主義の対立を研究することで，「思想」と自由を巡る問題が研究される。ここでは，第1次世界大戦中の社会主義の勃興や大恐慌時の労働運動の激化という社会状況を取り上げ，戦時期や恐慌時といった社会的な不安時に，表現の自由が侵されやすいことが研究される。そして，「言論の自由」とそれを抑制していく「明白かつ現在の基準論」のジレンマが吟味される。大単元10・11では社会的ヒステリー状況における個人の権利保障に関するジレンマを研究することで，社会「心理」と自由を巡る問題が研究さ

れている。第2次世界大戦中の日系人の強制収容や戦後のマッカーシズムを取り上げ，戦時ヒステリーや全体主義といった社会の多数派の心理状態が，個人や少数者へ強力な権利侵害を引き起こしてしまう実態が研究される。大単元12では，大単元6から再び「人種差別」がテーマとなり，黒人差別の撤廃過程が，「形式的平等」対「実質的平等」のジレンマ解決過程として研究される。

このように，パートⅡでは「経済」「思想」「心理」の各領域から「自由を巡る問題」を研究するように内容編成が行われている。この3つの領域が内容選択の基準となっているのは，アメリカ社会の歴史において，実際にこの領域に関する社会的ジレンマが発生し，最高裁まで争われた事実が存在するからである。そして，同じ構造を持つジレンマが時代を超えて，規模を変えて，国家レベルから地方・コミュニティーレベルでも発生し得るからである。パートⅠの内容編成は，子ども自身が将来直面し得る権利を巡る論争を適確に分析できるように，アメリカ社会が経験してきた権利に関する社会的なジレンマを選択するという論理から行われていることがわかる。

例えば，大単元7では，経済と権利という視点から，資本主義と労働者の保護に関するジレンマが研究されている。まず，資本主義の急速な発展が，著しい資本の集中や過酷な労働状況を生んだことを把握する。続いて，労働立法によってそれらの社会問題を解決しようとすると，経済活動の自由を侵害してしまうという社会的ジレンマが発生したことを認識していく。そして，パン工場労働者の最高労働時間を定めた州法が，憲法の保障する経済の自由に違反するか否かが争われた事件を取り上げ研究している。このような内容編成は，現在でも市場と政府の関係で問題となる「経済の自由」と「労働者の保護」のジレンマを研究するために，合衆国史の中から急速な「産業化と都市化」という社会状況を選択するという手続きがとられていることが分かる。

このように「自由を巡る問題」の学習は，将来起こり得る社会的ジレンマ

への見方を提示し，"個としての市民"として自己の論拠を研究していけるように内容編成がなされている。

③「自由の新展開」——権利を巡る現代的論点の研究——

　大単元13～15はパートⅢにあたり，「自由の新展開」を学ぶために，権利を巡る現代的論点の研究が行われる。表4-1の下段を概観すると，大単元13では法の適正過程のあり方が，刑事事件の多発化という社会状況の研究から吟味される。ここでは，犯罪の防止と，犯罪捜査における法の適正過程の保障がしばしば社会的ジレンマ状況となり，「人身の自由」という古典的な自由の保障が現在でも大きな論点となっていることが研究される。大単元14では，信教の自由のあり方が学校教育と宗教活動の衝突という社会状況から研究される。ここでも，「信教の自由」という古典的な自由の保障が，公教育との関係から論争を巻き起こし，裁判によって新解釈を生んでいる様子が研究される。大単元15では，プライバシー権などの新しい権利の生成の根拠が吟味され，プロジェクトの終結としている。

　以上のような「自由の新展開」の学習は，権利章典を解釈することによって生成しつつある新しい権利について，2つの解釈方法から研究するという論理から内容編成がなされている。2つの解釈方法とは，憲法上に明文規定のある権利（厳格解釈）と憲法上に明文規定を欠く権利（柔軟解釈）の各々の解釈方法である。大単元13と14では厳格解釈による「法の適正過程」と「信教の自由」の新展開が，最終単元では「プライバシー権」といった憲法上に明文規定を欠く権利が柔軟解釈によって確立されつつある現状が研究されている。

　「自由の新展開」は，今現在，まさに自由が侵害されることによって再解釈されはじめた自由についての研究が促されている。不当な逮捕が人身の自由の重要性やそれを保護する法の適正過程の意義を自覚化するのであり，学校における黙祷の強制が，信教の自由を自覚化させるのである。これらのい

わば古典的な自由権の再認識を促すとともに，柔軟解釈によってプライバシー権などの新しい権利を生成される可能性を探り，一人ひとりの子どもがこれからの権利のあり方を検討することで，プロジェクト全体の学習を終えている。

以上のように『自由の基礎』は，合衆国史における歴史的事実を分析対象とし，権利に関するする社会的ジレンマを，「自由の基本原理」「自由を巡る問題」「自由の新展開」という3つの視点から研究していく構成となっている。プロジェクト全体は，個としての市民育成をめざした自由権の生成過程研究としての合衆国史学習となっているわけである。

(4) 研究対象となる人物からの整理

『自由の基礎』の全体計画を各単元で取り上げられる人物を中心に整理したものが表4-2である。表4-2を概観すると，①「個人の権利保障システム」を確立していくために活躍した人物，②多数決原理と少数者の権利保障という「社会的ジレンマ」の中で重要な役割を果たした人物，③「現代社会」における権利をめぐる論争の当事者，という大きく分けて3つのタイプの人物が取り上げられていることが分かる。

①「個人の権利保障システム」では，社会契約，抵抗権など個人の権利保障の思想的根拠を提示したJ.ロック（単元1），その思想を具体化する法システム作りを行ったT.ジェファーソン（単元3），G.メイソン（単元4），J.マディソン（単元5）などが取り上げられている。

②「社会的ジレンマ」では，奴隷制を擁護する判決を下したR.B.トーニー最高裁首席判事（単元6）や同じ時期に奴隷制即時廃止論者として活躍したアフリカ系アメリカ人F.ダグラス（単元6），冷戦初期に反共の社会的風潮を煽ったJ.R.マッカーシー（単元11）と，マッカーシズムに対して個人の信念を貫いたP.ロブソン（単元11）などが取り上げられる。また，抑圧を受けていた少数者のリーダー的存在であった人物として，信教の自由の獲得にお

表 4-2 『自由の基礎』における「人物研究」と関連する権利

単元名 (扱われる年代)	研究される人物	プロフィールの概要	権利・法概念
1 起源 (1215-1689)	ジョン・ロック	イギリスの政治思想家。彼の社会契約論や抵抗権などの思想が、アメリカ独立革命の理論的根拠となった。	社会契約 抵抗権
2 植民地での経験 (1607-1759)	ロジャー・ウィリアムズ	特定の宗教に対する迫害に対して、信教の自由を求めて、ロード島に自ら宗教的に寛容なコミュニティーを建設。	信教の自由 政教分離
3 アメリカの危機 (1763-1776)	トーマス・ジェファーソン	アメリカ独立宣言の起草者であり、第3代大統領。	生命・自由・財産の権利
4 時代の新秩序 (1781-1788)	ジョージ・メイソン	忘れられた起草者と呼ばれる、権利章典のもとになったバージニア権利宣言の起草者。	個人の権利保障、修正条項
5 権利章典 (1789-1833)	ジェームズ・マディソン	憲法および権利章典の起草者であり、第4代大統領。彼は、信教の自由を重視し、それを人間の最も基本的な権利であるとした。	信教の自由と宗教的寛容
6 南北戦争 (1850-1870)	ロジャー・ブルック・トーニー	南部出身の連邦最高裁主席判事。奴隷制度を積極的に擁護する判決を下し、奴隷制を巡る連邦議会との議論の余地を失くした。	奴隷制 平等保護
	フレデリック・ダグラス	アフリカ系アメリカ人の奴隷制即時廃止論の指導者。白人の廃止論者とともに、合衆国内の黒人の地位向上を図った。	奴隷制即時廃止論
7 変化するアメリカ (1865-1920)	独立した人物研究なし		女性参政権
8 戦争と反動 (1916-1920)	オリバー・ウエンデル・ホームズ Jr	連邦最高裁判所判事在任中に、多数派の保守的な意見に対して数多くの進歩的少数意見を書き、「偉大なる反対論者」と呼ばれた。	少数意見、言論の自由

		シャルロット・アニータ・ウィットニー	共産主義労働政党の女性メンバーで，経済的公正を確保する運動をし，カリフォルニア犯罪的サンディカリズム法に反対した。	赤化恐怖
9	大恐慌からの正常化 (1920-1937)	マーガレット・サンガー	ブルックリンに，最初の産児制限クリニックを開き，女性の支持を集める。違法な避妊ほう助の罪で投獄された経験を持つ。	プライバシーの権利
10	第2次世界大戦 (1939-1945)	ミノル・ヤスイ	日系アメリカ人弁護士であり，他の二世とともに，真珠湾攻撃後の日系人強制収容などの措置に反対し，法廷闘争を行った。	戒厳令 人種
11	冷たい戦争 (1945-1957)	ジョセフRマッカーシー	上院議員として冷戦初期に，政治や社会に批判的な人々を非アメリカ的な破壊分子として糾弾する風潮を煽った。	マッカーシズム
		ポール・ロブソン	アメリカで最初のアフリカ系の映画スターであり，ソ連寄りだとし非アメリカ活動委員会から攻撃されたが，闘い続けた。	ブラックリスト
12	自由の行進 (1950-1990)	サーグット・マーシャル	アフリカ系の最高裁判事として人種差別的措置の撤回のため活動し，「分離しかし平等」法理に挑戦した。	人種差別撤廃
13	デュープロセス・オヴ・ロー（現在）	クラレンス・アール・ギデオン	軽罪を犯す目的でビリヤード場に進入したとして起訴されたが，貧困のため弁護士を依頼できず，有罪となった。	弁護人の弁護を受ける権利
14	アメリカにおける信教の自由（現在）	ウイリアム・ゴビット リリアン・ゴビット	10歳と12歳の兄弟で，学校において国家への忠誠を示す宣誓を宗教的理由から拒否した。	信教の自由
15	生きている権利章典（現在）	ロバート・ボーク	法学者であり最高裁の判事候補であったが，憲法上明確に列挙されていない権利を認めず論議を呼んだ。	プライバシーの権利

Rhodehamel, J. H., Rohde, S.F., Blum, P.V., *Foundations of Freedom : a Living History of our Bill of Rights Teacher's Guide,* Consititutional Rights Foundation, 1991, p.327. 及び Rhodehamel, J.H., Rohde, S.F., Blum, P.V., *Foundations of Freedom : a Living History of our Bill of Rights,* Consititutional Rights Foundation, 1991, pp.6-107. を参照し筆者作成。

いて活躍したR. ウィリアムズ（単元2），共産主義労働政党の女性メンバーであったC. A. ウィットニー（単元8），スラム街に産児制限クリニックを初めて開き，女性の支持を集めたM. サンガー（単元9），真珠湾攻撃後の日系人への権利侵害に法廷闘争で挑んだ日系人弁護士M. ヤスイ（単元10）が研究される。そして，権利に関する社会的ジレンマに対して歴史的な判決を書いた判事として，「偉大なる反対論者」と呼ばれたO. W. ホームズJr（単元8）や人種別学を巡る裁判で活躍したアフリカ系アメリカ人判事であるT. マーシャル（単元12）が取り上げられている。

③「現代社会」では，刑事事件捜査及び裁判における法の適正過程に関する論争を巻き起こした軽犯罪被疑者，C. E. ギデオン（単元13），学校教育現場における信教の自由に関する裁判を行った，ゴビット兄弟（単元14），憲法の柔軟解釈によるプライバシー権の確立に反対し，最高裁判事になれなかったR. ボーク（単元15）が取り上げられている。

以上の分析から，明らかになった点をまとめてみよう。まず，『自由の基礎』において取り上げられる人物は，②の「権利に関する社会的ジレンマ」状況において歴史上重要な役割を果した人物が最も多いということである。特に，単元6「南北戦争」から単元12「自由の行進」までに9名と多くの人物が研究されている。そして，個人の権利保障システム確立に貢献した人物は，単元1「起源」から単元5「権利章典」に集中し，現代の権利論争に関わる人物は，やはり現在が研究対象となっている単元13「デュープロセス・オブ・ロー」から単元14「生きている権利章典」において取り上げられている。このように，『自由の基礎』は，年代順に，権利に関する社会的ジレンマ研究を学習の中心としながら，個人の権利保障システムの確立を研究する導入

部と社会的ジレンマ研究を行う展開部，現在の権利論争を研究する終結部の3つのパートが存在し，各パートに適合する人物学習が展開される。

(5) 研究対象となる判例からの整理

　表4-3は，『自由の基礎』において，小単元「判例と論争問題」で取り上げられる判例を整理したものである。まず，判例研究は単元7から開始されることが注目される。それ以前の単元においても，判例についての学習はなされるが，本格的な判例研究のための準備的なものと考えられる。

　では，単元7からはじめる判例研究で取り上げられる判例はどのような事件に関するものだろうか。判例を概観すると，すべての判例が社会の多数派（または政治・経済的権力者）の利益追求に対する少数派（または社会的弱者）の権利保護に関する社会的なジレンマ事件であることがわかる。単元7及び単元12では多数派の人種差別による利益追求に対して少数派の平等保護の追求を扱った事件が研究される。単元8〜10では，多数派が求める国家の安全保障に対して，少数派が表現の自由や人種差別撤回を求めた事件が研究されている。また，単元13から15では，現在，権利に関して議論されている3つの論点，つまり，犯罪捜査における法の適正過程の保障，公教育と信教の自由，憲法の柔軟解釈によるプライバシー権の確立が研究されている。

　いずれの判例も事件の背景に，多数派と少数派の衝突という社会的ジレンマが存在している。しかし，各判例が提示している法的な判断基準，原則はすべて異なっている点が特長的である。そして，そのような判例の選択基準となっているのは，実体的デュープロセス論，明白かつ現在の危険，差別に関する厳格審査基準など，現在も法的な議論において重要な役割を持つ概念を学習することにある。

表4-3 『自由の基礎』における判例研究とその内容分析

	単元名	研究対象となる「判例」とその概要	事例の背景にある社会的ジレンマ	判例が提示した基準
7	変化するアメリカ	・Yick Wo v. Hopkins (1886) 木造の建物でクリーニング業を営むことに許可制をとる市条例のもとで,中国系の人の申請だけが拒否された事例	人種差別 対 平等保護	平等保護条項
		・Lochner v. New York (1905) パン工場労働者の最高労働時間を定めた州法が,憲法の保障する経済的自由に違反するかが争われた事例	労働者の保護 対 経済活動の自由	実体的デュープロセス論
8	戦争と反動	・Schenk v. United States (1919) 連邦防諜法(1917)のもとで,反戦文書ビラを配布した者が,軍の活動を乱し,徴兵活動を妨害したとして起訴された事例	表現の自由 対 国家の安全保障	明白かつ現在の危険の基準
9	大恐慌からの正常化	・Gitlow v. NewYork (1925) 社会党左派が,共産主義革命を唱導する文書を配布し,政府転覆の唱導を禁止した州法違反により起訴された事例	表現の自由 対 国家の安全保障	修正条項の州への「組み込み」論
10	第2次世界大戦	・korematsu v. United States (1944) 真珠湾攻撃後に合衆国政府によって行われた,日系アメリカ人の強制移転,収容などの措置に対する合憲性を争った事例	人種差別 対 国家の安全保障	厳格審査基準
12	自由の行進	・Brown v. board of Education (1954) 南部のほぼ半数の州が法律により,公立学校の白人と黒人の別学制を定めており,その合憲性を争った事例	人種差別 対 平等保護	「分離しかし平等」論の否定
13	デュープロセス・オブ・ロー	・Mapp v. Ohio (1961) 家宅捜索における証拠品押収過程の適法性と,違法に押収された証拠品の証拠能力を争った事例	迅速な犯罪捜査 対 法の適正過程	排除法則

14	アメリカにおける信教の自由	・Wisconsin v.Yoder（1972）16歳までの義務教育を定めた州法に反し，宗教的理由によって子どもを通学させなかった親が州により訴えられた事例	信教の自由対義務教育	自由行使条項のバランシング基準
15	生きている権利章典	・Rust v. Sullivan（1991）家族計画に対する連邦の補助を，中絶を行う医院に与えてはならないとしている連邦法の行政規則の合憲性を争った事例	生命擁護対選択擁護	合理的根拠基準，プライバシー権
*単元1～6及び単元14は，独立した判例研究が行われない			

Rhodehamel, J.H., Rohde, S.F., Blum, P.V., *Foundations of Freedom:a Living History of our Bill of Rights Teacher's Guide,* Consitutitional Rights Foundation, 1991, pp.14-25. 及び Rhode hamel, J.H., Rohde, S.F., Blum, P.V., *Foundations of Freedom : a Living History of our Bill of Rights,* Consitutitional Rights Foundation, 1991, pp.58-108. を参照し筆者作成。

4　方法論的個人主義──単元構成原理──

(1) 3つの小単元の統合による単元構成
──統合の論理としての方法論的個人主義──

　では，上述した人物学習や判例学習が組み合わさる『自由の基礎』における各大単元は，どのような論理から構成されるのだろうか。本プロジェクトの特長が最も表れている，大単元10「第2次世界大戦」を事例にその論理を考察していこう。教師用指導書及び教科書の記述から大単元10の単元構成を分析したものを表4-4に示した。

　大単元は，①ジレンマを抱える社会の論理を解明する小単元「説話」，②法的な紛争解決とそれに付随して違憲立法審査を行う司法の論理を解明する小単元「判例」，③権利侵害に対抗し，法的行動を行った個人の論理を解明する小単元「人物」，という3つの性格の異なる小単元から構成される。

　では，なぜ3つの小単元が統合して大単元となるのであろうか。3つの対象が選択される理由は，アメリカの歴史において，社会的ジレンマを裁判により解決しようとした個人が存在したからであり，司法過程を通じて自由侵

表 4-4　権利に関する「社会」「司法」「個人」の論理解明をめざす単元構成
　　　　――大単元 10「第 2 次世界大戦」の場合――

小単元の性格	小単元名	研究対象	研究課題	研究の目標（解明する論理）	
説話 権利侵害の社会的状況研究	小単元 1 第 2 次世界大戦	○日系人の強制収容 ○ハワイの戒厳令 ○メキシコ系アメリカ人への暴行	・なぜ，日系人だけが抑留されたのか？ ・戒厳令は合憲か？ ・なぜ，戦時下のヒステリー的な世論は，特定の人種への攻撃となるのか？	戦時ヒステリー状況における国家による少数集団への権利侵害のメカニズム解明	社会の論理
		○学校責任者の決定	・ギャングの活動を制限するために，学校内での個人の行動を規制することは許されるか？	同様のメカニズムを持つ現在の権利に関する社会的ジレンマ研究	
裁判 権利に関する裁判事件研究	小単元 2 Korematsu v. United States. 1944	○日系人強制収容への最高裁の判決 ○最高裁判決の政治性	・強制収容に関する，最高裁判決の中にある「最優先される国家利益」とは何か？ ・最高裁判決は，政治的・軍事的圧力から独立しているか？	裁判論点（「国家安全保障」対「個人の権利」）の把握判決への人種差別的圧力の研究	司法の論理
人物 個人が提起した権利上の論点研究	小単元 3 ミノル・ヤスイ	○夜間外出禁止令の違憲性 ○禁止対象（人種，性別，年齢）の正当性	・夜間外出禁止令は，憲法で保障された個人の権利を侵すか？ ・夜間外出禁止令が正当化される状況，対象（国籍・年齢・性別）はあるか？	個人（ミノル・ヤスイ）が提起した権利上の論点を吟味	個人の論理
		○日系人の提訴状	・日系人の強制収容は，正当化されるか？	ロール・プレイによる国家的権利侵害の論点把握と評価	

Rhodehamel, J.H., Rohde, S.F., Blum, P.V., *Foundations of Freedom:a Living History of our Bill of Rights,* Consitutitional Rights Foundation, 1991, pp.76-81. 及び Rhodehamel, J.H., Rohde, S.F., Blum, P.V., *Foundations of Freedom : a Living History of our Bill of Rights Teacher's Guide,* Consitutional Rights Foundation, 1991, p.17. を参照して筆者作成。なお表中のゴシック体は筆者による分析を記入。

害に対抗した個人の行動が自由権を生成させてきたためである。

そして，3つの小単元が統合されるのは，方法論的個人主義[10]という社会科学の方法の論理からである。ここで言う方法論的個人主義とは，国家や社会の基準点を個人に置き，非合理的な情熱や利己心を含む，観察可能な個人の行動や信念を分析の基本に置く社会科学の方法論である。『自由の基礎』の大単元は，方法論的個人主義の視点から，権利に関する社会的ジレンマを解決しようとした過程を，社会，司法，個人の論理から研究するという論理によって構成される。では，3つの小単元の構成を分析し，検証していこう。

(2) 社会・司法・個人の論理解明による「権利に関する社会的ジレンマ」研究

①ジレンマを抱える社会の論理を解明する小単元「説話」

小単元「説話」は，すべての大単元のはじめに設定され，教科書の記述も最も多い中心的な単元である。ここでは，"社会"を研究対象として，権利侵害の実態を分析し，その背景にある社会的ジレンマを把握することをめざし，単元が構成される。

例えば，小単元1「第2次世界大戦（説話）」では，真珠湾攻撃後にアメリカにおいて起こった日系人への強制収容を主な分析対象とし，戦時ヒステリー状況における国家による少数集団への権利侵害の実態解明がめざされている。ここでは，"個人の尊厳"を重視するアメリカ自由民主主義の理念に反して，現実には，個人の能力と全く関係のない人種による差別が根強く存在しており，社会的ジレンマとなっていることが把握される。さらに，戦時下のような社会的ヒステリー状況では，人々が抱く猜疑心や差別心といった

不合理な情熱が，多数決原理と結びつくことで"数の暴力"へと変質し，少数者の権利や個人の自由を侵害してしまうというメカニズムも研究される。

このように小単元「説話」の学習は，"個人の自由"の重要性を認識していくために，権利侵害を起こす"社会の論理"を人々が抱く感情面も含め，対象化し研究している。方法論的個人主義の論理から社会が研究されているわけである。

(3) 紛争解決・司法審査を行う司法の論理を解明する小単元「判例」

小単元「判例」では，法的紛争に発展した社会的ジレンマを解決しようとする"司法の論理"の解明がめざされる。研究対象となるのは違憲性が争われた裁判の判例である。

例えば，小単元2では，日系人の強制移転に関する判例である Korematsu v. United States が研究対象となっている。学習はまず，コレマツの強制移転を合憲とした判決理由である「優先される国家利益」の内容が分析される。続いて，最高裁判決と政治的・軍事的圧力との関係が研究される。そしてマーフィー判事による「判決全体にわたりステレオタイプの人種差別に基づく政治的かつ軍事的な圧力がかかっている」といった判決への反対意見が吟味され，それらの意見が戦後の日系人による名誉回復運動の理論的根拠となったことが把握されている。

小単元「判例」は，判例の細かい分析を行っているわけではない。分析対象となるのは，政治色の強い判決理由であり，政治的・軍事的な圧力を受ける裁判官の行動である。そして，それに対抗した裁判官による判決の少数意見が分析されている。小単元「判例」は，裁判官といえども，政治的な圧力に屈する場合があるといった，司法の持つ不合理な側面も分析対象とし，方法論的個人主義の視点から司法の実態解明を行うものとなっている。

(4) 権利侵害に対抗し，法的行動をとった個人の論理を解明する小単元「人物」

小単元「人物」では，権利侵害に対抗した個人の行動とその人物が提起した法的問題を研究し，自己が有する権利の意義・使用法を把握することがめざされている。

小単元3では，ミノル・ヤスイの行動と彼が提起した法的問題が研究される。ヤスイは日系二世の弁護士であり，合衆国政府による日系人への夜間外出禁止令の違憲性を争うために，禁止令発動中に自ら夜間外出を行い，そのまま警察に自首し逮捕された人物である。彼の行動が研究対象とされるのは，裁判において真っ向から法的論争を行った人物であり，政府による権利侵害に対抗する市民の行動のモデルケースとなること。また，彼が提起した「夜間外出禁止令」の違憲性の問題は，現在においても議論が続く社会的ジレンマだからである。

単元構成は，「夜間外出禁止令」の違憲性を分析し，その論点をロール・プレイで使用するという構成になっており，子ども自身が法的議論に参加できることをめざしたものになっている。

ここでの学習は，個人の自由はいかにして侵害されるのか，また，一個人が権利を守るために，どのような公的異議申し立て行動が選択できるかを研究している。権利保障に関する"個人"の論理解明がめざされているわけである。

以上のように，3つの小単元は，方法論的個人主義の視点から「社会」「司法」「個人」の論理を解明していけるよう単元構成がなされている。社会に侵されない自由の重要性を認識した個としての市民育成をめざしたものになっている。

5　自由権の生成過程——教授・学習過程の組織化——

(1) 自由権の生成過程

　では，小単元レベルの授業はどのような論理から組織化されるのであろうか。小単元1「第2次世界大戦」の教授・学習活動を教師用指導書及び，教科書にできるだけ忠実に再現したものを資料4-1に提示した。

　小単元1「第2次世界大戦」の授業は，戦時ヒステリー状況における権利侵害の実態を「人種差別」と「戒厳令」を事例に解明し，最終的に子どもの身近な学校生活に同じ構造を持つ権利侵害が起こったことを想定し，自由のあり方を吟味していく構成となっている。

　資料4-1から授業構成を概観すると，導入「日系人強制収容」では，「なぜ，強制収容が行われたのか？」「なぜ，日系人だけが対象となったのか？」といった視点から，戦時下のヒステリー状況が少数者への権利侵害を引き起こしていった実態が解明されていく。展開1では，真珠湾攻撃後に，ハワイ州全土に発令された戒厳令の実態と合憲性が吟味されている。ここでは，国家の安全保障を目的に発令される戒厳令は，個人の自由を侵害していく側面があることが把握される。

　展開2では，日系人の強制収容と同様の問題構造を持つ事例として，第2次世界大戦中にロサンゼルスで起こったメキシコ系移民に対する弾圧事件が取り上げられる。ここでは，国家の安全保障と少数者の権利保障が，戦時下のような社会的な危機状況においては侵害されやすいことが一般化されている。

　終結部では，学校の安全管理と個人の表現の自由がぶつかり合う架空状況が提示され，"公共の安全"と"個人の自由"がジレンマ状況となる中で，自由をどのような原則のもとに保障するべきか子ども自身が判断を下す学習が行われる。ここでの学習は，子ども一人ひとりが社会的現実の中で自由権を確立させていく過程となっている。

以上のような授業は，子どもに，歴史的事実から権利侵害の実態を研究することで，個人の自由が法により保障される意義を自覚させている。そして，社会的ジレンマ状況の中でどうやって個人の自由を確立すべきかを判断し，子どもたちが自由権を作っていく過程となっている。授業は自由権の生成過程として組織化されているわけである。

(2) 権利侵害の追体験

授業は，自由権の生成過程として組織化されるが，学習の中心となるのは，自由権が生まれる前提としての権利侵害の実態を追体験することである。では，どのような状況が追体験されるのだろうか。展開1「日系人の強制収容」を教科書の記述から分析し整理したものを表4-5に示した。

「日系人の強制収容」の研究は，権利侵害を引き起こす多数派を社会における多数派である"大衆"と，政治権力側の多数派である"政府"の2つの異なる立場から分けて分析している。日系人への権利侵害の背景には，"大衆"に一世紀にわたる差別感情や奇襲による一時的な不安感が存在していた。同様に"政府"も差別を助長する移民立法を行ってきたり，奇襲の不安を取り除く行政命令を出したりしたことが研究される。

また，権利侵害を引き起す動機についても，国家安全の確保といった合理的な"利益"追求と，戦時ヒステリーや差別感情といった非合理的な"情熱"

表4-5 日系人への強制収容の要因

A 大衆による利益追求 ・日系人によるスパイ活動・破壊活動の防止 ・収容される日系人の財産の買いたたき	B 政府の利益追求 ・戦争への国家総動員体制作り ・円滑な軍事活動への環境整備
C 大衆の情熱 ・一世紀にわたる反日系人感情（持続的情熱） ・真珠湾奇襲による戦時パニック（一時的情熱）	D 政府の情熱 ・真珠湾奇襲への報復心

Rhodehamel, J.H., Rohde, S.F., Blum, P.V., *Foundations of Freedom : a Living History of our Bill of Rights,* Constitutionnal Rights Foundation, 1991, pp.76-84. を参照し筆者作成。

の2つの動機を区別している。この多数派の区別と動機の区別を組み合わせると，研究内容は表4-5のようになる。合衆国史上，最も大規模な少数者の権利侵害と言われる日系人の強制収容は，A大衆による利益追求，B政府の利益追求，C大衆の情熱，D政府の情熱のすべてが融合して起こったケースであることが分かる。この授業では，大衆と政府が利益と情熱で一致した場合の少数派への強力な権利侵害を追体験するわけである。

以上のように授業は，アメリカの歴史において繰り返された多数派（大衆と政府）による権利侵害を追体験し，過去に実際に起こった権利侵害の実態を明らかにして，それを分析枠組みとして，未来や実生活で実際に起こり得る権利侵害に対して子ども自身が自由を確立していくよう組織されている。

6 歴史学習としての市民性育成の論理――憲法の歴史の分析――

これまでの分析から，『自由の基礎』の意義を述べると以下のようになる。

第1に，憲法の歴史を分析対象として子どもたちに自由権の生成過程を研究させていくことにより，権利は所与のものではなく，各個人の自由獲得への行動が，権利を生んできたことを認識させている(権利主体としての市民育成)。

第2に，憲法上の権利に関する社会的ジレンマを研究対象とすることで，個々人が作り出している国家や社会には，個人が有する非合理性と同様の非合理性が潜み，時には，個人や少数者への強力な権利侵害を引き起こしてしまうことを認識させている(方法論的個人主義に基づく醒めた社会認識力の育成)。

第3に，国家や社会の権利侵害に対して，主権者である市民が憲法に基づいて選択し得る法的行動を学ばせている(公的異議申し立てができる市民の育成)。

第4に，憲法上の自由を中心とする「個人の尊厳」を守っていくためには，各個人が，積極的に国家や社会のあり方を検討し，意思決定過程に参加していかなければならないことを認識させている(社会参加の意義を「個人の尊厳」を守る立場から逆説的に認識している市民の育成)。

『自由の諸基礎』は，「個としての市民」の育成をめざし，憲法上の自由権

を基軸として法学・政治学・歴史学の学問成果を再組織化することで社会科のカリキュラム編成を行っていた。そして，自由権を巡る社会的ジレンマを研究対象とし，個人の尊厳や自由のあり方を国家・社会との関係から研究する授業構成論を提示していた。これらは，社会科固有の憲法規範を基盤とした子どもの市民性育成の論理を提示するものとなっており，一教科教育としての社会科における立憲主義公民学習のあり方を示唆している。

資料 4-1 社会的ジレンマ研究「個人の権利」対「国家の安全保障」
——大単元 10「第 2 次世界大戦」の教授・学習過程——

	過程	教師の発問・指示	教授・学習過程	子どもから引き出したい知識
パート1 社会状況の研究—政府と大衆による権利侵害のメカニズム解明—	導入 日系人の強制収容	小単元 1　説話「第 2 次世界大戦」		
		・軍部が日系アメリカ人の強制収容を行った理由は何ですか？	T：発問する P：議論する	真珠湾攻撃以来，世論は日本がアメリカ本土，特に西海岸に侵攻するのではないかという恐怖心に満ちていた。やがて，その恐怖心は日系アメリカ人や在留日本人に対する攻撃へと変化していった。そのような中軍部は，日系人にはアメリカの安全保障を侵す，スパイ行為や破壊活動を行う危険があるとして，強制収容を行った。
		・なぜ，日系アメリカ人はターゲットとなったのに，ドイツ系アメリカ人はターゲットにならなかったのですか？	T：発問する P：議論する	真珠湾攻撃に遡る一世紀の間に，アメリカには，アジア系移民を排除しようとする感情や，人種差別的な法制定・法的決定が存在していたから。
	展開1 ハワイの戒厳令	・ハワイにおける戒厳令は合憲ですか？	T：発問する P：議論する	ハワイ地域の戒厳令は，真珠湾攻撃の数時間後に発令され，1941～1944 年の間，ハワイの人口のすべてである 46 万 5 千人の憲法上の諸権利を停止した。裁判所は閉鎖され，すべての政治的・行政的権力は軍部に置かれた。軍部は指紋を強制的に採取する法令や夜間外出禁止令，夜間の灯火管制，報道・手紙・広告などへの厳しい検閲を行った。アメリカ

			への忠誠心がないと見なされた者（多くは日系人）が検挙され，軍事法廷によって裁かれた。捜査や証拠品押収，告訴には「令状」もなく，ホノルルにおける裁判は5分程度で99%が有罪となった。合衆国連邦最高裁判所は1946年の2月に，厳戒令下の軍事法廷による判決は違憲であるとの判断を下した。
展開2 メキシコ系アメリカ人への暴行	・なぜ，ロサンゼルスでメキシコ系移民への反発が起こったのですか？	T：発問する P：議論する	戦時下の不安やヒステリーは，アメリカにおける長い間の人種間の緊張をより高めた。1942年にロサンゼルスでは，報道機関がメキシコ系アメリカ人の犯罪の恐怖とともに，メキシコ系の若い男性が好んで着用するズート・スーツに焦点を当てた。市議会はズート・スーツの着用を禁止し，警察はメキシコ人街を歩き回った。
	・戦時下において，人々が寛容性を失くしていくとどのような出来事が起こりますか？	T：発問する P：議論する	戦時のヒステリーが特定の人種への攻撃に変化する場合がある。例えば，ロサンゼスルス郊外で起こった殺人事件では22名のメキシコ系アメリカ人が誤認逮捕され，重い刑事罰を受けた（幸運にも後に誤審であったと認められた）。また，若いメキシコ系アメリカ人が着用しているズート・スーツをアメリカへの不忠の証であるとして，街で兵士や水兵がズート・スーツを剥ぎとる事件が多発した。しかし，警察も軍事警察もその騒ぎを止めなかった。そして，多くのメキシコ系アメリカ人が言われのない罪で検挙された。また，マスコミも反メキシコ系のヒステリー状態を煽る報道を行い，暴動にまで発展した。
終結 学校の決定 現代的論点への	・次のような状況を想像しなさい。	T：説明する P：想像する	ベンソン高校の近隣は，ギャングが関係した暴力事件に悩まされ続けていた。2つのギャング集団の構成員が，それぞれ自分たちの色の服を着て，ハンドサインを交換し，学校に侵入しては，ケンカをし中傷し合っていた。学校責任者は，次のような策を提案した。「今現在から，校内において特定の色を着用し，ハンドサインを交換することを一切禁止することとする。」
	・小グループに分かれて，教育委員会の役割につ	T：指示する P：答える	・様々な答え

第4章　規範分析型公民学習　203

	応用	いて考えなさい。		
		・各グループで先程の決定を採用するか否かを決めなさい。また，その決定についてレポートを書きなさい。	T：指示する P：議論する P：レポートを書く	様々な答え
パート2　裁判の研究─権利侵害に対する司法の論理の解明	小単元2「コレマツ事件」			
	導入 事件の概要	・教科書p.80でコレマツ事件の概要を確認しなさい。	T：発問する P：答える	（事件の背景）1942年に，約11万人の日系アメリカ人が，大統領による行政命令9066により強制収容された。これは，合衆国憲法史上，最も暗い出来事であった。日系人は，軍により指定された地域において居住し①夜8時から翌朝6時まで外出禁止，②その地域から退去できるのは軍部の命令があったとき，③収容所から移転できるのは，合衆国に対する忠誠心が認められた場合に限る，と命令された。この命令を不服として日系人コレマツは合衆国を提訴し，1944年12月に最高裁の判決が下った。
	展開 判決	・裁判によると，コレマツの権利を否定するときに，最優先される国家の利益とは何ですか？	T：発問する P：答える	軍部による「国家の安全保障」。真珠湾攻撃以来，アメリカ本土における防衛に不安があり，大衆の間に日系人にはスパイや帝国陸軍のために食料を秘蔵している者がいるなどの悪意に満ちた噂もあったため，それらの不安を解消する公の必要があった。
	終結 判決の政治性	・最高裁判所は，政治的動きを超えたものですか？それは，政治的圧力や社会体質を反映していますか？あなたの考えを答えなさい。	T：発問する P：答える	・様々な答え（参考記述1コレマツ事件を担当した判事の少数意見「フランク・マーフィー判事：判決全体に渡り，ステレオタイプの人種差別に基づく，軍部の強力な圧力がかかっている。」「ロバート・ジャクソン判事・オウエン・ロバート判事：収容は権利章典における人身保護規定及び法の適正過程の保障に違反しており，違憲である。」参考記述2「コレマツ事件以降長い年月の後，政治学者で弁護士であるピーター・アーロンは，政府が強制収容の軍事的必要性について裁判所が判断することを故意に邪魔した証拠を発表した。その証拠

				に基づき，コレマツ事件を含め3つの日系人裁判の再審が行われ，合衆国議会は収容に対する賠償金を支払うこととなった。」
パート3 人物研究―個人の思想・行動が提起した権利上の論点研究	小単元3 人物研究「ミノル・ヤスイ」			
	導入確認	・教科書p78でミノル・ヤスイのプロフィールを確認しなさい。	T：発問する P：確認する	日系二世の弁護士であり，日系人への一連の強制措置の違憲性を法廷で争うために，夜間外出禁止令中に外出しそのまま警察に自首し逮捕された人物。
	展開1 夜間外出禁止令の違憲性吟味	・夜間外出禁止令の目的は何ですか？	T：発問する P：議論する	日系人が，スパイ活動や破壊活動を行う可能性があり，国家の安全保障に対する現実の差し迫った危険を排除するため。
		・夜間外出禁止令は，個人の権利を侵しますか？	T：発問する P：答える	修正1条の「集会の自由」，修正5条の「大陪審の保障，法の適正過程」，修正6条の「陪審審理の保障その他の刑事手続き上の人権」，修正14条の「法の適正過程，法の下の平等」などの諸権利を侵している。
		・平時はどうですか？	T：発問する P：答える	憲法が保障する個人の諸権利を侵す。
		・戦時や国家的緊急時はどうですか？	T：発問する P：答える	個人の権利を侵害するが，やむにやまれぬ強い公の必要性がある場合もある。
		・最優先される国家の利益とは何ですか？	T：発問する P：答える	国家の安全保障
	展開2 禁止対象別の正当性吟味	・国籍を理由とした夜間外出禁止令は，公正といえますか？	T：発問する P：議論する	日系人に対する強制収容所における夜間外出禁止令に関しては，1944年の最高裁判決において，差し迫った現実の危険を理由に，人種差別の疑いを除去しないまま合憲とした。しかし，1988年の連邦議会による再調査では，公正でなかったと判断された。
		・性別を理由とするのはどうですか？	T：発問する P：答える	・様々な答え
		・年齢を理由とするのはどうですか？	T：発問する P：答える	・様々な答え
		・このことは，修正14条（平等保	T：発問する P：答える	・様々な答え

	護条項）違反になりますか？		
展開3 応用	・より最近の例で，国家的危機の時期において，民族的背景によって引き起こされる問題を選びなさい。	T：指示する P：答える	・様々な答え
展開4 ロール・プレイによる強制収容の論点把握	・5～6人のグループを作りなさい。3人の子どもは，控訴裁判所の裁判官役を演じ，残りの子どもは，私設法律事務所の弁護士になってください。	T：指示する P：役割を決める	5～6人のグループに分かれ，グループの中で控訴裁判所の裁判官役と私設法律事務所の弁護士役に分かれる。
	・1942年の3月だと想像してください。法律事務所の代表者である弁護士が提訴状を書き，日系アメリカ人の強制収容の中止を主張しています。 ・弁護士役の説明 ・裁判官役の説明	T：説明する P：想像する	（弁護士役―弁護士役の子どもは，「提訴状」の重要性について議論し，重要な論点を列挙する。この課題を達成するために，教科書の現在学習している章や権利章典を参照する。この議論は2分以内で行う。） （裁判官役―裁判官役の子どもは，弁護士役の子どもが議論している間に，弁護士への質問を考える。裁判官役は事件を両サイド（国家側と個人側）からみるようにし，教科書の現在の章や権利の章典を参照する。質問は重要なものから書き残しておく。）
	・弁護士役と裁判官役に分かれ，ロール・プレイを行いなさい。	T：指示する P：ロール・プレイ	・（ロール・プレイを開始する。まず弁護士役が陳述を述べ，その後，裁判官役が質問を行う。）
終結 論点の評価	・ロール・プレイが終了したら，裁判官としていかなる判決を下しますか。	T：指示する P：投票する	・（判決および理由に投票し，クラスでの順序付けを行う。）
	・議論を聞いた後	T：発問する	・様々な答え

| | | に，裁判官役の子どもはこの問題についての気持ちは変わりましたか？ | P：答える | |
| | | ・弁護士役の子どもは，公正な公聴会ができたと思いますか？ | T：発問する
P：答える | ・様々な答え |

Rhodehamel, J.H., Rohde, S.F., Blum, P.V., *Foundations of Freedom : a Living History of our Bill of Rights*, Consititutional Rights Foundation, 1991, pp.76-81 及び Rhodehamel, J.H., Rohde, S.F., Blum, P.V., *Foundations of Freedom : a Living History of our Bill of Rights Teacher's Guide*, Consititutional Rights Foundation, 1991, p.17. を参照して筆者作成。

注
1) 勝田守一「社会科教育における科学性の問題」『勝田守一著作集　第1巻　戦後教育と社会科』国土社 1972，p.151.
2) この点に関しては，森分孝治「市民的資質育成における社会科教育」『社会系教科教育学研究　第13号』社会系教科教育学会 2001，pp.43-50. を参照されたい。
3) 例えば，公民教育センター（Center for Civic Education），クローズアップ財団（Close up Foundation），憲法上の諸権利財団（Constitutional Rights foundation）などの団体が非営利・無党派を掲げ，市民的資質教育の研究を行っている。
4) この点に関しては，森分孝治「21世紀の教科教育学の展望」『教科教育学研究　第16号』広島大学教科教育学会 2001，pp.29-34. を参照されたい。
5) 自由主義（リベラリズム）思想も，平等をパートスとするロールズ，ドゥウォーキンらの共同体主義的な流れや，自由をパートスとするノージック，ハイエクらの個人主義的な流れなど多様な立場が存在するが，本稿では，ロック流の古典的自由主義をリベラリズムとする。
6) この点に関して，ハイエクは「自由主義とは法がどのようなものであるべきかに関する教義であり，民主主義とは何が法になるかを決定する方法に関する教義である。」と述べている。詳しくは，ハイエク著　気賀健三・古賀勝次郎訳『自由の条件』ハイエク全集 第5・6・7巻 春秋社 1987 第5巻 p. 151. を参照されたい。
7) 後者の民主主義に教育的意義を見出したプロジェクトに公民教育センター（Center for Civic Education）が開発した『民主主義の基礎（Foundations of Democracy）

シリーズ』がある。『民主主義の基礎』については，橋本康弘「市民的資質を育成するための法カリキュラム―『自由社会における法』プロジェクトの場合」『社会科研究』第 48 号 全国社会科教育学会　1998 を参照されたい。
8）Rhodehamel, J.H., Rohde, S.F., Blum, P.V., *Foundations of Freedom : a Living History of our Bill of Rights,* Consititutional Rights Foundation1991. p.6.
9）Ibid., p.8.
10）方法論的個人主義については，阪本昌成『憲法理論Ⅱ』成文堂 1993，pp.16-18. を参照されたい。

「第4章　規範分析型公民学習」の小括

　第4章では，規範分析型公民学習について論じた。規範分析型は，憲法規範が社会に及ぼしてきた影響を歴史事象の分析によって明らかにするとともに，その功罪を子どもたちが冷静に評価していく。このような規範分析学習は，政治的社会化と政治的個性化を橋渡しするものであり，中等前期以降に展開される。憲法規範は，その効力が及ぶ範囲内に生活する市民（内的視点）から見れば"規範"である。しかし，憲法規範は，その効力の外（外的視点）から，つまり憲法を有する社会を対象化して見れば，ある規範が社会に影響を及ぼしている"事実"となる。規範分析型は，事実としての規範分析を本格的に子どもたちに促す学習を志向する。

　規範分析型は，憲法の歴史を分析対象として，子どもたちに自由権の生成過程を研究させていくことにより，権利は所与のものではなく，各個人の自由獲得への行動が，権利を生んできたことを認識させる。そして憲法上の権利に関する社会的ジレンマを研究対象とすることで，多数決を原理とする民主主義社会には個人や少数者への強力な権利侵害を引き起こす可能性があることを認識させる。さらに，憲法上の自由を中心とする「個人の尊厳」を守っていくためには，各個人が，積極的に国家や社会のあり方を検討し，意思決定過程に参加していかなければならないことを認識させている。

　規範分析型は，「個としての市民」の育成をめざし，憲法上の自由権を基軸として法学・政治学・歴史学の学問成果を再組織化する立憲主義公民学習の内容編成論を提示している。そして，自由権を巡る社会的ジレンマを研究対象とし，個人の尊厳や自由のあり方を国家・社会との関係から研究する授業構成論を提示している。ここでは，憲法規範の社会的価値を理解しつつ，その不具合や問題点を検証し，子どもなりに評価していく学習がセットで展開されている。規範分析型は，教科教育である社会科において政治的社会化と政治的個性化を橋渡しする論理を明らかにしている。

第5章　規範活用型公民学習
——社会問題解決における憲法規範の活用——

第1節　社会問題解決における憲法規範の活用

　第5章では，規範活用型の公民学習について論じる。規範活用型は，「社会問題解決における憲法規範の活用」をめざす市民性育成プロジェクトであり，法認識論や自然法思想を背景にした憲法条文活用学習が中心となる。

　規範活用型は，子どもたちが各憲法条文の成立過程や条文解釈の歴史的変遷を判例から学んだ上で，論争やジレンマ状況を含む社会問題の解決に，憲法条文とその背景にある憲法規範を活用していく学習を展開する。子どもたちは，憲法条文や規範の来歴を研究した上で，具体的な問題状況にそれを適用できることが目標となる。

　アメリカ合衆国における規範活用型公民学習は，子どもたちが憲法学の学問成果や連邦最高裁判所が提示してきた判例解釈を十分に学んだ後に，公的な論争問題に憲法条文の活用を行う"憲法学的アプローチ"と，憲法規範を子どもたちの日常生活における道徳規範レベルに還元した後に日常生活の問題に規範の活用を行う"自然法的アプローチ"の2つの動きが存在する。

　"憲法学的アプローチ"については，憲法条文の成立史や判例の解釈史といった子どもにとって難解で日常生活から距離のある学習テーマを，いかにして子どもたちが主体的に学ぶものに転換していくかが課題となる。そして，子どもたちが憲法条文を社会問題の解決に活用できるようにする事例学習も必要となる。また，すべての子どもたちが法律の専門家となるわけではない。あくまで，子どもたちが主権者である市民として憲法について語り，憲法条

文を社会問題の解決に活用できるように，クラスでの法的議論を展開していくことが課題となる。本章第2節ではまず，憲法条文を活用した「公的論争問題学習」として憲法学者のL.R. モンクがクローズアップ財団とともに開発した『権利章典：使用者のためのガイド』を分析する。ここでは，憲法条文を活用する前提として，憲法学の成果を十分に踏まえた憲法条文の成立史や判例の解釈学習を展開するための全体計画レベルの内容編成の論理を明らかにする。続く第3節では，同じく『権利章典：使用者のためのガイド』の単元レベルの教授・学習過程の論理を明らかにする。ここでは，法理学者のハートの所論を視点に分析を進める。ハートは，憲法条文を道徳的に優れていると捉えるのではなく，ある社会状況の中で自生的に形成された1次ルール（規範）が，ある権威を背景とした2次ルール（承認のルール）によって社会的に認知されたものと実証的に捉える。つまり，道徳規範と憲法規範の二元論を唱え，憲法規範の相対性を主張する。このようなハートの法認識論に影響を受けた『権利章典：使用者のためのガイド』の教授・学習過程の論理を明らかにすることで，開かれた法認識に基づく憲法条文活用学習の在り方を追求していく。

"自然法的アプローチ"については，国家と市民の関係を規定している公法である憲法から，いかにして子どもの日常生活で活用できる規範を抽出し，学習を展開していくかが課題となる。この問題については，既に規範理解型におけるキャラクター・エデュケーションの分析において明らかにしてきた。しかし，そこでは，低学年における"立憲主義道徳学習"の論理を解明したに過ぎない。中等以降の憲法条文を中心とする専門的な憲法学習を踏まえて，法的なアプローチと道徳的なアプローチを融合していく論理は解明できていない。そこで，憲法条文を自然法として実定化した規範と捉え日常生活問題の解決に活用する公民学習の典型例として，同じくL.R. モンクがクローズアップ財団とともに開発した『修正1条：寛容社会への青写真』を取り上げる。ここでは特に，単元レベルの教授・学習過程に注目し，憲法学的アプロー

チと異なる自然法的アプローチとしての憲法規範活用学習の論理を明らかにしていく。

　以上のように第5章では，規範活用型公民学習の全体計画レベルの内容編成論と憲法学習的アプローチ，自然法的アプローチ，それぞれの単元レベルの教授・学習過程論を分析していく。規範活用型公民学習は，政治学習や歴史学習の基礎を学び終えた中等後期の子どもを主な対象とし，憲法規範という一定のルールの中で，各々の子どもたちが自己の価値観に基づく社会問題の解決をめざす学習が展開される。中等後期における公民科の一科目として近年独立して扱われはじめた，公民科「権利章典」の論理を分析することで，政治的個性化をめざす市民性教育の論理を明らかにしていく。

第2節　憲法条文を活用した市民性育成の内容編成
――L.R.モンク『権利章典：使用者のためのガイド』の場合――

1　憲法条文の活用をめざす立憲主義公民学習

　本節の目的は，アメリカ合衆国における憲法上の基本的人権に関する代表的な教育プロジェクト（教科書，学習資料，教師用指導書などのセットで構成される具体的な教育計画）を分析し，憲法条文を活用できる市民育成の論理を明らかにすることにある。

　わが国では，数年来，憲法改正に関する論議が活発に行われている。このような状況の中で，学校教育，とりわけ社会科教育は，子どもたちが憲法上の基本的人権の規定を理解し，活用できる市民となるために，重要な役割を担っていると考えられる。

　しかし，現行の社会科における公民学習は，立憲民主主義に基づく憲法の役割を子どもたちに十分に認識させておらず，憲法上の基本的人権に関する誤解や混乱を生じさせているとの指摘がある[1]。例えば，「憲法に規定され

ている"基本的人権の尊重の義務"は誰にあるのか？」という問いに，大学生でも"国民"と答える場合が多い。憲法は，政府（立法・司法・行政機関及び公務員）が国民の権利を侵害しないこと約束したものであり，基本的人権の尊重の義務が原則として"政府"にあること[2)][3)]を多くの子どもが理解していない。また，憲法上の基本的人権の規定が個人と個人の関係（私人間）にも直接適用されると考えている子どもも多いが，これも通説[4)]から外れた理解である。これらの誤解や混乱は，学校教育における憲法学習が，十分に機能していないことの証左である。

このような問題に対して，アメリカにおける立憲主義公民学習は，憲法がなぜ生まれたのか，その起源や歴史を子どもたちが十分に研究し，憲法上の基本的人権について積極的に議論する授業を展開している点で示唆に富む。また，周知の通り，日本国憲法の草案は，GHQ民政局のメンバーであるアメリカ人によって執筆され，基本的人権の規定，特に自由権や刑事手続きに関する条文は，アメリカ合衆国憲法を起源としている[5)][6)]。この点からも，アメリカにおける基本的人権学習の論理を明らかにすることは，意義深いと考えられる。

そこで本節では，アメリカで開発された代表的な憲法上の基本的人権に関する教育プロジェクトである『権利章典ガイド』[7)][8)]を取り上げ，全体計画と単元構成を分析することを通して，上記の問題を解決していく示唆を得ていきたい。なお，本節では，先行研究[9)][10)]や別稿[11)][12)]において十分に考察されていない"立憲民主主義に基づく基本的人権の保障の意義"に関する学習に焦点をしぼり，分析を進めたい。

2 アメリカにおける基本的人権保障の特長

アメリカにおいて，基本的人権の保障をめぐり最も重要な役割を果たしているのは，合衆国憲法である。とりわけ，1791年に成立した合衆国憲法修正1条〜修正10条は"権利章典"（The Bill of Rights）と呼ばれ，アメリカ市

民の自由の象徴として200年以上も生き続けている文書となっている。

　権利章典によって保障されている基本的人権は，専ら自由権であり，生存権や労働権といった社会権は含まれていない。権利章典の構成は，修正1条において「政教分離と信教の自由」，「言論・出版の自由」，「集会の自由」，「請願権」の権利を保障している以外，ほとんどが裁判や刑事手続きを保障した条文からなっている[13]。

　また，1868年に成立した修正14条は"法の下の平等"や"デュープロセス"等を定め，権利章典とともに，基本的人権保障の拡大に大きな役割を果たしているとされる[14]。

　しかし，権利章典成立後の基本的人権に関わる重要な修正は，この修正14条のみである。合衆国憲法の基本的人権保障は，日本国憲法などに比べるとかなり限定的なものとなっている。この理由は，合衆国憲法が連邦政府による市民の自由への侵害を防ぐために生まれた世界最古の成文憲法であり，成立時の基本理念を堅持しているからである。つまり，合衆国憲法は，連邦政府が市民の自由を侵害しないことを約束し，その約束を簡素に規定するという古典的な立憲民主主義の原則に徹しているわけである。

　アメリカ市民は，伝統的に権利章典の規定を利用し，具体的な裁判を提起することによって，基本的人権の拡大を図ってきた。特に，連邦最高裁判所による司法審査は，ときに連邦政府による法律を憲法違反として無効とすることもあり，アメリカ市民の基本的人権の拡大に大きな役割を演じてきている。そして，現在では最高裁の判例によって，権利章典の適用範囲が州政府の行為にも及ぶようになっている。また，判例をもとに一般法律が制定され権利が保障されていく事例も数多くある。例えば，黒人差別を違憲とする判決をもとに成立した一連の公民権法は，その代表的なものである。

　以上のように，アメリカ合衆国の基本的人権保障は，①権利章典による自由権中心の保障，②古典的な立憲主義の徹底，③最高裁判所の司法審査による積極的な権利の実現，などに特徴がみられる。

3 『権利章典ガイド』の教育目標

アメリカ合衆国の歴史は，権利章典による基本的人権拡大の歴史と言っても過言ではない[15]。そのため，学校教育においても権利章典の学習は非常に大切にされている。特に，中等教育レベルでは，様々な教育プロジェクト[16][17]が開発され実践されている。

本稿で分析する『権利章典ガイド』は，第3章において考察したバージニア州にある非営利・無党派の教育団体である Close up Foundation（クローズアップ財団）によって，政治・市民性教育プロジェクトのひとつとして開発された。『権利章典ガイド』は，権利章典に関するバランスのとれた分析と市民の法的過程への参加を促す内容であることが評価され，American Bar Association（全米法曹協会）から Silver Gavel Award（シルバーゲイベル賞：全米において司法の発展に顕著な貢献があったものに贈られる賞）を授与されており，アメリカにおける権利章典に関する代表的な教育プロジェクトとなっている。

『権利章典ガイド』の開発目的について，編者は次のように述べる[18]。

> 『権利章典ガイド』は，あなたの子どもたちが「いかにして権利章典が合衆国憲法の一部となったのか」「権利章典のなかにある権利はどんな意味を持つのか」「なぜ，いつの時代の市民にとっても，権利章典は重要であり続けるのか」を理解する手助けをするために作成された。

また，学習目標として，次の4点を挙げている。

1 合衆国憲法における権利章典の発達とその歴史について理解し議論する。
2 権利章典と修正14条の各条文の用語と意味を分析する。
3 なぜ，アメリカ合衆国の民主主義にとって権利章典と修正14条がそれほどまでに重要なのか説明する。
4 権利章典の理念の実現における市民の役割を研究する。

『権利章典ガイド』は，権利章典がアメリカ合衆国の民主主義にとってどのような重要性や役割を持っているのかについて，各条項によって保障される権利の起源，歴史，判例から分析するとともに，権利保障が実現されるための市民の役割を研究することを目標としている。

4 権利章典を生きた文書とするためのガイド——全体計画——

『権利章典ガイド』は，散文的で不透明な規定の多い権利章典を，いかにして現在の市民が活用可能なものにしていくかという問題意識から内容編成されており，結論を先取りすると，大きく2つの内容編成原理が指摘できる。第1に，子どもに"権利章典成立期の社会状況"と"起草者の意図"の研究を促し，権利章典成立の"起源"を探究できるように内容を編成する。第2に，権利章典によって保障されたすべての権利の歴史と意味を憲法条文の順に研究し，実社会における権利をめぐる問題に適用可能な"判例"をできるだけ多く提示するというものである。

『権利章典ガイド』の全体計画の詳細を資料5-1に示し，それを分析したものを表5-1に示した。全体計画は，導入単元「生きている権利章典」，大単元1「権利章典の誕生」，大単元2「最初の10の修正条項」，大単元3「権利章典を超えて」，終結単元「権利章典の未来」という5つの単元から構成されている。5つの大単元は，その内容の分析から3つのパートに構造化することができる。

導入単元及び大単元1は，権利章典の成立過程とその意義を研究していくパート1にあたる。導入単元「生きている権利章典」では，200年以上も前に制定された権利章典が，なぜ，現在もアメリカ市民にとって重要な役割を担い続けているのか，また，市民は権利章典に何を期待し，どのような行動をとることによってそれを生きた文書にしてきたのか，というプロジェクト全体の主題を提示している。続く大単元1「権利章典の誕生」では，「権利の概念」「権利章典の歴史」という2つの小単元が設定されている。ここでは，

表 5-1 『権利章典ガイド』の全体計画と内容分析

全体計画		内容分析		過程
大単元	小単元	主な学習内容	研究課題	
導入 生きている 権利章典	生きている権利章典	・現代社会における権利章典の役割	権利章典の成立過程とその意義	パート1
1 権利章典の誕生	権利の概念	・権利の定義 ・権利保障システム		
	権利章典の歴史	・権利章典の確立史 ・連邦主義と反連邦主義		
2 最初の10の修正条項	修正1条①「信教の自由」	・信教の自由の歴史 ・公立学校における宗教	権利章典に列挙された権利の起源・歴史・判例の研究	パート2
	修正1条②「言論の自由」	・言論の自由の歴史 ・いやがらせ表現		
	修正1条③「出版の自由」	・出版の自由の歴史 ・事前抑制		
	修正1条④「集会の自由」	・集会の自由の歴史 ・平穏な集会		
	修正2条「人民の武装権」	・民兵の歴史 ・銃規制		
	修正3条「軍隊の舎営の制限」	・軍隊の舎営の歴史 ・プライバシー権		
	修正4条「不合理な捜索,押収,抑留の禁止」	・刑事捜査の歴史 ・犯罪捜査の適正化		
	修正5条「大陪審の保障,二重の危険,デュープロセス及び,財産権の保障」	・刑事手続きの歴史 ・刑事訴追手続き		
	修正6条「陪審審理の保障その他刑事手続き上の人権」	・刑事裁判の歴史 ・刑事裁判		
	修正7条「民事事件における陪審審理の保障」	・陪審裁判の歴史 ・陪審員制度		

	修正8条「残酷で異常な刑罰の禁止等」	・刑罰の歴史 ・死刑制度		
	修正9条「人民の権利に関する一般条項」	・列挙された権利と列挙されていない権利		
	修正10条「留保権限」	・権利保障における国家と州の関係		
3 権利章典を超えて	修正14条「合衆国の市民権,デュープロセス,法の前の平等,その他」	・権利章典の州への適用 ・平等権	権利章典による権利保障の拡大	パート3
終結：権利の未来	権利の未来	・新しい権利 ・社会権保障の可能性		

Monk, L.R., and Sass, C., *The Bill of Rights : a user's guide Teacher's Guide*, Close up Publishing, 2004. 及び Monk, L.R., *The Bill of Rights : a user's guide*, Close up Publishing, 2004 を参照し筆者作成。

　権利章典の起源を，イギリスにおける市民階級による権利獲得過程と植民地アメリカにおける権利章典の成立過程に求め，当時の社会状況の研究から権利保障の必要性を探究していくようになっている。そして，憲法制定時の権利章典をめぐる連邦主義者と反連邦主義者の議論を分析し，権利章典が連邦政府の権力を抑制していくための装置として誕生したことを学ぶよう構成されている。

　大単元2はパート2にあたり，権利章典と呼ばれる修正1条から修正10条までを学習対象とする本プロジェクトの中心的なパートとなっている。ここでの学習は，権利章典に列挙された権利について，起源，歴史，判例，という視点から研究が行われる。

　大単元3及び，終結単元は，パート3にあたり，権利保障の拡大について研究していく。大単元3は，権利章典に加え権利保障の範囲を拡大させた修正14条を取り上げている。終結単元「権利の未来」では，「権利の拡大」「世界人権宣言とアメリカの権利保障」が学習課題となっている。ここでは，アメリカの権利保障が自由権を中心とするのに対して，世界各国は，社会権な

どの政府による能動的な取り組みを必要とする積極的権利の保障を明文化していることを学習する。そして，子ども間で合衆国憲法に積極的権利の規定を設けるべきかについて議論を促し，権利の未来を予測することでプロジェクトの終結としている。

以上のように，本プロジェクトは，①権利章典の成立過程の研究，②権利章典の各条文に列挙された権利の歴史・判例の研究，③権利保障の拡大と未来についての研究という3つの研究課題から全体計画を行っていることがわかる。

このような内容編成を採用している理由は，権利章典の基本的な性格に基づいている。権利章典は，演繹的で体系的な理念によって規定されたものではなく，連邦制の確立期に，どうにか個人の権利を確立しようとした起草者たちが，イギリス政府から受けてきた弾圧を踏まえ，帰納的かつ経験的に規定したもので，曖昧で散文的な印象は否めない。しかし，この"曖昧さ"が，権利章典の柔軟な解釈を生みだし，権利章典を現在の市民も活用可能な生きた文書としている。本プロジェクトは，権利章典の"曖昧さ"に教育的意義を見出し，子ども自身が権利章典の歴史，判例を主体的に研究していくことにより，権利章典を生きた文書にしていくことをめざしているわけである。

5 「権利章典」の存在意義の解明
── 小単元「権利の概念」における単元構成 ──

(1) 単元計画

『権利章典ガイド』は，権利章典を子どもたちが活用できるようになるために，どのような論理から単元を構成するのであろうか。本プロジェクトの導入となる小単元「権利の概念」を事例に考察していきたい。本単元を取り上げるのは，子どもたちに権利章典の重要性や機能を明確に認識させる授業を展開しており，問題の所在において指摘したわが国の授業の改善に大きな示唆を与えると考えるためである。

第5章 規範活用型公民学習 219

表5-2 小単元1「権利の概念」の単元構成

テーマ	主な問題	学習活動	単元の構造	
1 権利の概念	①「権利」の意味は何か？ ②どのような権利を持つか？ ③法的権利と自然権の違いは？	・権利の概念定義 ・自己の権利把握 ・権利の分類	パート1	権利の概念的把握
2 アメリカ市民としての権利	①あなたは，アメリカ市民としてどのような権利を持つのか？ ②権利章典によって保障されている権利は何か？	・アメリカ市民としての権利把握 ・権利章典に規定される権利の把握		
3 権利章典により保障されている権利	①あなたは，権利章典の中でどの権利が重要であると考えるか？また，それはなぜか？ ②クラス全体ではどの権利が重要であると考えるか？また，それはなぜか？	・個人による価値判断 ・クラス投票による多数決	パート2	民主主義（多数決）の擬似体験に基づく権利章典の必要性の解明
4 民主主義における少数者の権利保障	①なぜ，民主主義社会において少数者の権利保障が重要となるのか？ ②民主主義システムにおいて，権利章典はどのような役割を果たしているのか？	・民主主義の弱点の認識 ・権利章典の機能の説明		

Monk, L.R., and Sass, C.R., *The Bill of Rights : a user's guide Teacher's Guide*, Close up Publishing, 2004, pp.8-9. 及び Monk, L.R., *The Bill of Rights : a user's guide*, Close up Publishing, 2004, pp.13-20. を参照し作成。表中のゴシック体は筆者による分析を記入。

　小単元「権利の概念」の単元構成を表5-2に示し，また，本単元の中心となっているパート2の教授・学習過程を教授書の形式で再現したものを表5-3に提示した。
　表5-2を参照すると，本単元は，パート1「権利の概念的把握」とパート2「民主主義の擬似体験による権利章典の必要性の体験的把握」という2つのパートから構成されていることが分かる。パート1においては，権利の概念的理解と権利章典によって保障される自由権を中心とする権利の具体的把握を行う。パート2においては，多数決による民主主義の擬似体験を行い，民主主義における少数者の権利保障の必要性を認識させようとしている。単元全体は"権利章典の存在意義の解明過程"として計画されているわけであ

る。

(2) 教授・学習過程——"経験"と"認識"の往復による立憲民主主義の研究——

では，本単元の中心的な部分であるパート2の教授・学習過程を，表5-3を参照しながら考察してみよう。

パート2は，学習活動3「権利章典により保障される権利」と学習活動4「民主主義における少数者の権利」から構成されている。また，教授内容から，パート2全体は，導入，展開1，展開2，展開3，終結の5つの過程に分けることができる。

導入では，教師が「権利章典で保障されている権利の中で，あなたが重要であると考えるものは何ですか？」と問い，授業のテーマを提示する。

展開1では，子ども一人ひとりが権利章典によって保障されている具体的な17の権利を参照し，自らの価値観によって権利に優先順位をつける活動を行う。子どもは，「信教の自由」や「言論の自由」といった具体的な権利と「刑事事件において弁護を受ける権利」や「残酷で異常な刑罰の禁止」といった手続き的な権利を比較し，子どもなりの価値観に基づく優先順位付けを行う。教師は，子ども一人ひとりの価値観や信念を尊重し，各子どもに自由な価値判断を"経験"することを促す。

展開2では，クラス投票によって権利に順位をつける活動を行う。まず，1人1票で重要であると思う権利に投票し，クラスの権利ランキングを作成する。クラスの中で民主主義の原理である多数決を"経験"するわけである。そして，教師は「なぜ，ある権利は上位にランキングされ，ある権利はされないのか？」と発問し，子どもに議論を促す。子どもは，例えば，「"言論の自由"といった具体的な権利の方が"刑事事件において弁護を受ける権利"といった手続き的な権利よりも重要ではないだろうか」と発言する場合もあるし「私は，アメリカで少数派のイスラム教の信者なので，"信教の自由"が大切だと思う」と発言する場合もある。そこで教師は，「多数決によって

第5章　規範活用型公民学習　221

表5-3　パート2「権利章典により保障される権利」「民主主義における少数者の権利」の教授・学習過程

展開	教師の発問・指示	教授学習活動	子どもから引き出したい知識・活動	過程
導入	学習活動3 権利章典により保障される権利 ◎「権利章典」によって保障される権利の中で、あなたが重要であると考えるものは何ですか？	T：発問する P：問題把握	◎権利章典を参照し、自分が重要であると考える権利を挙げる。	問題把握
展開1 権利のランキング	①ハンドアウト1：「権利と自由のランキング」を解きなさい。 ・リストの中で、あなたが重要であると考える権利を10選びなさい。 ・あなたが選んだ10の権利の中で、最も重要な権利はどれですか？　また、なぜ最も重要なのですか？ ・あなたが選んだ10の権利の中で、あまり重要でない権利はどれですか？　また、なぜ重要でないのですか？ ・あなたが選ばなかった7の権利の中で、リストから最も外しにくかった権利はどれですか？　また、なぜ外しにくかったのですか？ ・あなたが選ばなかった7の権利の中で、リストから最も外しやすかった権利はどれですか？　また、なぜ外しやすかったのですか？ ・10の権利を選ぶ上で難しかったことや、その過程で考えたことについて書きなさい。また、残り2〜3の権利を選ぶとき、いかに困難な選択をしたのかを書き	T：指示する P：答える	ハンドアウト1：権利と自由のランキング」を解く－「権利章典」によって保障されている以下の17の権利リストを参照し、答える。 【信教の自由】 【言論の自由】 【出版の自由】 【集会の自由】 【請願権】 【武器を保持する権利】 【不合理な捜索，押収，抑留の禁止】 【正当な理由に基づく捜査令状の発行】 【公訴提起前の大陪審による正式起訴の必要】 【同一犯罪ついて重ねて刑事罰を科すことの禁止（二重の危険）】 【本人の意思に反して証言を強要することの禁止】 【法の適正な過程によらない生命及び自由,財産の収用の禁止】 【公共の用のために私有財産を収用する場合の正当な補償】 【公平で迅速な裁判を受ける権利】 【刑事事件において弁護を受ける権利】	子ども一人ひとりによる価値判断

	なさい。		【過大な額の保釈金の禁止】 【残酷で異常な刑罰の禁止】	
展開2 模擬投票	②プリントに列挙されている17の権利の中で，最も重要なものはどれですか？ 1人1票で投票しなさい。 ・なぜ，ある権利は上位にランクされ，ある権利はされないのかについて議論しなさい。	T：発問する P：投票する T：指示する P：議論する	③ 重要であると考える権利に投票する。 ・（さまざまな議論）「解答例：上記の権利は，信教の自由，表現の自由（言論・出版・集会の自由），請願権，正当な保障なしの公用収用の禁止の他は，すべて裁判の手続的な権利保障であり，権利の重要性に違いがあるのではないか。」	投票による民主主義の擬似体験
	◎もし，下位にランクされていたり，投票されたりしなかった権利が保障されなかったなら，公民権や自由権の侵害となりませんか？	T：発問する P：答える	◎リストに列挙されている17の権利は，すべて，諸個人にとって重要であるだけではなく，アメリカ市民すべてにとって重要である。	
展開3 民主主義の弱点	学習活動4 民主主義における少数者の権利 ○教科書p.19の下にある，ジェームズ・マディソンの引用を読みなさい。	T：指示する P：読む	「政府に権力があるところではどこでも圧政の危機は存在する。我々の政府において，権力の大部分はコミュニティーにある。個人の権利への侵害はとりわけ恐れられるものであるが，政府がすべての選挙民の意思に反しない行動をとれば，政府からの権利侵害は起きない。しかし，政府が多数派の選挙民の支持を単に手段とした場合，政府の行動は少数派の権利を侵害していく。（ジェームス・マディソン）」	民主主義の弱点の認識
	・民主主義におけるマイノリティーの権利の重要性について議論しなさい。	T：指示する P：議論する	・民主主義は選挙・投票による多数意見に基づく政治システムであり，マイノリティーや弱者の権利は，常に侵害される危険性がある。民主主義にマイノリティーの権利を保護してく装置をどのように組み	

	・全体主義政府による圧政は，民主主義の危機であるというマディソンの見解に同意できますか？	T：発問する P：答える	込むかは，自由社会において重要課題である。 ・様々な意見	
終結 権利章典の役割	○民主主義は，制限されるべきですか？	T：発問する P：答える	○マイノリティーの権利や多数決では見過ごされる重要な権利を保護していくために，多数意見に基づく民主主義は，自らに制限を加える必要がある。まさに，権利章典は，多数決による民主主義システムにおいて，マイノリティーの権利を守るために作られている。	民主主義の弱点を補う権利章典の重要性の認識
	・多数者による圧政は何をもたらしますか？	T：発問する P：答える	・マイノリティーの権利侵害	
	◎アメリカ史や世界史において，圧政が行われた例を挙げなさい。	T：発問する P：答える	◎アメリカでは，奴隷制による黒人への権利侵害をはじめ，第2次世界大戦時の日系人の強制収容，マッカーシーによるレッドパージなど，多数派による圧政（権利侵害）が繰り返されてきた。また，世界史を見れば，例えば，ナチス・ドイツによるユダヤ人大量虐殺などがある。ナチスは，民主主義に基づく多数決によって政権をとり，大規模な圧政（権利侵害）を行った。	

Monk, L.R., and Sass, C.R., *The Bill of Rights : a user's guide Teacher's Guide*, Close up Publishing, 2004, pp.8-9. 及び Monk, L.R., *The Bill of Rights : a user's guide*, Close up Publishing, 2004, pp.13-20. を参照し作成。

下位に順位付けされた権利は，本当に重要ではないのか」と問う。民主主義社会であるアメリカに生きる子どもたちは，普段から多数決に慣れ親しんでおり，素朴に「多数決の決定は正しく，善である」という常識を形成している。教師は，その常識に揺さぶりをかけるわけである。子どもは「もし，多

数決によって信教の自由が禁止されたら，どうなるのだろうか？」と自問する。そうすることで，多数決を原理とする民主主義が持つ危険性，つまり，少数者や弱者の権利を侵す可能性を子ども自身が直観的に"認識"するわけである。子どもは，民主主義と権利は不均衡な関係にあり，個人や少数者の権利を守るためには，多数決による民主主義の横暴に対抗していく，何らかのシステムが必要であることを認識する。

展開3では，権利章典の執筆者であるジェームズ・マディソンの「多数決による民主主義政治における個人の権利侵害の可能性」を指摘する引用文を読み，彼の指摘について議論する。ここでは，「全体主義政府による圧政は民主主義の危機である」というマディソンの指摘についても議論がなされる。子どもたちは，これまでの学習過程で，権利に関するクラス投票を"経験"し，個人や少数者の権利が多数決によって侵害される可能性が高いことを体験から"認識"している。議論を通して，民主主義社会において，多数決によっても侵すことのできない権利を確定し保障することが必要であることを認識するわけである。

続く終結部では，「民主主義には何らかの制限が必要か」という問題について，子ども間で議論がなされる。展開3の議論を踏まえ，子どもたちに真の民主主義社会には，多数決によっても侵害できない個人の権利を明記しておく"権利章典"のようなシステムが不可欠であり，権利章典（憲法）によって自己の権力を制限しておくことが必要であることを具体的に認識させる。いわゆる，"立憲民主主義"の考え方の理解を子どもに促すわけである。そして最後に，アメリカ史や世界史の中で多数決による民主主義が圧政を行った例として，奴隷制による黒人差別や第2次世界大戦における日系人の強制収容，ナチス・ドイツのユダヤ人大量虐殺などの事例を挙げさせる。これらの事例はすべて，多数決を背景に少数者の権利を著しく侵害した歴史上の出来事である。このような学習を通して，子どもたちは，現在ではあらゆる国家が標榜する単なる"民主主義"と，憲法による法の支配を前提とし，多数

決原理に制限を加えている"立憲民主主義"を区別していくわけである。そして，権利章典は，民主主義の発達と権利獲得の歴史の中で，権力による少数者の権利侵害を防ぐという立憲主義の論理に基づき制定され，作用していることを認識させ，学習の終結としている。

以上のように，パート2の授業展開は，子どもたちに"投票"や"議論"といった将来，民主主義社会の建設に参加していくために必要となる"経験"を数多く導入していることが分かる。また，子どもたちは，それらの経験に基づいて，研究活動を展開し，立憲主義についての"認識"を深めていた。授業は，経験と認識の往復による立憲民主主義の研究過程として組織化されているわけである。

6　憲法条文を活用した市民性育成の論理

『権利章典ガイド』の分析から，明らかになった憲法条文を活用した市民性育成の論理は，以下の3点である。

第1に，『権利章典ガイド』は，子どもが憲法上の基本的人権の規定を研究し活用できる市民となることをめざし，①権利章典の成立過程の研究，②権利章典の各条文に列挙された権利の歴史・判例の研究，③権利保障の拡大と未来についての研究，の3つのパートから全体計画を行っている。

第2に，小単元「権利の概念」は，子どもが多数決原理（民主主義）と少数者の権利保障の葛藤を研究し，立憲主義にも基づき少数者の権利を守る"権利章典"の存在意義を解明するように単元構成されている。

第3に，具体的な授業は，単なる講義ではなく，"投票"や"議論"といった将来，子どもが民主主義社会の建設に参加していくために必要となる"経験"を数多く導入し，それらの経験に基づいて，主権者として憲法を活用することで民主主義の弱点を補うことの意義を認識させている。

『権利章典ガイド』は，なぜ，憲法によって基本的人権が保障される必要があるのかを，子どもたちが歴史的起源を主体的に研究し，様々な経験的な

学習に基づき認識していく学習論を提示していた。子どもたちは，このような学習によって，多数決によっても侵すことのできない基本的人権を，憲法を活用することによって守ることの意義を深く研究していく。

資料 5-1 『権利章典ガイド』の全体計画（詳細版）

序文
動機付け：生きている権利章典
大単元1：権利章典の誕生
権利の概念
○権利とは何か？
○権利はどのようにして形成されたか？
　・自然権，法的権利，自然権から法的権利まで
○アメリカにおいて権利はいかにして守られているか？
　・司法審査
　・判例研究 Marbury v.Madison（1803）
　・「司法消極主義」対「司法積極主義」
　・訴訟における連邦最高裁判所
○民主主義における権利

権利章典の歴史
○イギリスの起源
　・マグナカルタ（1215）
　・権利の章典（1689）
○アメリカにおけるはじまり
　・植民地憲章
　・法
　・独立宣言
　・州憲法
　・連合規約
○人権と新憲法
　・憲法会議
　・メイソン・ゲリーの動議：資料「彼らの信念の勇気（ジョージ・メイソン）」

・連邦主義者
・反連邦主義者
・州慣習法の批准
○権利章典の起草
・メイソンの役割：資料「自由への手紙」
・最初の草案：資料「吐き気をもよおすような計画」
・上院と下院による草案
・批准
○権利章典の範囲

大単元2：最初の10の修正条項
修正1条（信教，言論，出版及び集会の自由）
○信教の自由
・1791以前の宗教的自由（植民地における実践，バージニア信教自由法，宗教と憲法）：資料「忍耐から自由へ」
・国教の禁止（分離の壁，壁はいかに高いか，宗教と学校，公共の広場における宗教，政府の宗教は世俗的宗教）：資料「彼らの信念の勇気（ジェフリー）」：資料「彼らの信念の勇気（マージェンス）」
・自由な宗教活動（信条と行動，国旗敬礼判決，基準，自由な宗教活動の侵害例，侵害ではない例，新しい基準）
○言論の自由
・歴史的背景（1798年セディション法「連邦煽動罪法」，南北戦争時代，労働運動，連邦防諜法）
・言論の自由の原理（言論の類型，パブリック・フォーラム，過度の広範性と曖昧性，話さない権利，言論者としての政府，選挙運動における言論，）：判例研究 Texas v. Johnson（1989）
・言論の自由に対する規制（猥褻性，名誉毀損，暴力的言葉，商業的言論，特殊な場所における言論，言論と非合法活動）：資料「彼らの信念の勇気（メアリー・ベースとジョン・ティンカー）」
・言論の自由の対価
○出版の自由
・イギリスにおける起源
・アメリカにおける出版の自由（ゼンガ事件，独立革命以後）

・事前抑制（Near v. Minnesota (1931)，ペンタゴン・ペイパー，「出版の自由」対「公正な裁判」，事前抑制の根拠）
・文書による名誉毀損
・信頼性
・映画・ラジオ・テレビ
○集会と請願の自由
・1791年以前の集会と請願
・集会の自由
・平穏な集会（Hague v. CIO (1938)）
・公共施設における集会
・私有施設における集会
・敵対的な群集
○結社の自由
○修正1条の自由

修正2条（人民の武装権）
○イギリスにおける起源
○アメリカにおける民兵
○革命期
○武器保持と憲法
○「団体的権利」対「個人的権利」
○修正2条と裁判所
○銃規制の未来
・資料：「導火線」

修正3条（軍隊の舎営の制限）
○イギリスにおけるはじまり
○フランス−インディアン戦争
○植民地における軍隊の状態
○1765年兵舎法
○ボストン大虐殺
○兵舎と革命
○兵舎と憲法

○修正3条と裁判所
- ・Engblom v. Carey
- ・修正3条とプライバシー

修正4条(不合理な捜索,押収,抑留の禁止)
○一般令状と修正4条
○不合理な捜索および押収
- ・プライバシーの合理的期待
- ・判例研究 California v. Greenwood (1988) 不合理な捜索および押収とはなにか？(捜索および押収とは何か？)
- ・不合理とは何か,他の合理的捜索および押収,資料:「小さな青い線」
○令状条項
- ・相当な理由
- ・いつ令状が必要となるか？(逮捕,捜索)
- ・排除法則
- ・Mapp v. Ohio (1961)
- ・除外規定の適用
○法よりも除外規定

修正5条(大陪審の保障,二重の危険,デュープロセスおよび財産権の保障)
○大陪審の正式起訴
- ・大陪審の歴史
- ・「大陪審」対「略式起訴」
○二重の危険
- ・歴史的背景
- ・二重の危険と裁判所
○自己負罪
- ・歴史的背景
- ・「強制的事実調査」対「起訴」
- ・任意の自白 (Miranda v. Arizona (1966), ミランダ判決以後,ミランダ判決への異議)
- ・非証言的証拠
- ・免責特権

○デュープロセス
　・デュープロセスの起源
　・手続き的デュープロセス（刑事事件，民事事件）
　・実体的デュープロセス
○正当な補償
　・歴史的起源
　・収用
　・公共の用
　・正当な補償
○修正5条の5つの権利

修正6条（陪審審理の保障その他刑事手続き上の人権）
○修正6条以前の裁判権
　・イギリスにおいて
　・アメリカにおいて
○迅速な公開の裁判
　・迅速な裁判（迅速な裁判の定義）
　・公開の裁判（過剰な公開か？，誰の権利か？，権利の衝突）
○公平な地方陪審
　・刑事事件における陪審裁判
　・何が公平な陪審か？（公正な横断的地区，差別と陪審選択）
　・地方陪審
○起訴内容の告知
○対質の権利
　・伝聞と反対尋問
　・対面か？
　・United States v. Nixon（1974）
　・判例研究 United States v. Nixon（1974）
○弁護士の援助を受ける権利
　・Powell v. Alabama（1932）
　・Gideon v. Wainwright（1963）
　・資料：「彼らの信念の勇気（クレンス・エール・ギデオン）」
　・ギデオン以後

・いかによい弁護士か？
・いつ弁護士の援助を受ける権利は適用されるか？
・被告人の法か？

修正7条（民事事件における陪審審理の保障）
○民事陪審
　・陪審裁判の進化
　・アメリカにおける陪審裁判
　・修正7条と裁判所
○陪審委員の権限
　・事実のみ
　・ブシェル事件（1670）
○民事陪審の今日
　・複雑な免責
　・陪審義務：責任か恩恵か

修正8条（残酷で異常な刑罰の禁止等）
○修正8条以前
○過大な額の保釈金
○過重な罰金
○残酷で異常な刑罰
　・死刑（Furman v. Georgia（1972），死刑の支持，殺人と異なる犯罪，死刑は特殊，死刑執行の方法，死刑宣告の最終決定はいつか？）資料：「被害者の権利」，資料：「電気処刑」
　　死刑以外の刑罰（比例的，刑務所の状況，身体刑）
○進化中か？

修正9条（人民の権利に関する一般条項）
○修正9条の歴史
○忘れられた修正条項
○列挙されていない権利
○プライバシーの権利
　・Griswold v. Connecticut（1965）

- Griswold 以後
  - 判例学習：Griswold v. Connecticut（1965）
    資料：「彼らの信念の勇気：マイケル・ハードウィック」
○忘れられているか？

修正 10 条（留保権限）
○修正 10 条の歴史
○連邦主義
○最高裁判所と連邦主義
  - 連邦権限の至高性：McCulloch v. Maryland（1819）
  - 判例学習：McCulloch v. Maryland（1819）
  - 2 つの連邦主義：Hammer v. Dagenhart（1918）
○連邦主義と政治
  - セクショナリズムと分離（バージニアとケンタッキーの離脱，破棄，ハートフォード協定，分離）「州の権限」対「人権」（破棄の新しい兆し，学校における対決，連邦権限の至高性）
○現代の連邦主義と最高裁判所
  - 連邦主義とニューディール（裁判所抱き込み，州際通商規制権）
  - 振り子の揺れ（より州の権限を，より連邦の権限を）
○未だ「自明の理」か？

大単元 3：権利章典を超えて
修正 14 条（合衆国の市民権，デュープロセス，法の前の平等，南北戦争で南部に加担したものに対する処置，その他）
○歴史的背景
○デュープロセス
  - 権利章典への「編入」論（選択的編入説，全部編入説，編入論と連邦主義，2 つの正義システム，編入されていない権利）判例学習：Adamson v. California（1947），
    資料：権利章典への編入条項（年表）
    選択的デュープロセス（財産権，自由権）
○法の平等な保護人種差別（分離しても平等に，分離は本質的に不平等，すべての計画的速度，公民権運動，アファーマティブ・アクション，違憲の疑いの強い分類）
    資料：彼らの信念の勇気（ファニー・ロウ・ハマー）

他の形態の差別（性差別，外国人，貧困，田舎と都市）
○新しい憲法

権利の未来

注

1) 衆議院会議録 第154回国会「憲法調査会基本的人権の保障に関する小委員会」第3号，会議冒頭の阪本参考人の発言2002.
2) 芦部信喜『憲法学Ⅱ人権総論』有斐閣1994，pp.61-64.
3) 橋爪大三郎『人間にとって法とは何か』PHP研究所 2003，pp.66-74.
4) 芦部信喜『憲法』岩波書店 1997，pp.106-112.
5) ベアテ・シロタ・ゴードン『1945年のクリスマス－日本国憲法に「男女平等」を書いた女性の自伝－』柏書房 2005，pp.128-219.
6) 鈴木昭典『日本国憲法を生んだ密室の九日間』創元社 1995，pp.52-56 及び pp.198-210 及び pp.379-383.
7) Monk, L.R., and Sass, C.R., *The Bill of Rights*：*a user's guide Teacher's Guide 4th ed*, Close up Publishing, 2004.
8) Monk, L.R., *The Bill of Rights*：*a user's guide 4th ed*, Close up Publishing, 2004.
9) 溝口和宏「歴史教育における社会的判断力の育成（1）－法的判断力育成のための歴史教材例－」『社会科研究』第50号 1999，pp.211-220.
10) 桑原敏典「憲法学習を中心とした公民教育改善の試み－アメリカ高校用教材『We the People』を手がかりとして－」『公民教育研究』第8号 2000，p.115.
11) 中原朋生「権利に関する社会的ジレンマ研究としての社会科－権利学習プロジェクト『自由の基礎』を手がかりに－」『社会科研究』第58号 2003.
12) 中原朋生「開かれた法認識形成－法的議論学習の論理－」『日本教科教育学会誌』第29巻第1号 2006，pp.19-28.
13) 田中英夫編集代表『英米法辞典』東京大学出版会 1991，pp.230-245.
14) 松井茂記『アメリカ憲法入門』第4版 有斐閣 2000，pp.123-125.
15) 阿川尚之『憲法で読むアメリカ史 上』PHP研究所 2004，p.35.
16) Rhodehamel, J.H., Rohde, S.F., and Blum, P.V., *Foundations of Freedom*：*a Living History of our Bill of Rights* Constitutional Rights Foundation, 1991.
17) Smith, G.B., and Smith, A.L., *YOU DECIDE! Applying the Bill of Right to Real*

Cases, Critical Thinking Press and Software 1992.
18) Ibid., 7), p.5.

第3節　開かれた法認識形成をめざした憲法条文活用学習の方法
――H.L.A. ハートの法認識に基づく授業の組織化――

1　閉ざされた法認識形成

　本節の目的は，憲法規範を基盤とした公民学習が，子どもに"閉ざされた"法認識形成を行う危険性があるとの問題意識から，憲法条文活用型の憲法学習プロジェクトの分析を行い，憲法学習を"開かれた"法認識形成を促すものに改善していく論理を明らかにすることにある。

　前章までに考察した，憲法規範を基盤とする公民学習及び，我が国における社会科における憲法学習[1]の問題点をまとめると以下の3点が指摘できる。
①法と道徳の一元論＝憲法は道徳的にも優れており，子どもの行動の規範となるべきであるという論理から授業を行うために，憲法学習が道徳教育になっている。特に，権利に関する条文（権利章典）の学習は条文を徳目のように学習させ，憲法規範を無批判に子どもに注入している[2]。
②静的な法認識＝憲法は体系的で，既に完成されたものであるとの論理から授業を行っている。そのために，各条文の問題点や葛藤は研究されず，憲法は矛盾のない絶対的なものとして提示されている。
③受動的な暗記学習＝子どもに，憲法を"広く浅く"理解させるという論理から授業を構成し，憲法学習が権利や統治の仕組みの羅列学習になっている。子どもは，条文の規定や権利の分類を受動的に暗記することに追われ，主体的に条文の成り立ちや権利の意味を議論することはない。

　このように，憲法規範を基盤とする公民学習及び我が国における社会科における憲法学習は，"法と道徳の一元論"と"静的な法認識"に立つことによっ

て憲法を批判や改革から閉ざされた存在として子どもたちに認識させている。そして"受動的な暗記学習"を強いることによって，子どもから多様な憲法解釈の可能性や主体的な意見表明の機会を奪っている。結果として，子どもたちが実社会の中で憲法を批判的に吟味しながら活用していくことを阻む"閉ざされた"法認識形成を行っているわけである[3]。

このような問題に対して，近年のアメリカ合衆国における民間教育団体による憲法学習改善への取組みは，示唆に富む。従来，憲法学習は権利章典(The Bill of Rights)と統治機構（Government）の２つの学習領域に社会，経済の学習を含め，公民科（Civics）という枠組の中で行われていた。しかし，合衆国憲法の理念を絶対視し，その理念を注入するために教育内容を設定する公民科では，子どもたちが憲法の理念と現実のズレに迫れず，憲法を批判的に吟味しながら使用していく市民となる可能性を閉ざしていくという問題が生じた。

そこで，民間教育団体を中心に，憲法学習を主体的な市民の育成に本当に役立つ"開かれた法認識形成"をめざしたものに改革する試みがなされている。その１つが，従来の公民科から，権利章典学習を独立させることで憲法学習の充実を図るものである。つまり，憲法学習は権利主体の育成をめざし，そこでしか行えない権利章典の学習を中心に行い，統治機構の学習は政治学習の充実化で対応するという試みである。

その中で，開発された憲法学習プロジェクト[4]の多くが，子どもに育成したい学力を"法的議論に参加できる力"であるとし，社会認識と法解釈をセットにした"法的議論"を徹底的に学習する授業を提案している。そして，法を実証的に解明しようとする"分析法理学"の論理に影響を受け，法と道徳を区別し"ある法"の分析と"あるべき法"の検討を分けることで，子どもたちに憲法を批判や改革から開かれたものと認識させ，主体的な議論を引き出そうとする憲法学習も存在する。

本節では，このような憲法学習の典型例として，前節で内容編成を分析し

たクローズアップ財団が開発した憲法学習プロジェクト，The Bill of Rights：A User's Guide[5]（以下，権利章典ガイドと表記）の単元構成を分析したい。手順は，まず，プロジェクト成立の背景にある分析法理学を手がかりに"開かれた法認識"の原理を明らかにし，それを枠組みに『権利章典ガイド』の単元を分析する。それらを通して，憲法規範の活用をめざす開かれた法認識形成の論理[6]を明らかにしたい。

2　開かれた法とその認識——1次ルールと2次ルールの結合としての法——

では，どのようにして子どもたちの法認識を開いていけばよいのか。現代分析法理学の基礎となっている，H.L.A.ハートの法認識論[7]を手がかりに，"開かれた法認識"の原理について考察していこう。彼の所論を援用する理由は，法を実証的に解明しようとする点が開かれた法認識のモデルとなること，また，その論理の影響が合衆国における憲法学習改革に見られるからである。ハートの所論を参照し，筆者なりに子どもに形成する法認識の枠組みを図5-1に示した。

ハートによると，法はまず，①何らかの社会状況を背景に「～は～をすべきではない」という，人に責務を課す第1次的ルール（以下，1次ルールと表記）として自生的に形成されはじめる。しかし，1次ルールは，言葉の意味が曖昧であったり，従う人と従わない人がいるなど不確定的なものである。そこで，②何がその集団の法的ルールであるのかを確認する「承認のルール」，誰がいかなる権限によってルールを作ったり変えたりできるのかに関する「変更のルール」，誰がどのようにして裁判を行うのかに関する「裁判のルール」といった，第2次的ルール（以下，2次ルールと表記）が形成される。2次ルールは，何らかの権威を背景に，1次ルールの不確定的で曖昧な性格を補うルールとなる。そして，③1次ルールが2次ルールによって承認されること（1次ルールと2次ルールの結合）により法的ルールは成立する。しかし，成立した法的ルールは，社会的な論争をすべて解決できる絶対的なルールと

第5章 規範活用型公民学習　237

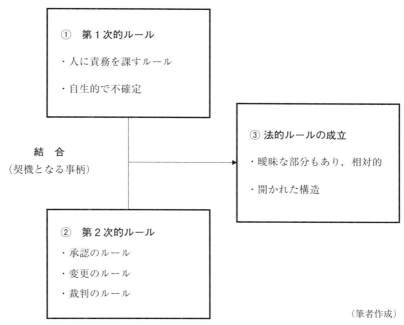

(筆者作成)
図5-1　第1次的ルールと第2次的ルールの結合としての法

いうわけではなく，規定が曖昧である場合やその規定そのものに反対する人々も存在するなど，相対的なものである。ハートは，それら法的ルールの曖昧さ・相対性を「開かれた法の構造」と呼び，裁判官等が2次ルールに従い，具体的な事件を解決する過程で法を解釈し，その曖昧さを補うことによって，新しい法的ルールを形成していくという。

また，ハートは，法の認識方法を「内的視点」と「外的視点」の2つに区分する。内的視点とは，ある法システムの内にいる"当事者"が，主体的に従うべき規範として法を認識する視点である。それに対して外的視点は，ある法システムの外に出て，"観察者"として客観的に法を分析する視点である。この2つの視点は，法を規範として認識するか，事実として認識するかの区別にも関係する。つまり，内的視点から法を見れば，それは，自らの社会が

持つ"規範"を認識することになり，当事者としてその規範に拘束される。しかし，外的視点から法を見れば，それは，ある社会がある規範を法的ルールとして承認し，人々はそれに従っているという"事実"を観察することになる。

以上のようなハートの法認識論は，立憲主義公民学習を開かれたものにするために多くの示唆を与える。

第1に，法を1次ルールと2次ルールの結合として捉える点は，法を道徳的に優れている"規範"として捉えるのではなく，人々が法を承認し活用している"事実"として分析する学習を示唆している。→法と道徳の二元論。

第2に，成立した法も「開かれた構造」を持つと捉える点は，子どもに憲法の起源や正当性の吟味を促すとともに，憲法を実社会で使用するために条文を動的に解釈する学習を示唆している。→動的な法認識。

第3に，内的視点と外的視点を区別する点は，憲法のあり方を当事者として主体的に議論する"内的視点"と，ある憲法規範を有している社会を観察者として冷静に分析する"外的視点"を子どもに促す。→2つの視点による法的議論学習。

ハートの所論は，"法と道徳の二元論"により憲法を常に道徳的批判や改革から価値的に"開かれた存在"と捉え，"動的な法認識"と"内的視点・外的視点の区別"を促すことで，認識論的にも開かれた憲法学習のモデルを提示しているわけである。

では，このような論理から公民学習の改革を進めた例として『権利章典ガイド』を取り上げ，単元レベルで具体的に分析していこう。

3 開かれた法認識──単元構成──

(1)『権利章典ガイド』の教育目標──権利章典を活用できる市民の育成──

『権利章典ガイド』は，前節で考察したように，散文的で不透明な規定の多い権利章典を，子どもが現実社会の中で活用していく可能性を開くという

教育目標から内容編成がなされている。全体計画は，大単元1「権利章典の誕生」，大単元2「最初の10の修正条項」，大単元3「権利章典を超えて」という3つの大単元から構成されている。学習の中心となるのは大単元2であり，権利章典として知られる合衆国憲法の修正1条から修正10条の研究が行われる。ここでの学習は，条文を網羅的に学習するのではなく，議論するテーマに応じて条文を"狭く深く"研究するようになっている。そのため，大単元2の各小単元は条文に規定された権利ごとに，その権利が成立した起源と現在，最高裁による判例と現在の論争について研究していくように計画されている。子どもが条文の規定をめぐる様々な法的議論を行うことがめざされている。

(2) 単元構成の論理——法的議論の分析と実践——

では，条文を"狭く深く"研究していく各単元は，どのような論理から構成されるのであろうか。大単元2の典型的な小単元である「信教の自由」を事例に考察していこう。教師用指導書及び教科書の記述から，単元構成を分析したものを表5-4に示した。

本単元は，修正1条における「連邦議会は，国教を樹立し，または宗教上の自由な行為を禁止する法律……を制定してはならない」という規定をめぐる法的議論を研究するように構成されている。その構成は，条文に規定されている"信教の自由（宗教上の自由な行為を禁止する法律の禁止)"と"政教分離（国教樹立禁止)"をめぐり，法的議論を"分析"していくパート1と，法的議論を"実践"していくパート2からなる。

①パート1——法的議論の分析による法の"起源"と"現在"の研究——

パート1は，憲法に"信教の自由"と"政教分離"が同時に規定された"起源"となる議論と，両規定をめぐる"現在"の議論を，内的視点から分析することがめざされる。

表 5-4　開かれた法認識をめざした単元構成――小単元「信教の自由」の場合――

パート	学習活動（テーマ）	主な問題	単元の構造		視点
			分析対象となる論者（主張）	研究課題	
パート1　法的議論の分析	学習活動1　ワシントンとモーゼスの議論	○なぜ，ロードアイランドにおけるシナゴーグは，重要な意味を持つのですか？ ○モーゼスとワシントンは，どのような議論を行いましたか？ ○2人の議論と現在の「信教の自由」を巡る議論は，どのように違いますか？	大統領と宗教指導者	法の「起源」	内的視点
	学習活動2　公立学校と宗教	○なぜ，ジェフリーとマージェンスは，「信教の自由」のために闘いましたか？ ○2人の主張の相違点をまとめなさい。 ○権利のために立ち上がった個人には，どのような資質が求められますか？	市民（分離主義）と市民（融通主義）	法の「現在」	
パート2　法的議論の実践	学習活動3　政教分離をめぐる2つの立場	○分離主義と融通主義は，それぞれどのような主張をしていますか？ ○政教分離をめぐって，どのような議論が展開されてきましたか？ 過去の判例を参考にディベートを行いなさい。 ○なぜ，国教樹立禁止条項をめぐってしばしば対立が起こるのですか？	分離主義と融通主義	法の「解釈」	外的視点
	学習活動4　信教の自由に関する法的論争	○なぜ，宗教は信者に特定の装飾を身につけることを求めるのですか？ ○なぜ，キールパンという宗教的シンボルを巡り論争が起きているのですか？ ○あなたが最高裁判所の判事だったら，どのような判決を下しますか？	教育委員会と子ども	法の「適用」	

Monk, L.R., Sass, C.R., *The Bill of Rights : a user's guide Teacher's Guide*, Close up Publishing, 1995, pp.13-17. 及び Linda R Monk, *The Bill of Rights : a user's guide*, Close up Publishing, 1995, pp.41-55. を参照し筆者作成。なお，表の「パート」と「単元の構造」は筆者の分析による。

学習活動1では，信教の自由が規定された"起源"の研究として，初代大統領ワシントンとロードアイランドのユダヤ教指導者モーゼスとの議論が分析される。この議論は，憲法批准期に連邦政府による宗教弾圧を危惧した宗教指導者に対して，大統領が信教の自由と政教分離を約束したものである。まず，モーゼスが，ユダヤ教徒は各邦において少数者として多くの迫害を受けてきたと指摘し，ロードアイランドが連邦に参加すると連邦政府から宗教弾圧を受ける可能性があると主張する。それに対して大統領は，憲法によって連邦が信教の自由を侵すことを禁止し，さらに，国教樹立禁止（政教分離）にすることで，特定の宗派が政治権力を握り他の宗派を弾圧することを防ぐと主張する。

　この議論の分析から，"信教の自由"は，連邦政府が信教の自由を侵さないことを約束したものであり，連邦政府の権力を制限する規範として生まれたことをまず把握させている。さらに，"政教分離"が，特定の宗派が政治権力を握ることを防ぎ，信教の自由を補強するために規定されたことも把握する。このように，憲法成立期の信教の自由をめぐる当事者の議論を分析することで，条文成立の背景に信教の自由を確立したかった少数宗派の思惑と，政教分離を確立することで特定の宗派が政治権力を握ることを避けたかった連邦政府の思惑が一致したことが把握されている。子どもは，憲法の条文が道徳的に優れているというわけではなく，妥協の産物であることを認識する。

　続く学習活動2では，信教の自由の"現在"を研究するために，公立学校における宗教行為をめぐって連邦裁判を経験したジェフリーとマージェンスという一般市民の主張が分析される。まず，ジェフリーは「公立学校は積極的な宗教行為をしてはいけない」との信念から，自分の子どもが通う学校において州法により黙祷時間が実施されたことに反対し，Wallance v.Jaffree（1985）において勝訴する。この事件は，州法による公立学校側の積極的な宗教行為に対して，政教分離の厳格適用を求めた裁判である。続いてマージェンスは，「公立学校は子どもが自主的に行う宗教行為を認めるべきだ」との

信念から，自分が通う高校において聖書クラブを作ろうとしたことを学校側に禁止されたことに反対し，Westside Community Schools v.Mergens（1990）において勝訴する。この事件は，学校側が政教分離を厳格適用し，宗教活動を排除した結果，子どもの信教の自由を侵した事例である。

　子どもは，この2人の主張の分析から，まず，信教の自由規定が"現在"では，連邦政府だけではなく，州の行為にも適用され，州法に基づく公的機関の行為も制限していることを把握する。そして，政教分離をめぐっては一般市民の間でも分離主義（公的機関と宗教は厳格に分離すべき，というジェフリーのような立場）と融通主義（公的機関と宗教の関わりを柔軟に認めるべき，というマージェンスのような立場）の2つの主張が存在していることを把握し，同規定が多様な解釈が可能な"開かれた構造"であることも認識する。

　以上のように，パート1では，信教の自由と政教分離の"起源"と"現在"を利害や主張の異なる当事者の議論から研究し，各々の主張を再構成することによって，条文の本来的な意味と実際的な活用状況を研究させている。子ども自身が社会の中で法を主体的に使用していく市民となる可能性を開くために，内的視点から，法の"起源"と"現在"を研究させている。

②パート2――法的議論の実践による法の"解釈"と"適用"――

　パート2では，パート1の学習を踏まえつつ，外的視点から法的議論を実践することが学習の中心となる。

　まず，学習活動3では，最高裁の判例を参照しながら，政教分離をテーマとしたディベートを行い，法を"解釈"する活動がなされる。扱われる論題は，公立学校における宗教行為をめぐるもので，分離主義と融通主義の解釈が対立しているものである。例えば，「公立学校は瞑想や祈祷のために毎日黙祷することをやめるべきである」「宗教は公立・私立を問わず，すべての学校カリキュラムの一部となるべきである」といった論題が提示される。子どもは，まず，分離主義と融通主義の基本主張を確認した後で，ディベート

の準備として教科書に記載されている数多くの判例を研究する。政教分離をめぐる判例は，分離主義と融通主義の間で揺れ動いた歴史があり，2つのルール解釈が展開されている。子どもは，判例に示されている政教分離をめぐる事件（社会状況）と判決（法的判断）の分析を行い，観察者として冷静に2つのルールの存在と葛藤を把握する。ディベート論題の提示が子どもに外的視点から，社会状況と法的判断を分析することを促し，特定の立場に拘束されない法の"解釈"を可能にさせるわけである。

　学習活動4では単元の終結として，信教の自由に関する現在の論争を分析し，その論争の解決に法を"適用"していく活動が行われる。取り上げられる事例は，シーク教徒が身に着けるキールパンと呼ばれる先の鈍い短剣をめぐる論争である。教育委員会側が，武器としての使用可能性を払拭できないことを理由に学校へのキールパンの持ち込みを禁じたのに対して，子ども側が，キールパンは宗教的な装飾品であり他州の学校では持ち込みを認められていると主張し，禁止処分の取り消しを求めた係争中（1995年当時）の事件である。ここでの論点は，「キールパンは宗教的シンボルか武器か」という問題と，「学校において信教の自由と安全確保のどちらを最優先すべきか」の2点である。学習は，問題の背景と双方の主張の整理を行った後に，裁判官として子ども自身が判決を考えるという構成となっている。子どもは，裁判官として外的視点から，冷静に事例に示されている社会状況を観察するとともに，適用可能な過去の判例を吟味し，自らの結論を導き出すこととなる。

　以上のように，パート2の学習は，"信教の自由"と"政教分離"を巡る葛藤状況について，"判例"を使用しながら議論していくことが学習の中心となっている。ここでは，ディベートや裁判官としての判断を求めることで，子ども自身が特定の立場や規範に縛られることなく，観察者として開かれた立場から判例を研究している。そして，法の"解釈"に依拠しながら，外的視点から論争に法を"適用"していく活動を行っている。

③2つの視点を促す単元構成

　以上のように，『権利章典ガイド』の各論部の単元構成は，1つの条文をめぐって，子どもたちが当事者として内的視点からその起源と現在の活用状況を分析していくパート1と，権利をめぐる論争問題に，子どもが冷静な観察者として外的視点から判例を解釈し適用していくパート2の2つのパートから構成されていることがわかる。そして，パート1では，法的議論を分析し，子どもが法（権利規定）を自分自身のものとして使用していく可能性を開いていく学習がなされる。パート2では，価値的に開かれた立場から法的議論を実践し，法を冷静に解釈し現実に適用できるようにしている。

　このように単元構成は，憲法システムの内にいる市民としての主体的な法認識と，憲法システムの外にいる観察者としての客観的な法認識の2つの視点を促すことにより，子どもたちに開かれた法認識を形成するものとなっている。

4　法的議論学習——授業構成——

(1) 法的議論を分析する授業

①内的視点による法的ルール成立過程の再構成としての授業

　では，法的議論を"分析"する授業はどのような論理から授業が組織化されるのであろうか。パート1の学習活動1「ワシントンとモーゼスの議論」を教科書と教師用指導書から教授書形式にしたものを表5-5に示した。授業は，"信教の自由"と"政教分離"を法的ルールとして成立させた議論を再構成し，内的視点から分析していくよう組織化されている。

　導入部では，信教の自由と政教分離が"1次ルール"として形成される出発点が研究される。植民地時代，多くの人々が母国での宗教弾圧を逃れ，アメリカに渡ったために，信教の自由を確立することは重要な課題であった。にも関わらず，多くの邦が多数派の信仰する宗派の教会を設立し，他の宗派を弾圧していた。そのような中，ロードアイランドなど4つの邦は邦立教会

第5章　規範活用型公民学習　245

を設立せず，信教の自由と政教分離をルールとして確立しようとしていた。このような分析から，子どもは，植民地時代のアメリカに，信教の自由と政教分離をめぐる法的議論の出発点があることを認識する。また，当時は，信教の自由と政教分離が少数の邦で議論されていたに過ぎず，不確定で曖昧な1次ルールに留まっていたことも把握する。

　続く展開1では，信教の自由と政教分離が"2次ルール（承認のルール）"を経て，憲法の条文として成立した過程が研究される。分析されるのは，憲法批准期に行われた大統領と宗教指導者との議論の"背景"である。信教の自由が既に確立されていたロードアイランドは，連邦政府が宗教弾圧を行うことを危惧し，憲法の批准による連邦への参加をためらっていた。そこで，初代大統領ワシントンは，信教の自由と政教分離を約束するために，ロードアイランドのシナゴーグを訪れ，邦の有力な宗教者モーゼスと議論した。シナゴーグは，アメリカ最古のユダヤ教会の礼拝堂であり，信教の自由と宗教的権威の象徴となる建物である。ここで議論がなされた背景には，「宗教色が強いアメリカ社会では憲法の批准に多くの宗派の支持が必要である」という承認のルールと「憲法は，9つの邦で批准されたときにその批准した邦で発効する」という承認のルールが作用している。このような分析から子どもは，信教の自由と政教分離が憲法の条文として成立した背景に，宗教と民主主義の権威に基づく2次ルール（承認のルール）が存在していたことを把握するわけである。

　展開2では，信教の自由と政教分離という不確定であった1次ルールを，宗教と民主主義の権威による2次ルール（承認のルール）を経て，法的ルール（憲法条文）として成立させた議論が分析される。ここで分析対象となるのは，先述したワシントンとモーゼスの議論である。まず，モーゼスが自己の宗派が受けてきた弾圧の実態を説明する。それに対してワシントンが，連邦政府はできるだけ多くの宗派が参加できる「広範でリベラルな政治」をめざしており，そのために，「宗教的な寛容」を超えた法的ルールとして信教

表5-5 学習活動1「ワシントンとモーゼスの議論」の教授・学習過程

展開	主な発問	教授学習活動	子どもから引き出したい知識	過程
導入 社会状況	○権利章典が成立する以前のアメリカにおける信教の自由について,教科書の記述を参照しなさい。	T：発問する P：教科書の記述を参照する	○植民地時代のアメリカにおいて,多くの邦が政教分離しておらず,信教の自由が侵害されていた。 ・植民地時代,多くの人々が母国での宗教的弾圧を逃れ,アメリカに渡ってきたために,信教の自由の確立は重要な課題であった。 ・しかし,多くの邦は邦立教会を設立し,その教会に属していない人々には選挙権を与えないなどの弾圧を行った。 ・ロードアイランドをはじめとする,4邦のみが邦立教会を設立せず,政教分離と信教の自由の確立を試みていた。	1次ルール形成の出発点（起源）となる社会状況の分析
展開1 議論の背景の分析	1 教科書p.45の初代大統領ワシントンとユダヤ教指導者モーゼスとの議論について研究します。	T：説明する	○1790年に初代大統領ワシントンは,合衆国憲法の批准を促すために,ロードアイランドのシナゴーグ（ユダヤ教礼拝堂）を訪れ,ユダヤ教指導者モーゼスと「信教の自由」について議論した。 ・憲法は9つの邦で批准された場合に発効するが,ロードアイランドは,連邦政府に権力が集中することを恐れ,憲法制定会議に代表すら派遣せず,1790年まで憲法を批准していなかった。	2次ルールとその背景にある社会的権威の分析
	○まず,事件の背景について説明します。	T：発問する P：答える	○ロードアイランドにあるシナゴーグは,アメリカに現存する最古のユダヤ教礼拝堂であり,宗教色の強いアメリカにおいて信教の自由と宗教の権威を象徴する建物として重要な意義を持つから。	
	・なぜ,ロードアイランドにおけるシナゴーグは重要な意義を持つのですか？		・植民地時代にユダヤ教は差別や迫害を受けており,多くのユダヤ教徒が信教の自由が確立されたロードアイランドに移り住み,シナゴーグを中心に宗教活動を行ったから。	

第5章　規範活用型公民学習　247

展開2 議論の分析	2　ワシントンとモーゼスの議論を再現し分析しなさい。 ○モーゼスは，何と言っていますか？	T：発問する P：答える	○彼らの宗派は偏見や迫害を受け，自由な市民としての権利を奪われてきた。そして，平穏に集会を行うことが困難なこともあったという。そして，憲法が批准されれば，ロードアイランドでも他邦のような宗教弾圧が起こるのでないかと危惧している。	1ルールと2次ルールを結合する議論の分析
	○ワシントンが主張する，「広範」で「リベラル」な政治とは？	T：発問する P：答える	○「広範な政治」とは，多様な信仰や思想を持った人々が参加できる大規模な連邦政府を樹立することによって，多元的な国家を形成することである。「リベラルな政治」とは，個人の自由や少数者の権利を積極的に保護していくことである。連邦政府は，「国教樹立の禁止」によって「広範な政治」をめざし，「信教の自由を保障」することで「リベラルな政治」をめざすという。	
	○モーゼスの主張は，変化しましたか？		○ワシントンの主張に賛同し，合意した。	
	○「宗教的な寛容」と「信教の自由」に区別をつけることができますか？	T：発問する P：答える	○「宗教的な寛容」は，連邦政府が多様な宗派の存在を認め，その活動を許すことを指す。「信教の自由」は，憲法による連邦政府の行為の制限であり，①連邦政府による宗教の自由を侵す立法の禁止と，②連邦政府による国教樹立禁止の2つの規定からなる。	法的ルールの確認
終結 葛藤把握	3　1791年の二人の議論と現在の議論はどのように違いますか？	T：発問する P：答える	○1791年当時は，連邦政府の巨大な権力が「信教の自由」を侵すことを危惧する議論である。連邦政府は，その危惧を払拭するために，自己の権力を制限する「国教樹立禁止（政教分離）」と「信教の自由」を権利章典に規定した。しかし，現在の議論は，国教樹立禁止（政教分離）条項が，公的な宗教活動を指向する宗派にとって「信教の自由」の侵害になるというもので	法的ルールの開かれた構造（葛藤状況の把握）

| | | | あり，両条項は，アメリカ社会に葛藤状況を生み出している。 |

Monk, L.R., Sass, C.R., *The Bill of Rights : a user's guide Teacher's Guide*, Close up Publishing, 1995, pp.14-15. 及び Linda R Monk, *The Bill of Rights : a user's guide*, Close up Publishing, 1995, pp.42-55. を参照し筆者作成。なお「展開」「過程」は筆者の分析。

の自由と政教分離を規定すると約束し，モーゼスが賛意を示す。ここで子どもは，不確定な1次ルールであった信教の自由と政教分離が，大統領と宗教指導者の合意という2次ルールを経て承認され，法的ルールとして成立したことを，当時の議論を再構成することによって研究する。

終結部では，成立期と現在の信教の自由をめぐる議論の比較から，信教の自由と政教分離が葛藤状況となることを認識し，成立した法的ルールが多様な解釈が可能な，開かれた構造であることを解明することで学習を終えている。

②形成される法認識──1次ルールと2次ルールの結合過程──

では，以上のような授業によって，子どもにはどのような法認識が形成されるだろうか。図5-1で示した，ハートの法認識の構造から本授業で形成される知識を分析すると図5-2のようになる。

授業ではまず，①1次ルールが形成される出発点（起源）となる社会状況が認識される。例えば，アメリカにおける宗教の重要性や植民地時代の各邦の信教の自由をめぐる状況である。続いて，憲法が批准されるための②2次ルール（承認のルール）とその背景にある社会的権威が認識されている。ここでは，憲法が承認されるための2次ルールと，その背景にある民主主義，宗教といった社会的権威を認識することになる。そして，ワシントンとモーゼスの議論から，民主的な手続きと宗教的な権威の同意を経て，1次ルールと2次ルールが結合し，③法的ルールが成立したことが認識される。また，成立した法的ルールは言葉の意味が曖昧な場合もあり，多様な解釈が可能性

第1次的ルール形成の出発点（起源）となる社会状況
・多くの人々が宗教的弾圧を逃れてアメリカに渡った。
・しかし，植民地アメリカでは，多くの邦が政教分離していなかった。
・弾圧を受けた宗派もあり，信教の自由の確立は重要な課題であった。

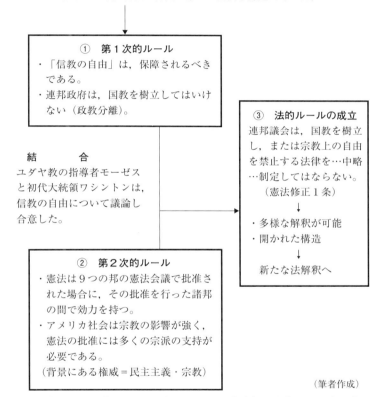

図5-2　学習活動1「ワシントンとモーゼスの議論」で形成される法認識

な"開かれた構造"であることも子どもたちは認識する。

　授業は，子どもたち自身の社会において1次ルールが2次ルールを経て，法的ルールとして成立した過程を，法的議論の再構成とその議論を取り巻く社会状況の分析から研究している。特定の価値に拘束されない，開かれた社

会認識を通して内的視点から条文成立過程を研究していくわけである。

(2) 法的議論を実践する授業
①外的視点による法解釈過程としての授業

では，子どもたちが法的議論を"実践"する授業は，どのような論理から組織化されるのであろうか。パート2の学習活動3「政教分離をめぐる2つの立場」を教科書と教師用指導書から教授書形式にしたものを表5-6に示した。授業は，法を解釈し，適用していく裁判官として，前半部で判例研究を行い，後半部で法的議論（ディベート）を実践していくように構成されている。

導入では，アメリカ社会において，政教分離をめぐる解釈が"融通主義"と"分離主義"の2つに分かれ，それぞれ異なった1次ルールを形成していることを確認する。

展開1では，判例研究を中心に政教分離をめぐる過去の議論を研究する。まず，政教分離が最高裁による司法審査という2次ルール（裁判のルール）に基づき議論されてきたことを把握する。そして，司法審査が行われた裁判として，政教分離の意味が初めて問われた Everson v. Board of Education (1947) と政教分離を審査する基準が確立した Lemon v. Kurtzman (1971) の2つの判例が分析される[8]。ここでは，対立する2つの1次ルールのうち"分離主義"が司法審査という2次ルールを経て，判例法として成立していったことを分析する。また，分離主義的な判例に反対する人々も多く，法的ルールは揺れ動き葛藤状況となっていることも把握する。

展開2では，判例学習を踏まえ，いくつかの論争についてディベートを行う。このディベートは，裁判官として外的視点から分離主義と融通主義の主張を分析するために行われる。教師用指導書に例示されている論題の1つ「公立学校は瞑想や祈祷のために，毎日，黙祷時間を実施することをやめるべきである。」を事例として考察してみよう。ディベートは，肯定側・否定側の順で立論した後に，同じ順番で反駁を行うシンプルなものである。肯定側は

第 5 章　規範活用型公民学習　251

表 5-6　学習活動 3「政教分離をめぐる 2 つの立場」の教授・学習過程

展開	主な発問	教授学習活動	子どもから引き出したい知識（活動）	過　程
導入	①政教分離をめぐって，融通主義と分離主義はどのような主張をしていますか？	T：発問する P：答える	・融通主義の主張＝憲法は，政府のあからさまな国教樹立行為や宗教弾圧を禁止しているだけであり，政府が宗教の役割を認め支援してもかまわない。 ・分離主義の主張＝憲法は，教会と政府との間に厳格な分離を求めており，政治と宗教は厳格に分離されるべきである。	1 次ルールの把握
展開 1　議論の準備	②政教分離をめぐって，どのような議論が展開されてきましたか？	T：発問する P：答える	・政教分離をめぐっては，最高裁判所が具体的な訴訟を解決する中で，司法審査を行い，その意味について議論を重ねてきた。	2 次ルールの把握
			・政教分離の意味が初めて問われた裁判は，Everson v. Board of Education（1947）である。 ・政教分離に反するか否かの基準については，Lemon v. Kurtzman（1971）において，3 つの基準から審査されることが，定式化された。	1 次ルールと 2 次ルールを結合する議論の分析
			・連邦最高裁判所は，政教分離を分離主義的に解釈し，判決を下している場合が多い。しかし，アメリカ社会には宗教的行為を政府が支援することや，公立学校において宗教教育を充実させるべきであると主張する人も多く，議論は揺れ動いている。	法的ルールの葛藤状況の確認
展開 2　議論の実践	・過去の議論を参考にディベートを行いなさい。	T：指示する P：肯定側と否定側に分かれ，ディベートを行う	・公立学校は瞑想や祈祷のために，毎日，黙祷時間を実施することをやめるべきである。 A 肯定側立論（例） 　判例を参照すると，公立学校の黙祷時間の実施は政教分離の厳格適用から違憲と判断されている。また，黙祷時間の実施は子どもに宗	ディベートの実践と評価 （外的視点から判例を適用する）

			教的な圧迫を感じさせ，信教の自由を侵す。 B 否定側立論（例） 　アメリカ社会においては，宗教の役割は大きく，特定の宗派を推進または抑圧するものでなければ，黙祷時間を実施してもよい。判例にも同様の趣旨の反対意見が述べている。	
	・ディベートの勝敗を判定しなさい。	T：発問する P：答える	・ディベートを裁判官として評価し，勝敗を審判する。	
終結 論点整理	①なぜ，国教樹立禁止条項をめぐって，しばしば葛藤が起こるのですか？	T：発問する P：答える	①信教の自由と政教分離は，アメリカ人にとって重要な権利規定である。しかし，政治と宗教の一切の関わりを排除することは，困難である上に，政治と宗教がより積極的な関わりを持つべきであると主張する人も多くいる。特に，公立学校において，より宗教的な教育を重視すべきであるとの声も根強い。政教分離を厳格に要求する最高裁判決に反対し，立法措置によって対抗しようとする人もおり，政教分離規定は揺れ動いている。	法的ルールの葛藤状況の再確認

Monk, L.R. and Sass, C.R., *The Bill of Rights : a user's guide Teacher's Guide*, Close up Publishing, 1995, pp.14-15. 及び Linda R Monk, *The Bill of Rights : a user's guide*, Close up Publishing, 1995, pp.42-55. を参照し筆者作成。なお「展開」「過程」は筆者による分析。

　分離主義の立場から，主に展開１で研究した最高裁の"判例"を参照し，議論を組み立てていく。それに対して，否定側は，宗教の役割を積極的に認めている"社会状況"から主張を展開していくことになる。ディベートは，子どもに分離主義的な"判例"の解釈と融通主義的な"社会状況"の研究を促し，法解釈と社会認識がセットになった法的議論を分析させる。

　終結部では，宗教の役割を積極的に認めつつ，信教の自由と政教分離を同時に規定する，アメリカ社会と法的ルールが抱える葛藤状況を再確認することで学習を終えている。

②形成される法認識――開かれた判例解釈――

　以上のような法的議論を実践する授業は，子どもたちにどのような法認識を形成するのだろうか。図5-3に形成される法的知識の構造を示した。

　本授業ではまず，条文の曖昧さが，社会に"政教分離"をめぐる2つの解釈を形成し，①1次ルール自体が葛藤状況となっていることを認識する。その背景には，アメリカ社会におけるカトリック系とプロテスタント系の主張の違いがあることも認識される。そして，曖昧な1次ルール（政教分離）が②2次ルール（司法審査）を経て，③法的ルール（判例）として成立していることが認識される。例えば，憲法では国教樹立の禁止が規定されているが，この規定が文字通り政府による教会の設立のみを禁止したものであるのか，子どもにとっては不明確である。そこでまず，Everson v. Board of Education（1947）の判例を参照し，国教樹立禁止条項は，政府による教会の設立の他に，宗教への補助の禁止や個人の宗教的信念に立ち入ることを禁止し，厳格な政教分離を求めていることを認識する。しかし，この判例も，判断が困難なハードケースには不十分なルールである。そこで，Lemon v. Kurtzman（1971）を参照し，政教分離に違反するか否かの3つの基準を認識する。これらの最高裁判決は，"分離主義"の立場からなされたものであり，アメリカ社会には批判も多く反論可能な相対的なものである。したがって，ディベートでは，分離主義の立場の子どもは，判例を擁護する立論を行い，融通主義の立場の子どもは，社会的現実と判例がズレていると主張するわけである。

　以上のように本授業では，ディベート論題の提示が子どもに特定の立場に拘束されない外的視点からの判例研究を促している。そして，政教分離（1次ルール）と司法審査（2次ルール）が結合し成立した判例（法的ルール）を観察者として冷静に分析している。また，判例は絶対的なルールではなく，特定の立場を擁護し，社会的な現実とズレる場合があることも認識している。裁判官として外的視点から法的議論を実践することで，判例の正当性と使用

・新たな第1次的ルール形成の背景にある社会状況
・アメリカには，カトリック系を中心に政府と宗教の関わりを求める宗派がある。
・それに対して，プロテスタント系を中心に政教分離を強く主張する宗派もある。
・政教分離（修正1条）は規定が曖昧で，融通主義と分離主義の解釈が葛藤している。

↓

①第1次的ルール
・融通主義的ルール＝政府は宗教の役割を認め，支援すべきである。
・分離主義的ルール＝政府と宗教は，厳格に分離されるべきである。

結　合
国教樹立禁止条項の意味がはじめて問われた裁判は，Everson v. Board of Education(1947)である。国教樹立禁止条項に反するか否かの基準については，Lemon v. Kurtzman(1971)において，審査基準が，定式化された。

②第2次的ルール
裁判所は具体的な訴訟を解決する中で，司法審査を行い，憲法（権利章典）の意味を判例として宣言する。
（背景にある権威＝司法）

③法的ルール（判例）の成立
Everson v. Board of Education(1947)
1 連邦および州政府による教会設立の禁止。
2 ある宗教を補助したり，すべての宗教を補助したり，ある宗教を他より優先したりすることの禁止。
3 教会に行く行かない，宗教を信じる信じないことを告白することを強制したり，それらを理由に制裁を課したりすることの禁止。
（分離主義的な解釈の成立）

↓

Lemon v. Kurtzman（1971）
1 政府の立法・行為は，世俗的な目的でなければならない。
2 その主たる効果が宗教の促進も抑制もしてはならない。
3 政府と宗教との過度の関わり合いを促進してはならない。
（分離主義的な審査基準の確立）

（筆者作成）

図5-3　学習活動3「政教分離をめぐる2つの立場」で形成される法認識

可能性[9]の吟味を促し，子どもに開かれた法解釈を行わせている。

5 開かれた法認識形成による憲法規範活用の論理

以上のように本節では，ハートの法認識論を枠組に『権利章典ガイド』の分析を行った。そこで明らかになった，開かれた法認識形成による憲法規範活用の論理をまとめると以下の３点が指摘できる。

①法と道徳の二元論＝憲法条文を道徳的に優れていると捉えるのではなく，ある社会状況の中で自生的に形成された１次ルールが，ある権威を背景とした２次ルールによって承認された，と実証的に捉える。憲法の理念をアプリオリに子どもたちの"規範"とするのではなく，まず，その起源と正当性を吟味させるわけである。そして，憲法を"擁護"する主張と"批判"する主張の両者を取り上げることで，開かれた法認識の形成を図る。憲法の理念を擁護するか否かは，子ども自身の条文をめぐる社会認識と法解釈に基づく意思決定に留保される。

②動的な法認識＝憲法の条文は，妥協の産物であり未完成な部分も多く，子ども自身による解釈の可能性がある動的なものとして授業を行う。そのために，条文の解釈の変遷や葛藤，発展を研究するとともに，現実社会において憲法の条文を活用し，真摯に問題解決に取組んだ裁判（判例）を授業内容として積極的に取り上げる。

③主体的な議論学習＝上記の２つの原理を具体化するために，子どもが憲法条文の"起源"と"現在"を内的視点から理解し，外的視点からその"解釈"と"適用"を行うように単元を構成し，条文を"狭く深く"研究させる。授業は，憲法の成立過程と最高裁判所の判例における"法的議論"を，主体的に分析し実践する過程として組織化し，憲法規範の現実的な活用学習を展開する。

『権利章典ガイド』は，子ども自身が自立的に憲法条文の起源を研究し，その正当性を吟味するとともに，社会の中で条文が持つ意味や，その理念と現実のズレを主体的に議論していく学習論を提示していた。子どもたちに憲

法規範をめぐる多様な社会認識と法解釈の可能性を保障する「開かれた法認識形成による憲法規範活用」の論理を示唆しているわけである。

注
1) 憲法学習の問題点については，細川哲「公民教育における憲法学習の意義と問題点」『社会科教育研究』第35号1974，江口勇治（研究代表）『憲法学習を基盤とした法教育カリキュラムの研究 平成6～7年度科学研究費研究成果報告書』1996，橋本康弘「市民的資質を育成するための法カリキュラム−『自由社会における法』プロジェクトの場合」『社会科研究』第48号1998，などで指摘されている。しかし，いずれの研究も憲法を学習内容とする具体的な単元や授業の分析は行われていない。
2) この点は，基本的人権を私人間で尊重することを強調するあまり，権利規定が第1義には国家権力による権利侵害を防ぐために生まれたことを曖昧にしているという問題もある。
3) 特定の価値観による授業構成が子どもの認識を「閉ざす」ことについては，森分孝治『社会科授業構成の理論と方法』明治図書1978及び森分孝治「社会科公民と公民科のちがいは何か」『社会科教育学ハンドブック』明治図書1994を参照されたい。
4) 例えば以下のようなプロジェクトが開発されている。
 ・Rhodehamel, J.H., Rohde, S.F., Blum, P.V., *Foundations of Freedom : a Living History of our Bill of Rights*, Consititutional Rights Foundation, 1991.
 ・Smith, G.B., Smith, A.L., *YOU DECIDE! Applying the Bill of Right to Real* Cases, Critical Thinking Press and Software, 1992.
 なお，Foundations of Freedomについては，拙稿「権利に関する社会的ジレンマ研究としての社会科−権利学習プロジェクト『自由の基礎』を手がかりに−」『社会科研究』第58号2003を，YOU DECIDE!については，桑原敏典「アメリカ社会科における公民教育の改善に関する研究（Ⅱ）−判例を用いた判断力育成教材を事例として−」『岡山大学教育学部研究集録』第120号2002を参照されたい。
5) Monk, L.R., *The Bill of Rights : a user's guide*, Close up Publishing, 1995.及びMonk, L.R., *The Bill of Rights : a user's guide, Teacher's Guide*, Close up Publishing, 1995.を分析対象とする。なお，プロジェクトを開発したClose up Foundation（クローズアップ基金）は，1971年に設立され，政治の実態に接近（クローズアップ）する公民教育をめざし，カリキュラムや，政府を実際に見学するプ

ログラムなどを開発している。詳細は第3章をご参照いただきたい。
6) 憲法学習を授業レベルで分析した研究に，溝口和宏「歴史教育における社会的判断力の育成（1）－法的判断力育成のための歴史教材例－」『社会科研究』第50号1999，桑原敏典「憲法学習を中心とした公民教育改善の試み－アメリカ高校用教材『We the People』を手がかりとして－」『公民教育研究』2000 などがある。本節では，先行研究で十分掘り下げられていない開かれた法認識形成による憲法規範活用の論理を解明することを目的としている。
7) ハートの所論については，H.L.A. ハート，矢崎光圀監訳『法の概念』みすず書房1976及びN. マコーミック，角田猛之編訳『ハート法理学の全体像』晃洋書房1996を参照した。なお，社会学からのハート解釈は橋爪大三郎『言語ゲームと社会理論』勁草書房1985 pp.78-158，憲法学からのハート解釈は阪本昌成『憲法理論Ⅰ』成美堂1993 pp.26-88. を参照した。
8) これらの判例については，藤原皓一郎ほか編著『英米判例百選［第3版］』有斐閣1996及び松井茂記『アメリカ憲法入門[第4版]』有斐閣2000 を参照した。
9) 憲法や司法審査がなされた判例を，他の法律（1次ルール）の合憲性を審査する基準（2次ルール）と考え，授業を構成することも可能である。この点についての考察は別の機会に譲るが，その原理については，阪本前掲書をご参照されたい。

第4節　憲法規範を活用した日常生活問題学習の方法
——L.R. モンク『修正1条：寛容へのアメリカの青写真』の場合——

1　憲法規範を活用した日常生活問題学習

本節では，クローズアップ財団が憲法学者L.R. モンクとともに開発した，中等向け市民性育成プロジェクト『修正1条：寛容へのアメリカの青写真』[1]の分析を通して，憲法規範を活用した日常生活問題学習の論理について考察する。

『修正1条：寛容へのアメリカの青写真』は，合衆国憲法の背景にある自然法的な規範として"寛容"に焦点を当て，それを日常生活問題の解決に活用する[2]ことをめざす市民性育成プロジェクトである。本プロジェクトは，

公的な問題が中心になる憲法学習と私的な人間関係の問題が中心になる道徳学習を批判的に統合するアプローチを示している。

本節では,『修正1条:寛容へのアメリカの青写真』の教育原理と単元構成の論理を明らかにすることで,憲法規範を活用した日常生活問題学習の論理について考察する。

2 『修正1条:寛容へのアメリカの青写真』の教育原理
　　──憲法規範の活用──

(1) 教育原理

本プロジェクトは,アメリカ合衆国憲法の中で立憲主義を最も象徴する修正1条が示す「寛容」[3]という憲法規範を,日常生活において"活用"できる市民の育成を目標としている。合衆国憲法修正1条は以下のような条文である。

> 連邦議会は国教を樹立し,または宗教上の行為を自由に行うことを禁止する法律,言論または出版の自由を制限する法律,並びに人民が平穏に集会する権利,および苦情の処理を求めて政府に対し請願する権利を侵す法律を制定してはならない。

修正1条は,①憲法は市民が政府に宛てた命令書であること,②宗教の自由,言論の自由,出版の自由,集会の自由,請願権といった市民の自由を包括的に保障すること,③アメリカ社会が多様な宗教や価値観を尊重する「寛容社会」をめざすこと,を宣言した条文として知られる。これまで考察してきたように,合衆国憲法修正1条〜10条は,権利章典と呼ばれ,アメリカ市民の権利と自由を保障する拠り所となっている。1787年に合衆国憲法が制定された当初,権利章典は存在していなかった。そのため,いくつかの邦が強力な連邦政府の出現による権力の暴走を危惧し,合衆国憲法を批准しなかった。そこで,1789年の第1回連邦議会において,権利章典の追加が議論され,1791年に修正1条〜10条の権利章典が成立した。権利章典が成立

した背景には，イギリスにおける宗教的迫害を逃れてアメリカに渡った人々の強大な権力の出現に対する伝統的な不信感がある。特に，修正１条に規定された信教の自由は，政府と宗教の厳格な分離を求め，政府の多数派が支持する宗派が国教的な扱いを受けないことを求めた。つまり，政府の多数派と異なる宗派に政府が「寛容」な態度をとることを求めたわけである。また，修正１条は同時に言論の自由，出版の自由，集会の自由，請願権を認め，政府と異なる見解を持つ人々を，政府がそれを理由に罰することができない，いわゆる「寛容社会」をめざしている。

そのような歴史的背景を踏まえ，本プロジェクトは，①修正１条が示す「寛容」という規範を子どもたちが日常生活で活用することをめざし，②修正１条に関わる社会事象を学習内容とし，③修正１条が示す多様な価値観を尊重する教育方法によって，④子どもたちを寛容社会の実現に貢献する市民に育成することを教育原理とする市民性育成プログラムである。修正１条と寛容との関係について，編者のL.R.モンクは次のように述べる。

> 修正１条によって権利を保障されることにより，アメリカ人は異なった信条や見解を持つ人々と共存できた。修正１条は，寛容社会を形成することに寄与してきた。そして，寛容社会は，構成員の多様性に価値をおいてきた。アメリカにおいて「寛容」は，ただの善い考え方以上のものである。つまり寛容は，私たちの最高法規である憲法が要求しているものなのである。

このように本プロジェクトは，修正１条が示す「寛容」という憲法規範を子どもたちの市民性育成の原理に位置付けようとするものであり，憲法規範に基づく子どもたちのキャラクター・エデュケーションとなっているわけである。

(2) 全体計画

では，本プロジェクトの全体計画はどのようになっているだろうか。本プロジェクトは公民学習や歴史学習における投げ込み単元として開発されたも

のであり，以下のような6つの単元から計画されている。

  導　入：多様性と集合
  単元1：寛容と修正1条
  単元2：信教の自由：根本的な違いを持ちながらともに生きる
  単元3：言論の自由：私たちを嫌う考え方への自由
  単元4：出版の自由：痛手を被るけんか腰の出版
  終　結：寛容と行動

　本プロジェクトの全体計画は，修正1条との関わりにおいて，寛容の概念について探究するものである。導入単元では，修正1条の生い立ちと歴史について研究する。導入単元では，寛容がいかに修正条項の原理的な課題であるかについても研究がなされる。単元2，単元3，単元4は，修正1条の主要な3つの権利－信教の自由，言論の自由，出版の自由の各権利について，いかに最高裁判所の示す判例が寛容社会の形成に寄与してきたかについて研究していく。そして，最終単元では，子どもたちのコミュニティーにおいて憲法上の価値である寛容を実現していくための市民の役割について研究することで終結としている。

　以上のように本プロジェクトは，子どもたちが寛容を実現していく市民となることを援助することを意図して開発されている。寛容という子どもたちに育成したい道徳的なキャラクターを，修正1条という法的な文脈の中で研究させようとしている。

3　法的アプローチと道徳的アプローチの統合——単元構成——

　では，本プロジェクトの具体的な単元はどのような論理から構成されているだろうか。ここでは，特長が最も表れている単元1「寛容と修正1条」を事例に分析を進めてみよう。資料5-2に単元1の教授学習過程を教授書形式で示し，それをもとに作成した単元構成の概要を表5-7に示した。本単元は7つの学習活動によって構成されている。7つの学習活動の内容を分析した

ところ，それらは導入，展開1，展開2，終結の4つのパートに分けることができる。

　導入「修正1条と寛容の関係」では，学習活動1「あなたの権利とは何か？」，学習活動2「寛容とは何か？」の2つの学習活動が準備されている。学習活動1では，「修正1条はどのような条文ですか？」をメインクエスチョンとして，修正1条が信教の自由，言論の自由，出版の自由などの権利を包括的に保障し，合衆国憲法の中でも最も重要な条文であることが研究される。また，憲法はあくまでも連邦政府をはじめとする政府に対する制限規範であることの理解も促される。そして，権利章典が保障する権利カタログを確認し，権利や自由のランキングを行う，ハンドアウト1「権利と自由のランキング」も行われる。ここでの学習は，比較的オーソドックスな憲法学習が展開されている。続く学習活動2「寛容とは何か？」は，本単元に特徴的な学習活動である。ここではまず，クラス全体で寛容の定義が行われる。教師には「寛容は，特に意見，信じること，行いなどが自分自身と異なる人々に対する偏狭や偏見から自由になる」というウェブスター辞典の定義を参考に子どもたちの議論を促すように指示されている。この学習活動では，まず寛容を修正1条と独立したものとし，定義させている。そして，これからの学習活動では，寛容の定義を意識しながら修正1条について学ぶことを子どもたちに促している。このように導入部では，修正1条と寛容を，まず，別々に定義付けや意味つけを行うとともに，両者につながりがあることの認識を，ゆるやかに子どもに促している。子どもたちに「なぜ，修正1条と寛容が関係あるのだろうか？」という疑問を抱かせて，続く学習活動の導入を図っている。

　展開1「日常生活における寛容」では，学習活動3「あなたの意見と態度」，学習活動4「寛容の認識」の2つの学習活動によって，道徳的アプローチによる学習が展開される。まず，学習活動3では，ハンドアウト2「個人的な概観」というワーク・シート学習が中心となる。これは，日常生活において①子どもたち自身が他者に非寛容な態度をとった出来事の記述と分析，②子

表5-7 「寛容と修正1条」の単元構成

展開	学習活動	テーマと主な発問	学習内容	単元の構造 ねらい	方法
導入──修正一条と寛容の関係──	学習活動1 あなたの権利とは何か？	◎修正1条はどのような条文ですか？ ○なぜ，権利章典が保障する権利は，すべてのアメリカ人にとって重要なのですか？ ○修正1条の権利が侵された事例を挙げてみましょう ○権利章典が保障する16の権利リストの中で，あなたが重要であると考える権利を10選びなさい。（ハンドアウト1）	・権利章典 ・修正1条 ・信教の自由 ・言論の自由 ・出版の自由 ・請願権 ●ハンドアウト1「権利と自由のランキング」	「修正1条」と「寛容」の関係のゆるやかな認識	法と道徳の関係の認識
	学習活動2 寛容とは何か？	◎「寛容」の意味をクラスで定義してみましょう。 ○修正1条の学習活動を進めるときは寛容の定義を心に留めておきましょう。	・寛容の定義 ・修正1条と寛容の関係		
展開1──日常生活における寛容──	学習活動3 あなたの意見と態度	◎あなたの寛容に対する意見と態度はどのようなものですか？（ハンドアウト2） ○あなたは，どのようなときに非寛容な態度となりましたか？（パート1） ○あなたが受けた非寛容な態度には，どのようなものがありますか？（パート2）	・子ども自身の寛容の態度 ・日常生活における子ども自身の非寛容な態度 ・日常生活における子ども自身が受けた非寛容な態度 ●ハンドアウト2「個人的な概観」	自分自身と日常生活における「寛容」の分析と研究	道徳的アプローチ
	学習活動4 寛容の認識	◎「寛容」に関する具体的な状況を分析してみましょう。（ハンドアウト3） ○以下の項目のaまたはbのうち，寛容な行動を示しているものは，どちらでしょうか？ ○「寛容の認識」の学習を終えて，どのようなことが分かり	・憎悪に満ちた主張 ・KKK団のデモ行進 ・下品な表現 ・宗教的理由による欠席 ・動物愛護 ●ハンドアウト3		

			「寛容の認識」		
展開2―権利章典の発展とその原則―	学習活動5 初期のアメリカにおける寛容	◎なぜ，初期の入植者たちは，イギリスを離れ，アメリカに渡ったのでしょうか？ ○いかにして権利章典は成立しましたか？権利章典の主要な目的は何ですか？ ○ステイト・アクションとして知られる原則とは何ですか？ ○なぜ，修正1条は，アメリカ人を平等に扱うために少数者や女性の人権を保護しなかったのですか？ ○修正1条は寛容を推進していますか？	・植民地アメリカにおける宗教対立 ・権利章典の成立過程 ・ステイト・アクション ・修正1条の成立時における不公正・差別 ・修正1条と寛容 ●ハンドアウト4「寛容と修正1条」	「修正1条」の発展過程と基本原則の研究	法的アプローチ
	学習活動6 多数決原理と少数者の権利	◎多数決原理と少数者の権利について議論しなさい。 ○私たちの社会が多数決の原則の名のもと，多数派が少数派を手荒く扱うことが許されたらどうなるか，エッセーを書いてみましょう。	・多数決原理 ・少数者の権利 ・個人の権利 ・立憲民主主義 ・寛容		
終結―貢献―	学習活動7 寛容社会の建設	◎それぞれの世代が修正1条の意味付けに貢献してきましたが，あなたは，どのような貢献ができるでしょうか？	・修正1条のメッセージ ・アメリカの未来像 ・寛容な社会 ・非寛容な社会	自分自身の「寛容社会」への貢献の研究	統合アプローチ

Monk, L.R., *THE FIRST AMENDMENT : America's Blueprint for Tolerance*, Close up publishing, 1995, pp.7-13. 及び Edwards, A.N., Monk, L.R., Sass, C.R., *THE FIRST AMENDMENT : America's Blueprint for Tolerance : Teacher's Resource*, Close up publishing, 1995, pp.14-19. を参照し作成。なお表中のゴシック体は筆者による分析を記入。

どもたち自身が非寛容な態度を受けた出来事の記述と分析を行うシートである。例えば，人種差別や宗教的差別，性別やマイノリティーへの非寛容な態度など，子どもたちの日常生活における非寛容の発見が促されている。ここでは，非寛容な態度が生む弊害や問題を子どもたち自身の言葉で綴ることに

よって,逆に寛容の必要性を促す学習活動となっている。続く学習活動4「寛容の認識」では,ハンドアウト3「寛容の認識」が学習の中心となる。ここでは,KKK団のデモ行進の許可,宗教的な理由による欠席の取り扱い,動物愛護団体と毛皮のコートといった各事例について,aとbの2つの対応例が示され,それを寛容な対応と非寛容な対応に分類していく活動が行われる。例えば,宗教的な理由による欠席の取り扱いでは,a「キャッシーはテストが予定されている日が彼女の家族が信仰する宗派の大切な休日にあたっており,学校に来られないと申し出た。すると先生は,テストは後日行い,欠席も出席扱いにするとした。」b「キャッシーはテストの予定日が,彼女の家族が信仰する宗派の大切な休日にあたっており,登校できないと申し出た。すると先生は,宗教的な理由でテストを休むことは難しいと言った。」という2つの対応例が示される。一見すると,aが寛容な態度を示し,bが非寛容な態度となっていると判断できる。

　ここで教師は,ではaのような対応をするとキャッシーが信仰する宗派の活動を特別に支援することにならないだろうか,また,他の宗派に不快感を与えないだろうか,といった発問を行い,子どもたちの議論を促していく。このように,日常生活における具体的な場面から真の寛容を認識していく学習が展開される。展開1の学習は,寛容という道徳的なキャラクターの重要性を理解するとともに,寛容を日常生活の中で発見していく道徳的アプローチによる学習を行う。

　展開2となる「権利章典の発展とその原則」では,学習活動5「初期のアメリカによる寛容」,学習活動6「多数決原理と少数者の権利」という2つの学習活動によって,法的アプローチによる学習が展開される。まず,学習活動5では,「なぜ,初期の入植者たちは,イギリスを離れアメリカに渡ったのでしょうか？」をメインクエスチョンに,入植者の多くが母国イギリスにおける宗教的迫害から逃れるためにアメリカに渡った。しかし,皮肉にも入植後は,自分の宗派と異なる人々に対する差別や少数宗派に対する迫害が

アメリカにおいても起こったことが研究される。また，権利章典の成立過程が分析される。例えば，合衆国憲法制定によって誕生する巨大な連邦政府は，イギリス国王のように市民の権利，特に信教の自由を侵害するのではないかと危惧された。そのため，いくつかの有力な邦が信教の自由の保障をはじめとする権利章典が追加されない限り，憲法を批准しないと主張したことが研究される。続いて，権利章典の発展史が研究される。権利章典は，1791年の成立時には連邦政府の行為のみを拘束すると考えられていた。しかし，南北戦争後の1868年に成立した修正14条によって州政府の行為にも権利章典の効力が及ぶようになった。現在は，最高裁判所によって適用されたステイト・アクションの原則によって，幅広くあらゆる政府機関の行為にその効力が及ぶようになったことを研究していく。また，合衆国憲法制定時，「われら人民」という言葉の人民には，黒人やネイティヴ・アメリカン，女性は含まれておらず，「白人の成人男性」のみを指していたことを研究させて，権利章典とそれに基づく最高裁判決がその範囲を拡大させてきたことを研究させている。

　続く学習活動6では，多数決原理と少数者の権利のジレンマを解決する権利章典の役割が研究される。ここでは，多数決原理を採用する民主主義の政治システムには，多数派の横暴や権力の暴走の危険性がつきものであること，民主主義では少数者の権利や個人の尊厳は侵害されやすいこと，そこで権利章典は多数決によっても侵すことのできない自由や権利を宣言していることなどを研究する。アメリカ社会は，多数決原理を採用する民主主義に，憲法によって制限を加える立憲民主主義を採用していることをつかませている。そして，権利章典はあくまで公権力（政府機関）の制限規範であることを確認した上で，権利章典が市民に表明しているメッセージは何か研究させている。ここでは，多数派が自分たちと違う信条を持っていることを理由に，少数派を弾圧してはいけないというメッセージを権利章典は表明しており，まさにこれが"寛容社会"であることを子どもに認識させている。本来は，私

的な関係に権利章典の効力は及ばないが，私的な空間における多数派が投票によって政治的な権力を持つことは有り得る。本プロジェクトは，このような多数決民主主義のシステムを冷静に分析し，私的な問題が公的な問題と連続性を持つという立場からこのような学習を展開している。

　終結となる学習活動7「寛容社会の建設」ではまず，権利章典の歴史は各世代が修正1条の意味付けに貢献したと捉える。そして，「あなた自身はどのような貢献ができますか？」と問い，これまでの学習を踏まえ，子どもたちそれぞれが市民として修正1条がめざす寛容社会の実現にどのような貢献ができるのかを研究して単元の締めくくりとしている。

　以上のように，本プロジェクトの単元は，憲法が依拠している自然法的な規範である"寛容"を子どもたちが日常生活で活用し，子どもたちが市民として寛容社会を実現していくことを，究極目標とした学習が展開されている。本プロジェクトは，通常の憲法学習と異なり，憲法が依拠している自然法的な規範にまで遡り，それを子どもたちに明示する学習，いわば自然法的アプローチを採用する点が，最大の特長となっている。

4　憲法規範を活用した日常生活問題学習の論理
――公権力の制限規範から私人間の行動規範へ――

　本節では，『修正1条：寛容へのアメリカの青写真』の教育原理と単元構成の論理を明らかにすることで，憲法規範を活用した日常生活問題学習の論理について明らかにしようとした。その結果，以下の3点が明らかになった。

　第1に，子どもたちに憲法は，公権力への制限規範であることを十分に認識させるようにする。その上で，憲法規範の影響範囲が公権力から私人間に拡大した歴史を踏まえる。つまり，「国家権力（連邦政府）の制限規範としての憲法・権利章典の誕生」→「修正14条による公権力（州政府）への適用」→「ステイト・アクション論に基づく私人間の行為への限定的適用」といった憲法規範の影響範囲の拡大の歴史をしっかり子どもたちに研究を促す。ま

ず子どもたちに，立憲主義の成立とその拡大過程を認識させるようにする。

　第2に，子どもたちに活用を促す規範を，憲法条文から引き出し，価値概念として批判可能な形で提示する。例えば，修正1条の背景には，各市民の多様性を尊重する"寛容"という自然法的な規範が存在する。そのことを明確にするために，憲法成立の歴史的背景や判例を研究することによって，"寛容"の価値や影響力を批判的に吟味できるように単元を構成していく。このように憲法が依拠している自然法的な規範にまで遡り，それを学習対象として明確に子どもたちに示す自然法的アプローチを採用する。

　第3に，上記のような学習を踏まえ，多数決原理と少数者の権利（Majority Rule, Minority Rights）がジレンマとなる日常生活問題（学校における信教の自由，少数グループの言論の自由，自分と異なる宗教・民族への態度等の問題）を徹底的に議論させ，憲法規範を日常生活上の問題解決に活用できるように単元を構成していく。

　『修正1条：寛容へのアメリカの青写真』は，このような論理によって学習を展開することにより，日常生活における社会化や偏見によって冷静な判断が困難になっている異質な他者への対応の在り方を，憲法規範に基づいて吟味，検証することを子どもたちに促している。憲法規範を活用し，家庭・社会環境，偏見，マスコミによる言説等に縛られた子どもたちの精神解放をめざす学習活動を展開するわけである。

資料5-2　単元1「寛容と修正1条」の教授・学習過程

○単元の目標

　本単元の学習活動を完全に行えば，子どもたちは次のことができるようになる。
1. 権利章典が一般的に宣言している権利と修正1条が特別に宣言している権利を区別できる。
2. 「寛容」の定義をするとともに，様々な架空の状況にそれを適用できる。
3. 子どもやその家族が非寛容な扱いや非寛容の犠牲者になった個人的な出来事について議論できる。

4. 寛容についての個人的意見を探究できる。
5. 権利章典の歴史や発達について調べられる。
6. 多数決と少数者の権利の概念を分析できる。

過程	教師の発問・援助	教授・学習活動（資料）	子どもから引き出したい活動・知識
	●学習活動1「あなたの権利とは何か？」		
	・導入として，黒板に修正1条を書く。	T：板書する P：読む	・修正1条を読む。
	連邦議会は国教を樹立し，または，宗教上の行為を自由に行うことを禁止する法律，言論または出版の自由を制限する法律，並びに人民が平穏に集会する権利，及び苦情の処理を求めて政府に対し請願する権利を侵す法律を制定してはならない。（信教・言論・出版・集会の自由，請願権）		
	◎修正1条は，どのような条文ですか？	T：説明する	○修正1条は，権利章典の中で最も重要な条文であると考えられている。なぜなら，それは信教・言論・出版・集会の自由，請願権などアメリカ人が大切にしている多くの権利を包括的に保障しているからである。
	・権利章典が合衆国市民として皆さんの権利を保障していることを信じますか？	T：発問する P：答える T：子どもの意見を板書する	・権利章典なんて日常生活の権利と関係ない。 ・200年以上も前の法律は機能していない。 ・日々の生活に大きな影響を与えていると思う。
	○なぜ，権利章典が保障する権利はすべてのアメリカ人にとって重要なのですか？	T：発問する P：答える	○権利章典は，200年の歴史の中で，権利保障の範囲を拡大し，生きた文書として，私たちの権利を様々な場面において保障しているから。
	・いかにして連邦政府は，修正1条が保障する権利に敬意や名誉を表していますか？ 例を挙げましょう。	T：発問する P：答える	・メディアが政府を批判する権利を有している。 ・自由な宗教上の礼拝が保障されている。
	○修正1条の権利が侵された例を挙げましょう。	T：発問する P：答える	○特定の宗教への迫害 　特定の民族グループへの迫害 　政府に反対する言論への圧力
	○ハンドアウト1「権利と自由のランキング」を配る	T：配布する P：解答する	○「ハンドアウト1：権利と自由のランキング」を解く

●ハンドアウト1「権利と自由のランキング」
○権利章典が保障する16の権利リストの中で,あなたが重要であると考える権利を10選びなさい。
・信教の自由
・言論の自由
・出版の自由
・集会の自由
・請願権
・武器を保持する権利
・不合理な捜索,押収,抑留の禁止
・正当な理由に基づく捜査令状の発行
・公訴提起前の大陪審による正式起訴の必要
・同一犯罪ついて重ねて刑事罰を科すことの禁止(二重の危険)
・本人の意思に反して証言を強要することの禁止
・法の適正な過程によらない生命及び自由,財産の収用の禁止
・公共の用のために私有財産を収用する場合の正当な補償
・公平で迅速な裁判を受ける権利
・過大な額の保釈金の禁止
・残酷で異常な刑罰の禁止

1 あなたが選んだ10の権利の中で,最も重要な権利はどれですか? また,なぜ最も重要なのですか?
2 あなたが選んだ10の権利の中で,重要でない権利はどれですか? また,なぜ重要でないのですか?
3 あなたが選ばなかった6の権利の中で,リストから最も外しにくかった権利はどれですか? また,なぜ外しにくかったのですか?
4 あなたが選ばなかった6の権利の中で,リストから最も外しやすかった権利はどれですか? また,なぜ外しやすかったのですか?
5 10の権利を選ぶ上で難しかったことや,その過程で考えたことについて書きなさい。また,残り2~3の権利を選ぶとき,いかに困難な選択をしたのかを書きなさい。

○プリントに列挙されている16の権利の中で,最も重要なものはどれですか? 1人1票で投票しなさい。(投票の結果,上位のもの)

○なぜ,ある権利は上位にランクされ,ある権利はされないのかについて議論しなさい。

○さまざまな議論
解答例:上記の権利は,信教の自由,表現の自由(言論・出版・集会の自由),請願権,正当な保障なしの公用収用の禁止の他は,すべて裁判の手続的な権利保障であり,権利の重要性に違いがあるのではないか。
・リストに列挙されている16の権利は,すべて,諸個人にとって重要であるだけではなく,アメリカ市民すべてにとって重要である。

●学習活動2「寛容とは何か？」			
	・「寛容」と黒板に板書する。	T：板書する P：議論する	・「寛容」から連想できる言葉，文章，状況についてブレーン・ストーミングをする。
	・どのような意見が出ましたか？	T：発問する P：答える T：板書する	・様々な意見
	◎「寛容」の意味をクラスで定義してみましょう。	T：発問する P：答える T：板書する	○クラスで「寛容」の定義を考える。（ウェブースター辞典において寛容は，特に意見，信じること，行いなどが自分自身と異なる人々に対する偏狭や偏見から自由になることと定義されている。）
	○『修正1条：寛容への青写真』の学習活動を進める際に，常に「寛容」の定義を心にとめておきましょう。	T：指示する P：意識する	・これから寛容と修正1条の関係を分析して行くために，「寛容」の定義が重要であること意識する。
	・修正1条の基礎知識を整理しましょう。	T：発問する P：答える	・修正1条は，アメリカ市民にとって重要ないくつかの権利を定めているに過ぎないが，最高裁判所がそれらの権利の範囲を変革し続けてきた。
●学習活動3「あなたの意見と態度」			
	○ハンドアウト2「個人的な概観」を配る。	T：配布する T：指示する	○ハンドアウト2の問題に，子ども自身でできるだけ完全に解答する。

●ハンドアウト2「個人的な概観」
◎あなたの寛容に対する意見と態度はどのようなものですか？
○パート1，あなたはどのようなときに非寛容な態度となりましたか？
1 あなたが寛容に受け入れにくい信条にはどのようなものがありますか？
2 あなたが非寛容な態度になった状況を叙述してください。あなたの非寛容さに関係した個人や集団はどのような影響を受けましたか？
3 あなたが非寛容な態度をとった人々は，どのような権利が侵され，否定されていますか？
4 あなたの非寛容な態度のモチベーションは何でしょうか？
5 そのような状況は，あなたにどのような影響を与えましたか？ そのとき，あなたは，どう思いましたか？ 今はその出来事をどのように考えていますか？
○パート2，あなたが受けた非寛容な信条や行動には，どのようなものがありますか？
1 あなたが信じることが理由で，他者から非寛容な行動をとられたエピソードを叙述してみてください。

第5章　規範活用型公民学習　271

2 あなたは，その人たちの行動をどう考えましたか？ 3 彼らの非寛容にどのように反応しましたか？　その経験は，あなたにどのような感情を生みましたか？ 4 このエピソードよって，多かれ少なかれ，あなたは他者に寛容になりましたか？ ○パート2は，あなたが受けた非寛容な信条や行動に関する問いです。 1 あなたが信じることが理由で，他者から非寛容な行動をとられたエピソードを叙述してみてください。 2 あなたは，その人たちの行動をどう考えましたか？ 3 彼らの非寛容にどのように反応しましたか？　その経験はあなたにどのような感情を生みましたか？ 4 このエピソードよって，多かれ少なかれ，あなたは他者に寛容になりましたか？ ○ハンドアウトを記入したら，その内容についてクラスで議論してみましょう。		
○ハンドアウト2を記入したら，その内容についてクラスで議論してみましょう。	T：指示する P：議論する	○様々な議論

●学習活動4「寛容の認識」

・これまでの学習から「寛容」についてどのようなことが明らかになりましたか？	T：発問する P：答える	・寛容は，理解が難しい概念である。具体的な状況を分析する中で，その意味をつかんでいくことが大切である。
◎「寛容」に関する具体的な状況を分析してみましょう。ハンドアウト3「寛容の認識」をやってみましょう。	T：指示する P：議論する T：説明する	○クラス全体を4つのグループに分けて，各々のグループにハンドアウト3「寛容の認識」を配付する。グループごとに全員で各項目が寛容の行動を示しているか否かについて議論する。
●ハンドアウト3「寛容の認識」 ○以下の各項目のaまたはbのうち，寛容な行動を示しているものは，どちらでしょうか？　グループのメンバー全員で議論し，決定しなさい。 1 憎悪に満ちた主張 　a. テレビレポーターが，反ユダヤ人差別協議会と親ナチスグループのそれぞれの憎悪に満ちた主張について議論している。 　b. ある地方新聞が，憎悪に満ちた主張に対する自社の報告を批判した編集者の手記を掲載することを拒否した。 2 KKK団のデモ行進 　a. 市役所がKKK団のデモ行進の許可書の発行を拒否した。その理由は，市役所の担当者がアフリカ系アメリカ人でKKK団を嫌っていること		

　　　　だった。
　　b. 市役所の担当者は，KKK団のデモ行進の許可書を発行するとともに，反KKK組織のデモも許可した。
　3 下品な表現
　　a. あなたの高校のある生徒グループが，下品な言葉が書かれていると考えるTシャツによって気分を害していた。気分を害して生徒たちはマジックを使ってそのTシャツを着ている生徒に近づき，その文字を消した。
　　b. 気分を害した生徒は学校新聞の編集者に下品な言葉が書かれているTシャツを着ないよう議論してほしいと手紙を書いた。
　4 宗教的理由による欠席
　　a. キャッシーはテストが予定されている日が彼女の家族が信仰する宗派の大切な休日にあたっており，登校できないと申し出た。キャッシーの先生は，テストは後日行い，欠席も出席扱いにするとした。
　　b. キャッシーはテストが予定されている日が彼女の家族が信仰する宗派の休日にあたっており，学校に来れないと申し出た。キャッシーの先生は，宗教的な理由でテストを休むことを許可することは難しいといった
　5 動物愛護
　　a. 動物愛護団体のメンバーが，あるパーティーが開催されている豪華ホテルの外で待っていた。多くのパーティー参加者が毛皮のコートを着ていた。動物愛護団体のメンバーは赤いペンキの入った缶を参加者に投げつけ，亡くなった動物の毛皮を着ることは善くないと叫んだ。
　　b. ダウンはエイプリールに彼女の毛皮のコートを選ぶ権利を尊重すると言った。しかし，ダウンはその決定に反対だった。そこでダウンは，エイプリールに動物の権利に関する書物をあげた。

・各グループで話し合った結果を発表しましょう。	T：指示する P：発表する	・各グループの話し合いの結果を発表する。曖昧な点には説明を加える。
○「寛容の認識」の学習を終えて，どのようなことが分かりましたか。	T：説明する	○寛容は複雑な事柄であり，人々には視点を様々に変えながら分析を続ける必要がある。

学習活動5「初期のアメリカにおける寛容」

○ハンドアウト4「寛容と修正1条」を考えていきましょう。	T：配付する P：解答する	○子どもたち個人でハンドアウト4に解答する。

　ハンドアウト4「寛容と修正1条」
　○教科書p.7からp.13までの「寛容と修正1条」を読んだ後で，以下の問題に答えなさい。
　1 なぜ，初期の入植者たちは，イギリスを離れ，アメリカに渡ったのでしょうか？
　2 初期の入植者たちは，一旦アメリカに渡ると，自分の宗派と違う人々に

どのような行動を反対にとりましたか？
3 連合規約とは何ですか？ なぜ，それは無効になったのですか？
4 いかにして権利章典は成立しましたか？ 権利章典の主要な目的は何ですか？
5 憲法編入のプロセスはどのようなものでしたか？ 権利章典の影響によって，いかにして編入が行われましたか？
6 ステイト・アクションとして知られる原則とは何ですか？ ステイト・アクションの原則は，いかにして権利章典の影響を制限しましたか？
7 なぜ，修正第１条は，アメリカ人を平等に扱うために少数者や女性の人権を保護しなかったのですか？
8 あなたの言葉で，修正１条が寛容を推進しているかについてどう考えるか説明しなさい。

・ハンドアウト４「寛容と修正１条」の解答について議論しましょう。	T：指示する P：準備する	・教師の支援を受けながら，ハンドアウト４の解答について議論する。
◎なぜ，初期の入植者たちは，イギリスを離れ，アメリカに渡ったのでしょうか？	T：発問する P：答える	○入植者の多くがイギリスからアメリカに渡った理由は，母国において宗教的な迫害を受けていたためであった。彼らは，新大陸に渡れば，彼らの自由な宗教活動ができると信じていた。他の人々は，生活状態を改善する希望を持ってアメリカに渡った。
・初期の入植者たちは，一旦アメリカに渡ると，自分の宗派と違う人々にどのような行動をとりましたか？	T：発問する P：答える	・皮肉なことに，宗教的な迫害を逃れてイギリスを去った入植者は，アメリカでは自分の宗派と異なる信条を持つ他者を迫害した。
・連合規約とは何ですか？ なぜ，それは無効になったのですか？	T：発問する P：答える	・連合規約は合衆国の最初の憲法である。それは，強力な中央政府を創り出すものではなかった。そのため，何人かの政治的なリーダーは，新しい憲章，合衆国憲法を起草した。
○いかにして権利章典は成立しましたか？ 権利章典の主要な目的は何ですか？	T：発問する P：答える	○権利章典は，第１回連邦議会において，いくつかの有力な邦が権利章典を憲法に追加しない限り，憲法を批准しないと主張したことに応えるため追加された。権利章典の最も大きい目的は，多数決原理を採用する政治システムの中で少数者の権利を保障することである。
・憲法編入のプロセスはどのようなものでした	T：発問する P：答える	・最高裁判所が権利章典によって保障されている権利を，州の行為に拡大して

か？　権利章典の影響によって，いかにして編入が行われましたか？		いったことにより，編入が進んだ。編入が進む前は，権利章典は連邦政府の行為のみを規定していると考えられていた。
○ステイト・アクションとして知られる原則とは何ですか？ステイト・アクションの原則は，いかにして権利章典の影響を制限しましたか？	T：発問する P：答える	○ステイト・アクションの原則とは，権利章典の適用が連邦政府だけでなく，州政府やその他すべての政府の権威に基づいて行われる行為を示す原則を言う。修正1条は政府のすべての行為に適用されるが，私的な行為には適用されない。
○なぜ，修正1条は，アメリカ人を平等に扱うために少数者や女性の人権を保護しなかったのですか？	T：発問する P：答える	○修正1条は多くの権利を保障したが，期のアメリカにおいては不公正であると批判されることが避けられない事態もあった。例えば，権利章典は奴隷制度を認めていたし，女性は男性と同等の権利を認められていなかった。
○あなたの言葉で，修正1条が寛容を推進しているか説明しなさい。	T：発問する P：答える	○様々な答え
学習活動6「多数決原理と少数者の権利」		
◎教科書p.11の「多数決原理と少数者の権利」を読み，以下の用語について議論しなさい。 ・多数決原理 ・少数者の権利 ・個人の権利 ・立憲民主主義 ・寛容	T：発問する P：答える	○権利章典は，多数決原理による政治である民主主義社会において，多数決によっても侵すことのできない権利を規定し，少数者の権利を保障することを意図している。合衆国は，多数派（民主主義）の横暴を憲法によって制限する立憲民主主義を採用しているわけである。修正1条によって表明されているメッセージは，多数派は自分たちと違う信条を持っていることを理由に少数派を弾圧してはいけないということである。寛容とは自分と異なる意見を認めていくことである
○私たちの社会が多数決の原理の名のもと，多数派が少数派を手荒く扱うことが許されたらどうなるか，エッセーを書いてみましょう。	T：発問する P：書く	・有名な出来事だけでなく，日常生活や学校における出来事も考えながらエッセーを書く。

	・エッセーを発表したい人は読んでください。それについて議論してみましょう。	T：発問する P：発表する	・様々な発表と議論
学習活動7「寛容社会の建設」			
	○教科書の「寛容と修正1条」の最終パラグラフには「それぞれの世代が，修正1条の意味付けに貢献してきた。あなたは，どのような貢献ができるだろう」とあるがこの点について議論してみよう。	T：発問する P：議論する	○以下の論点について考える ・あなたの意見に同意しない人々の権利を否定しますか？ ・修正1条の寛容のメッセージを，自分と意見が違う人々にも見出すことができますか？ ・あなたは，どんなアメリカに住みたいですか？ ・寛容な社会ですか？　それとも非寛容な社会ですか？

Monk, L.R., *THE FIRST AMENDMENT：America's Blueprint for Tolerance*, Close up publishing, 1995. pp.7-13. 及び Edwards, A.N., Monk, L.R., Sass, C.R., *THE FIRST AMENDMENT：America's Blueprint for Tolerance：Teacher's Resource*, Close up publishing, 1995, pp.14-19. を参照して筆者作成。

注

1) Monk, L.R., *THE FIRST AMENDMENT：America's Blueprint for Tolerance*, Close up publishing, 1995 及び Edwards, A.N., Monk, L.R., Sass, C.R., *THE FIRST AMENDMENT：America's Blueprint for Tolerance：Teacher's Resource*, Close up publishing, 1995. を分析対象とする。
2) 本プロジェクトの主編者であるリンダ・モンクは，一般アメリカ市民向けの憲法に関する啓発書においても，憲法規範が市民の日常生活に密接に関わっていることを明確に主張している。詳しくは以下の文献をご参照いただきたい。
   ・Monk, L.R., *The Words We Live By, First Edition*, The Stonesong Press, 2003.
3) 憲法と寛容の関係については，以下の文献をご参照いただきたい。
   ・大西直樹・千葉眞編著『歴史のなかの政教分離－英米におけるその起源と展開－』彩流社 2006.
   また公民教育における寛容学習の重要性については，以下の文献をご参照いただきたい。
   ・Avery, P.G., Can Tolerance be Taught?" in W.C. Parker, Editor., *Social Studies Today*, Routledge, 2010, pp.235-243.

「第5章　規範活用型公民学習」の小括

　第5章では，規範活用型公民学習について論じた。規範活用型は，憲法条文から具体的な憲法規範を引き出し，それを論争問題の解決に活用していく学習を展開する。規範活用型は，主に中等後期の公民科における通年科目「権利章典」がその役割を担う。規範活用型には，憲法学の成果の活用を重視する"憲法学的アプローチ"と憲法規範を日常生活上の道徳規範として活用しようとする"自然法的アプローチ"の2つのアプローチが存在する。

　"憲法学的アプローチ"は，子どもたちが憲法上の基本的人権の規定を研究し活用できる市民となることをねらいとする。そのために，権利章典の成立過程の研究，権利章典の各条文に列挙された権利の歴史・判例の研究，権利保障の拡大と未来の研究という3つのパートからなる内容編成を行う。子どもたちの研究は，憲法学の成果に基づき，総論部において多数決原理（民主主義）と少数者の権利保障の葛藤を研究し，立憲主義に基づき少数者の権利を守る"権利章典"の存在意義を解明する。そして，各論部では，各条文が"誰のどのような議論によって成立したのか"その成立過程を解明する。各論部の具体的な学習方法は，法と道徳の二元論と動的な法認識に基づく主体的な議論学習を展開する。憲法学的アプローチは，憲法学や最高裁判例の成果を踏まえつつ，子ども自身が自立的に憲法条文の起源を研究し，その正当性を吟味するとともに，社会の中で条文が持つ意味や，その理念と現実のズレを主体的に議論していく。

　"自然法的アプローチ"は，公権力の制限規範である憲法規範を，子どもたちが私人間の日常生活問題の解決に活用していくことねらいとする。まず，子どもたちに憲法は公権力への制限規範であることを十分に認識させた上で，憲法規範の影響範囲が公権力から私人間に拡大した歴史を研究する。そして，子どもたちに活用を促す規範を，憲法条文から引き出し，価値概念として批判可能な形で提示する。例えば，修正1条の背景には，各市民の多様性を尊重する"寛容"の価値概念が存在することを，憲法成立の歴史的背景や判例を研究する。このような学習を踏まえ，多数決原理と少数者の権利がジレンマとなる日常生活問題について議論する学習を展開していく。

　規範活用型公民学習は，憲法規範を絶対視せず，ある規範がある社会状況を背景に憲法規範として承認されたに過ぎないと実証的で開かれた法認識を子どもに

促す。しかし，承認された憲法規範そのものも，多様な個人の尊重を前提とする開かれた社会を是とする二重構造となっていることを研究する。その研究成果を踏まえ，公的論争問題の解決に憲法学的にアプローチする議論学習と，私人間の日常生活問題の解決に自然法的にアプローチする2つの学習を展開する。子どもたちは，日常生活における社会化や偏見によって，冷静な判断が困難になっている異質な他者への対応の在り方を，憲法規範に基づいて吟味，検証する。憲法規範を活用し，家庭・社会環境，偏見，マスコミによる言説等に縛られた子どもたちの精神解放をめざす開かれた学習活動を展開する。

第6章　規範批判型の公民学習
―― 政治システム研究による憲法規範の批判 ――

第1節　政治システム研究による憲法規範の批判

　第6章では，規範批判型の公民学習について論じる。規範批判型は，政治システム研究による憲法規範の批判をめざす公民学習である。規範批判型は，科学としての政治学の成果を踏まえた政治システムの研究を子どもたちに促しながら，子ども自身が政治的問題についての開かれた自己見解を形成していくことを支援する学習を展開する。

　アメリカ合衆国における規範批判型公民学習は，憲法が提示する"政治システムのフレームワーク内"で憲法規範に基づく現実の政治を批判していく形態と，憲法が提示する"政治システムのフレームワークそのものの在り方を批判的に吟味"する形態の2つのアプローチが存在する。

　"政治システムのフレームワーク内"で規範批判学習を展開するためにはまず，子どもたちが政治システムの現実を冷静に研究していくことが課題となる。そして，単なる固定的な制度学習ではなく，政治システムが生み出す現実の政治を動的に研究していく必要もある。そのような学習は，政治システムにおける権力者の政治的意思決定を動的かつ批判的に吟味していくことで可能となる。本章第2節において，政治的意思決定過程の批判としての市民性育成のための典型的なプロジェクトとして，J.R. フランケルらが開発した『アメリカ政治における意思決定』を分析する。ここでは，憲法が提示する政治システムのフレームワーク内で行われる政治的意思決定過程を批判的に研究することを通して，政治的意思決定の権限を有する権力者を批判的に

吟味しようとする「政治的意思決定過程の批判としての市民性育成」の論理を明らかにしていく。

"政治システムのフレームワークそのものの在り方を批判的に吟味"するアプローチは，憲法が生み出す自国の政治システムを他国の政治システムや別の政治システムと比較することを通して，憲法規範に基づく政治システムや政治の現実を相対化し，その限界やデメリットを明確にしていく学習を展開することが課題となる。本章第3節では，政治システムのフレームワーク批判学習の典型例として，国立憲法センターとTCI（教師のためのカリキュラム開発機構）が協働開発した『ガバメント・アライブ！権力・政治と君』を分析対象とする。本プロジェクトは，憲法が提示する政治システムのフレームワーク自体も批判的に研究し，立憲民主主義そのものの相対化を図る公民学習を展開する。

以上のように市民性育成の最終段階では，憲法規範を批判的に吟味しつつも，子どもたちが主権者である市民として現行の憲法を乗り越える，よりよい政治の在り方を探究していく。つまり，立憲民主主義の論理に基づきながらも，立憲民主主義を批判的に吟味する学習を展開する。第6章では，『アメリカ政治における意思決定』と『ガバメント・アライブ！権力・政治と君』をそれぞれ全体計画，単元構成，教授・学習過程をトータルに分析することで，規範批判型公民学習の論理を解明していく。

第2節　政治的意思決定過程の批判としての市民性育成
――J.R. フランケル『アメリカ政治における意思決定』の場合――

1　政治的意思決定過程の批判としての市民性育成

本節では，J.R. フランケルらが開発した『アメリカ政治における意思決定』を分析対象として，憲法が提示する政治システムのフレームワーク内で行わ

れる政治的意思決定過程を批判的に研究することを通して，政治的意思決定の権限を有する権力者を批判的に吟味しようとする"政治的意思決定過程の批判としての市民性育成"の論理を明らかにしていく。

民主主義社会を実際に動かす政治システムを学習対象とする政治学習[1]は，子どもたちを憲法規範に基づく主権者である市民として育成する立憲主義公民学習の最終段階に位置付けられる。子どもたちは，最終段階として，政治システムの実態とそれへの効果的な参加法を批判的に研究し，実社会における政治的活動に備えることになる。しかし，現在のわが国の社会科における政治学習は，フォーマルな政治制度についての静的な知識の伝達に偏り，憲法が提示する政治システムのフレームワークを提示しているに過ぎない。その結果，現在の政治制度やシステムを静的で固定的なものとして教授している。

このような政治学習には，2つの問題点が存在する。まず，第1の問題は，制度やシステムを固定的に捉え，子どもたちをそのような政治システムのフレームワーク内でよりよく生きる市民として育成しようとするために，それらを批判的に吟味しないことである[2]。我が国の社会科における政治学習では，日本国憲法に規定されている議院内閣制や天皇制のシステムは教授するが，それらを対象化し批判的に吟味する学習は展開されない。例えば，社会科において議院内閣制や天皇制をアメリカ合衆国の大統領制や共和制と比較し，我が国における大統領制の導入をシミュレーションしていくような学習は展開されないのである。つまり，自国の政治制度やシステムの相対化が図れないという問題である。

第2の問題は，我が国の政治学習が政治制度やシステムといった理念的かつ概念的な政治のフレームワークを静的に教授するに留まり，そのフレームワーク内で動的に展開される政治の実際を子どもたちに研究させないことである。そして，政治的な理念と現実がしばしば「ズレる」という事実も研究させない。子どもの政治的社会化の研究[3]によると，政治の理念と現実が「ズ

レる」場合，子どもたちは現実を優先するという。このようにタテマエだけの政治理念学習は，結果として憲法に提示されたフォーマルな政治制度やシステムを羅列的に教授し，暗記させていく政治学習に陥る。我が国の社会科における政治学習は，政治の実際を冷静に分析し，政治に参加していく市民を育成する生きた政治学習を展開できていない。

2　J.R.フランケルの政治学習の論理

このような政治学習の問題に対して，タバ社会科の編纂にも参加し，特に価値学習の領域を担当したJ.R.フランケルが展開する政治学習論は示唆に富む。まず，フランケルは政治を静的で固定的なものとして教授する伝統的な政治学習に対抗する新しいアプローチとして，次のような主張をする。

> 効果的かつ責任ある意思決定が，アメリカ合衆国の政治システムの中心であると信じる。それゆえに政治学習では，次のことに焦点を合わせる。いかにして政府は，意思決定していくのか，誰がそれを行うのか，どのような権力や要因がそれに影響を与えるのか，そのような意思決定はどのような結果を生むのか。アメリカ合衆国の政治システムの業績だけではなく，その限界や欠点も見ていく[4]。

このようにフランケルは，伝統的な政治学習を乗り越えるための，3つのアプローチを提示している。まず第1に，政治システムを冷静に対象化して研究しようとすること。第2に，対象化した政治システムを政治的意思決定の連続として動的に捉えること。第3に，政治システムは，固定的で絶対的なものではなく，限界や欠点もある相対的な存在としていることである。

また，フランケルは政治学習における理念と現実のズレの問題を以下のように解決する。

> 政治学習では，社会通念と現実との間の「ズレ」に焦点を合わせる。つまり多くの人々が持っているアメリカ合衆国の政治や政府についての社会通念と，政府の実際の機能の仕方，つまり，誰が本当に政治を行っているのか，彼らは実際にどのような種類の意思決定に直面しているのかといった現実との「ズレ」に焦点

第 6 章 規範批判型の公民学習　283

を合わせる[5]。

　フランケルは，政治的社会化の過程において，子どもが身に付けている政治に対する社会通念に対し，現実の政治，特にその中核である意思決定過程を研究させることを重視する。そして，子どもたちが憲法に基づく政治や憲法が授権する権力者を，批判的に吟味していく政治学習を主張する。また，彼は具体的な方策として，次のように述べる。

> アメリカ政治システムの描写や分析を，できるだけ現代の論争や問題と関連させる。政府の意思決定者が直面し続けている問題，例えば公民権，公害，人種差別の撤廃，福祉，米ソ関係，資源，保健，マイノリティーの権利，その他多くの問題を吟味する。本書が提示する政治学習の大きな特長は，道徳的な問題，つまり善悪の判断の問題の継続的吟味にある[6]。

　このようにフランケルは，政治理念と現実を乗り越える方策として，社会通念と現実政治のズレそのものを学習テーマとすること，そして，政治システムの学習を必ず動的な論争や社会問題を通して学んでいくことを主張している。

3　『アメリカ政治における意思決定』の全体計画

　では，上述した政治学習の論理を具体化するためには，どのような政治学習の内容編成が必要であろうか。ここでは，フランケルが中心となり開発した，高等学校用政治学習プロジェクト『アメリカ政治における意思決定』を分析対象として考察していく。本プロジェクトは，アメリカ政治を，憲法に基づく政治システムにおける，動的な意思決定の連続と捉え，その実態を子どもたちに批判的に分析させようとする。そして，批判的な分析に基づき，子ども自身が政治的意思決定に影響を及ぼす方法を，冷静に研究していく政治学習を展開する。『アメリカ政治における意思決定』の詳細な全体計画を表 6-1 に示した。

全体計画は，パートⅠ「研究の準備」，パートⅡ「連邦政府の意思決定」，パートⅢ「地方政府の意思決定」，パートⅣ「意思決定に影響を及ぼす要因」の4つのパートに分けることができる。

　まず，導入部となるパートⅠ「研究の準備」では，アメリカ政治における意思決定研究に入る準備として，単元1「政治システムへの導入」と単元2「アメリカ政治システムの起源」が設定されている。単元1「政治システムへの導入」では，意思決定研究を進めるための政治学の概念，特に，政治システム論で使用されるシステム，入力，出力，フィードバック，政治的社会化，価値葛藤といった概念を学ぶ。続く単元2「アメリカ政治システムの起源」では，人民主権，共和制，権力分立，連邦制といったアメリカ合衆国憲法が提示する政治システムの起源や歴史を研究する。このように導入パートでは，政治の実態を分析する政治システム論の概念を習得するとともに，アメリカ合衆国が提示する政治システムのフレームワークを確認し，そのフレームワーク内で展開される政治的意思決定の実態の研究の準備を行う。

　展開部となるパートⅡ「連邦政府の意思決定」とパートⅢ「地方政府の意思決定」は，本プロジェクトの中心的なパートであり，連邦政府と地方政府における意思決定過程の研究を通して，権力者の批判的吟味を行う。単元3「大統領の役割」，単元4「大統領の意思決定」，単元5「連邦官僚の役割」では，権力者の批判的吟味①として「行政府」の意思決定過程の研究を行う。続く単元6「連邦議会の役割」及び単元7「連邦議会の意思決定」では，権力者の批判的吟味②として「立法府」の意思決定過程の研究を行う。単元8「裁判所の役割」及び単元9「司法の意思決定」では，権力者の批判的吟味③として「司法府」の意思決定過程の分析を行う。以上のようにパートⅡは，アメリカ合衆国憲法に基づく行政，立法，司法の三権の意思決定過程の研究と，それを通して憲法によって意思決定権を授権された権力者の批判的吟味を行う。続くパートⅢ「地方政府の意思決定」では，単元10「州政府の意思決定」と単元11「地方政府の意思決定」が設定され，権力者の批判的吟味④とし

第6章 規範批判型の公民学習　285

表6-1 『アメリカ政治における意思決定』の全体計画

	単元名	小単元名	
Ⅰ 研究の準備	1 政治システムへの導入	1 政治システムのキー概念	分析枠の設定
		2 政治システムの性格	
	2 アメリカ政治システムの起源	1 憲法の発達	
		2 アメリカ政治の基本原理	
		3 憲法の最高法規性	
		4 アメリカの政治システム	
Ⅱ 連邦政府の意思決定	3 大統領の役割	1 誰が大統領になれるのか？	権力批判①行政
		2 大統領の権限の拡大	
		3 現代の大統領の多くの役割	
	4 大統領の意思決定	1 大統領の意思決定の過程	
		2 大統領の意思決定の事例	
		3 何が偉大な大統領をつくるのか？	
	5 連邦官僚の役割	1 官僚とは何か	
		2 官僚と政治	
		3 官僚と意思決定	
		4 官僚の意思決定の事例	
	6 連邦議会の役割	1 誰が議会の構成員になるのか？	権力批判②立法
		2 なぜ，連邦議会議員に選ばれたのか？	
		3 連邦議会議員は何をするのか？	
		4 なぜ，ある議員は辞職したのか？	
	7 連邦議会の意思決定	1 連邦議会の意思決定の本質	
		2 議会と国民	
		3 連邦議会の意思決定の事例	
		4 連邦議会と大統領	
	8 裁判所の役割	1 法システム	権力批判③司法
		2 誰が裁判官になれるのか？	
		3 裁判で何をするのか？	
		4 権利章典の解釈	
	9 司法の意思決定	1 司法の意思決定への影響要因	
Ⅲ 地	10 州政府の意思決定	1 共和制	権力批
		2 州知事	

方政府		3 州議会	判④地方
		4 州裁判所	
		5 財政問題	
		6 あなたは，どのようにして州政府の決定に影響を及ぼせるか？	
	11 地方政府の意思決定	1 市議会の2つの形態	
		2 郡議会	
		3 地方政府の諸問題	
		4 地方政府の問題解決への試み	
		5 なぜ，人々は役所を運営するのか？	
		6 自分自身で意思決定できる	
		7 あなたの政府を公正に保つ10の方法	
Ⅳ 意思決定に影響を及ぼす要因	12 世論	1 世論の本質	政治参加の研究
		2 マスメディアと世論	
	13 利益団体	1 利益団体の本質	
		2 ロビーとロビイスト	
		3 利益団体と意思決定	
	14 投票行動	1 選挙，政治，政治参加	
		2 誰に投票するのか？	
		3 なぜ，人々は政治に参加するのか？	
	15 政党	1 政党と彼の行動	
		2 二大政党制	
		3 政党の行動	
	16 推薦，キャンペーン，選挙	1 推薦の過程	
		2 政治キャンペーン	
		3 意思決定者の選挙	
	結び　前進への挑戦	1 前進への挑戦	

Fraenkel, J., R., et. al., *Decision-Making in American Government*, Allyn and Bacon, Inc., 1980, pp.4-12. を参照し筆者作成。表中のゴシック体は筆者の分析を記入。

て地方政府の意思決定過程の研究がなされる。ここでも，アメリカ合衆国憲法によって権限が授権されている州と地方政府の意思決定過程と権力者の批判的吟味を行う。以上のように展開部は，憲法に基づくフォーマルな政治的

意思決定過程を研究していくパートとなっている。

　終結部となるパートⅣ「意思決定に影響を及ぼす要因」では，一般市民が参加可能な意思決定に影響を及ぼす要因の研究を通して，市民の政治参加の可能性を研究していく。まず，単元12「世論」と単元13「利益団体」では，マスメディアやロビイストといった憲法上の規定のないインフォーマルな政治組織が，フォーマルな政治組織の意思決定にどのように影響を与えることができるのかが研究される。また，そのインフォーマルな組織の内部の意思決定過程も分析対象となる。続く単元14「投票行動」，単元15「政党」，単元16「推薦，キャンペーン，選挙」では，意思決定者の選挙について研究される。憲法が規定する選挙のシステムに続き，選挙の実態や政治学的な投票行動の分析など，選挙の実態を冷静に対象化しての研究も行われる。また，結びの「前進への挑戦」では，各単元で明らかにされたアメリカ政治システムの限界や欠点についてまとめ，終結としている。

　以上のような全体計画の特長をまとめると，次の4点にまとめられる。第1に，政治を静的に捉えるのではなく，動的に捉える。具体的には，アメリカ政治をシステム論的に認識し，憲法が提示する政治のフレームワークとともに，その実態を意思決定過程として動的に捉えていく。第2に，子どもを含め，国民全体に影響を及ぼす意思決定を行う権力者の役割を批判的に吟味させる点である。大統領や官僚といった憲法上の規定のあるフォーマルな意思決定者だけではなく，第4の権力と言われるマスコミや圧力団体といったインフォーマルな組織の影響力や実態も批判的に吟味していくよう計画されている。第3に，政治的な意思決定に市民も参加していけること，そのような市民の政治参加が政治を変えていけることの認識を子どもに促すように計画されている。子どもが，世論やロビイスト，圧力団体の行動等，政治への参加方法や影響を与える方法を研究していけるよう計画されている。第4に，架空の状況を設定し，政治分析の概念や政治参加のシミュレーションをさせるのではなく，あくまで現実の政治に正対し，実際の意思決定過程を分析さ

せるように計画されている。
　ではなぜ，政治の実態を研究するために意思決定過程の研究を中心に学習を展開しなければならないのだろうか。なぜ，従来の政治学習のように政治制度，システム等のフォーマルな政治のフレームワークを静的に学習するだけではいけないのか。この点について，フランケルは，次のように述べる。

> 政治の本質と作用を理解するために，各政治機関がいかなる意思決定を行うのか，誰がどんな意思決定を行うのか，どんな要因と力が意思決定者に影響を及ぼすのか，意思決定にはどのような過程が含まれているのか，を学習しなければならない。しかし，政府のフォーマルな構造（いかにして政府は組織され，誰が，いつ，どこで，何をするのか）は，私たちが学習すべきことの一部でしかない。私たちは，様々なインフォーマルな要因が，いかにして，なぜ政府の作用に影響を及ぼすかについて研究しなければならない[7]。

　ここでのフランケルの主張は，子ども自身も含めた市民生活に大きな影響を与える政治的な意思決定を包み隠さず，あらゆる角度から研究すべきであるというものである。では，どのような単元構成によって，意思決定過程を研究していけばよいのだろうか。

4　権力者の批判的吟味——単元構成——

　本プロジェクトの中心である，政治的な意思決定過程の研究による権力者の批判的吟味は，どのような単元構成によって展開していくのであろうか。表6-2に，単元4「大統領の意思決定」の構成とその分析を示した。
　本単元は，小単元1「大統領の意思決定の過程」，小単元2「大統領の意思決定の事例」，小単元3「何が偉大な大統領を作るか」の3つの小単元から構成されている。
　小単元1「大統領の意思決定の過程」では，大統領の意思決定を研究していくためのフレームワークを習得していく。ここでは，大統領に子ども自身も含めたすべての市民の生活を大きく変えてしまう権限が集中しているとい

表6-2　単元4「大統領の意思決定」の単元構成とその分析

	学習活動と主な発問	主な学習内容と資料	分析
小単元1「大統領の意思決定の過程」	1 大統領の意思決定の学習の導入 ○大統領の意思決定とは，どのようなものか？ ○大統領の意思決定の重要性と大統領の責任は，どのようなものか？	○大統領の意思決定の必然性とその重圧について研究する。 ・資料「ジョンソン大統領辞任の際の状況と彼の心境を述べたインタビュー」 ○大統領の意思決定の影響力を学習し，どのような意思決定がなされるのか，いかにして，決定に至るのか，どのような要因と力が決定に影響するのか研究する。 ・資料「苦悩する大統領の写真」	意思決定研究のフレームワークの習得
	2 決定の種類と意思決定の過程 ○ホワイトハウスの意思決定の特質は？ ○いかにして，大統領は意思決定を行うのか？	○大統領の意思決定の特質を研究する。また，様々な政治的意思決定の中から，大統領が行うものを選択し，その根拠を提示する。 ・資料「ソレンソン著『ホワイトハウスの意思決定』からの引用」 ○歴代大統領の意思決定の中で最も重要だと考える決定を1つ選び研究する。また，その結果を発表する。 ・資料「大統領の意思決定の風刺画」 ・資料「研究テーマのリスト」	
	3 大統領の意思決定における制約 ○すべての大統領が意思決定において受ける制約とは，どのようなものか？ ○意思決定において大統領に課せられる負担は，どのくらい重いか？	○大統領が意思決定において受ける制約を，権限，資金，時間，委員会，情報の各側面から研究する。 ・資料「キューバ危機」「アポロ計画」「ニューディール計画」「ニクソンと悪名」 ○歴代大統領が経験した，意思決定の心労を連邦議会等の他の意思決定機関との関わりから研究する。また，意思決定における情報の重要性及び，政治家と大統領に求められる資質の違いについて研究する。 ・資料「歴代大統領の意思決定時の写真」	

小単元2「大統領の意思決定の事例」	4 大統領の意思決定の事例 ○キューバミサイル危機の背景は何か？	○キューバ革命の概要と革命後のキューバ，アメリカ，ソビエトの関係の研究。	意思決定の事例研究
	○どのように軍備増強がなされたのか？	○キューバにミサイル基地が建設されようとした経緯やその影響力を研究する。 ・資料「キューバを中心とするミサイルの有効射程が描かれた地図」	
	○封鎖か空爆かその意思決定は，どのようになされたのか？	○ロバート・ケネディーの著作から引用された執行委員会の意思決定過程を分析する。 ・資料「ロバート・ケネディー著『13日間』からの引用」「執行委員会の写真」「海上封鎖の写真」「安全保障理事会の写真」「キューバミサイル基地の写真」	
	○大統領は，どのような意思決定を行ったのか？	○ロバート・ケネディーの著作から引用された，大統領の意思決定過程を分析する。また，その影響を当時の新聞記事の引用から分析する。 ・資料「ニューヨーク・タイムズからの引用」	
	○ソビエトの見解は，どうだったのか？	○ソビエト，特にフルシチョフ書記長の見解を学習し，アメリカの問題分析と比較する。 ・資料「安保理におけるフルシチョフ書記長の写真」「アメリカ人とロシア人がそれぞれ描いたキューバ危機の風刺画」	
	○ケネディー大統領の意思決定過程は，どうだったのか？	○小単元のまとめ	
小単元3「何が偉大な大統領を作るのか」	5 何が偉大な大統領をつくるのか？ ○大統領の偉大さの基準は何か？	○歴代大統領の事例から偉大な大統領に必要な資質を研究する。 ・資料「歴代大統領の偉大さについてのアンケート調査の結果」「アメリカ政治についての風刺画」	意思決定者の批判的吟味
	○あなたが大統領に求める資質は何か？	○それぞれの資質の重要性を分析し，各々順位付けを行い，大統領に必要な資質を考える。	

Fraenkel, J. R., et. al., *Decision-Making in American Government*, Allyn and Bacon, Inc., 1980, pp.99-125. を参照し筆者作成。表中のゴシック体は筆者による分析を記入。

う憲法上の問題を把握する。そして，大統領の意思決定システムに関する概念や知識，例えば，軍の統帥権，宣戦布告権，条約締結権といった大統領の権限や意思決定のプロセス，委員会制度，意思決定の諮問機関等に関する知識を取得する。まず，学習活動1では，大統領の意思決定研究の導入として，大統領の意思決定の特質が学習される。他の意思決定者が行う決定と大統領の決定の何が異なるのかを，ジョンソン大統領辞任時のインタビューや苦悩する大統領の写真等から学習する。ここでは，大統領の意思決定の重要さ，影響力の大きさといった他の意思決定者の決定と最大に異なる特質を学習し，その役割を批判的に吟味する。続く学習活動2ではまず，列挙された公務上の意思決定の中から，大統領の意思決定であると考えるものを選び，その根拠を説明していく活動を行う。また，歴代大統領が行った意思決定の中でもそれぞれの子どもが最も重要であると考える決定を選び，研究していく活動も行う。学習活動3では，大統領の意思決定における様々な制約について学習される。法的な制約をはじめ，資金，時間，他の意思決定機関との関係，情報収集などが研究される。

　小単元2「大統領の意思決定の事例」は，本単元の中心的なパートであり「キューバ危機におけるケネディー大統領の意思決定」を事例に，大統領の意思決定の事態を詳細に研究していく。キューバ危機は，米ソ全面核戦争の寸前までいった事例であり，アメリカのみならず世界の市民の自由や生命を侵す危険性のあった意思決定である。ここでは，米ソの軍事的，外交的な対立だけではなく，危機の真っただ中にあった市民の心境や大統領の苦悩も含め，様々な資料から大統領の意思決定の実際が研究される。本事例学習の詳細については，後述する。

　小単元3「何が偉大な大統領を作るのか」では，「大統領の偉大さの基準は何か？」「あなたが大統領に求める資質は何か」といった問いを追求し，意思決定者の批判的吟味を行う最終パートである。ここでは，子ども自らが自分の有する政治的な価値観を明確にする学習を展開する。例えば，大統領

の意思決定学習に入る前に作成した大統領の意思決定に関するイメージシートを，事例学習を経た後に新たに作成し，事例学習による大統領の意思決定のイメージの変容を実感していく学習を展開し，終結としている。

　以上のように本単元は，意思決定研究に必要な概念や知識といったフレームワークを習得する導入部，具体的な事例学習を展開する展開部，そして，事例学習の成果を確認する終結部の3段階による学習が展開される。

　以上のような権力者の批判的吟味をめざす単元には，どのような特長があるのだろうか。まず第1に，1次資料を重視している点が挙げられる。教科書の記述は，事実的な記述，その記述から得られる問題追求の視点の記述，それ以外は，ほとんど専門文献からの引用，インタビュー，新聞の引用，写真，風刺画といった資料によって構成されている。第2に，問題追求を方向付ける多くの探究課題が準備されている。探究課題は，1つの正解を求めるものはほとんどなく，2つ以上の選択肢が準備されている。子どもは，選択肢の中から自己の見解に合致するものを選択し，その理由を説明することを求められる。フランケルは，このような探究課題を「オープンエンド課題」と呼び，単元をこの課題を連続して回答してく過程として構成している。また，本単元では，高度に科学的過ぎる内容や，数量分析，架空状況の分析などは設定されていない。あくまでも伝統的な政治学習の現実的な改善策として，市民の立場からする政治や権力者の批判的吟味のために，事実的な資料を豊富に研究していく単元構成となっている。

5　客観的認識と主体的評価の往復——教授・学習過程——

　では，『アメリカ政治における意思決定』の教授・学習過程はどのような論理から組織化されるのであろうか。ここでは，単元4「大統領の意思決定」の小単元2「大統領の意思決定の事例：キューバ危機」を分析し，教授・学習過程の組織化の論理を明らかにしていこう。本小単元の教授・学習過程を示したものを資料6-1に示した。

本小単元は，導入「危機の背景」，展開1「海上封鎖か空爆か」，展開2「キューバ危機における意思決定過程」，展開3「ケネディー大統領の意思決定」，終結「ソビエトの見解」の4つの過程に分かれている。特に，学習の中心となる展開部では，意思決定過程をクラス全員で冷静に分析していく客観的認識と意思決定の理由や成否を子ども一人ひとりが価値判断していく主体的な評価を繰り返す過程となっている。

　導入「危機の背景」では，クラス全体でキューバ危機の背景についての事実に関する客観的な認識を行う。

　展開1「海上封鎖か空爆か」では，キューバ危機の背景や発生過程についての事実的な記述から，海上封鎖（比較的穏健な行動）と空爆（比較的強硬な行動）のどちらを支持するが問われる。子どもはクラスでの客観的な事実認識に基づきながら，自己の価値観を加え，どちらを支持するのか選択していく。そして，その立場を選択した理由を，他の子どもに説明していくことが求められる。

　展開2「キューバ危機における意思決定過程」では，ケネディーが選択した海上封鎖について，なぜ，ケネディーがそれを選択したのか，ケネディーと自分自身の事実認識や価値判断の相違と類似が研究される。ここでは特に，大国が小国を空爆することの道徳的是非について吟味される。

　展開3「ケネディー大統領の意思決定」では，ケネディーの意思決定過程に存在した圧力や価値観の衝突について研究していく。ここでは，ケネディーの有する価値観が学習対象とされ，その価値観と様々な圧力との葛藤が研究される。

　終結部では，子どもともケネディーとも異なる立場であるソビエトの見解が研究される。ここでは，これまでの研究で明らかになった子ども自身とケネディー大統領の見解とソビエトの見解が比較されることにより，政治の見方を相対化していく。

　ここでは，終結部の教授学習過程を詳細に分析してみよう。終結部は，資

料としてフルシチョフの国連安全保障理事会での演説が提示された後に,「ソビエトとアメリカの問題分析がどのように違うとあなたは気が付きましたか？ その違いを説明しなさい。」と問われる。続いて，ロシア人とアメリカ人がそれぞれ描いたキューバ危機に関する風刺画が提示され,「2つの絵はキューバ危機の解釈を示しています。両者にどのくらいの違いがありますか？ この違いをどのように説明しますか？」と問われる。ここでは，国家の意思決定者のレベルと一般市民のレベルで米ソの意見の相違が研究されている。つまり子どもに求められるのは資料の分析であるとともに，資料間の比較，関連付けである。このような学習の後に，学習活動のまとめに入る。「いくつかの異なった類型の行動が政府によって選択された。どの行動が最も重要だと考えますか？ その理由はなぜですか？ また，すべての行動が重要であると考える場合，その理由はなぜですか？」と問われ，続いて,「あなたは，キューバに中距離核ミサイルが設置されるとアメリカの心理的な脅威になる。このことに同意できますか？ なぜ同意し，またはしないのか説明しなさい。」と問われる。この2つの発問は子どもに，主体的な判断や評価を迫るものであり，その論拠を説明させるものである。そして最後に,「ケネディーとフルシチョフどちらがより優れたギャンブラーだとあなたは考えますか？ その論拠を説明しなさい。」と問われる。この問いは，オープンエンドな問いと言われるもので，正解はなく，主権者である市民として批判的に権力者を吟味するための問いである。

　このように具体的な学習は，資料を提示し記述的な知識を問う第1段階，資料間の解釈や意味など説明的知識を問う段階，そして，それらの事実認識を踏まえて，子ども自身が主体的に評価をする段階である。このように，権力者の批判的吟味は，意思決定過程の客観的な認識と主体的評価のサイクルによって展開される。

6 現実的な政治学習の改革
――政治的意思決定過程の批判としての市民性育成の論理――

以上の分析から，政治的意思決定過程の批判としての市民性育成の論理は，以下の点にまとめることができる。

まず第1に，静的な制度学習に陥っている伝統的な政治学習を改善するために，政治的意思決定過程を動的に研究するように全体計画を再構成する。しかし，伝統的な政治学習のフレームワークである行政，立法，司法といった三権や主権者の市民の行動といった政治学習の大枠は変更せず，フレームワーク内の動的な意思決定を分析する現実的な政治学習の内容編成とする。

第2に，各単元における具体的な授業は，「権力者の批判的吟味」と「市民の政治参加可能性の研究」という2つのアプローチによって構成される。中心となるのは，憲法によって政治的意思決定の権限を与えられている権力者を批判的に吟味していく，前者のアプローチである。

第3に，具体的な教授学習過程は，クラス全体が政治的意思決定の事実認識を深める客観的認識と，個々の子どもたちがその事実に評価を下す主体的評価の往復サイクルとして組織化されている。

このように，『アメリカ政治における意思決定』は，合衆国憲法の政治システムそのものよりも，それが生み出す政治や意思決定の実態を批判できる市民の育成をめざしている。

資料6-1 「大統領の意思決定の事例：キューバ危機」の教授・学習過程

	主な発問	教授・学習過程	子どもから引き出したい活動・知識
導入［危機の	○キューバミサイル危機の背景は何か？ ・どのように軍備増強がなされたのか？	T：発問する P：教科書を参照し，答える	○1959年のキューバ革命後，アメリカとキューバの関係は緊張した。キューバは，ソ連の援助とアドバイスを受けるようになった。 ・1962年の秋までに，4200人のソ

背景」			ビエト技術者がキューバに入り，軍備拡張を続けた。当初，アメリカ側は，軍備拡張を防衛目的と見ていたが，中距離核ミサイルを発射可能な基地が建設中であることを察知した。
展開1「海上封鎖か空爆か」	○海上封鎖か空爆か，その意思決定過程は，どのようになされたのか？	T：発問する P：教科書を参照し，答える	○キューバにおけるミサイル基地建設の写真を見たケネディーは，国防省長官，CIA長官を含むトップ・アドバイザーを招集し，国家安全保障会議執行委員会を組織し，アドバイスを聞きながら意思決定を行った。
	・あなたが執行委員会の構成員だったと想像してください。海上封鎖に反対する場合，どのような議論を賛成者に展開しますか？	T：発問する P：予測し，答える	・海上封鎖に反対：海上封鎖は緩やかな手段であり，キューバに既に存在するミサイル基地を排除できない。より強硬な手段である空爆を選択し，直接，ミサイル基地に打撃を加えるべきである。
	・あなたが海上封鎖に賛成の立場にあると想像してください。あなたは，反対者にどのような議論を展開しますか？	T：発問する P：予測し，答える	・海上封鎖に賛成：海上封鎖は間接的であるが，キューバ，ソ連ともにプレッシャーを与えることができ有効である。もし，空爆を選択すれば，超大国アメリカが小国のキューバを巨大な軍事力を持って攻撃したというイメージが国際社会を支配することが予測される。内外において空爆を正当化する理由はない。
展開2「キューバ危機における意	○大統領は，どのような意思決定を行ったのか？また，その反響はどのようなものでしたか？	T：発問する P：教科書を参照し，答える	○海上封鎖を選択した。国内外において，冷静な判断であると概ね評価された。
	・ロバート・ケネディーの著作『13日間』において彼が指摘するには，執行委員会の構成員は，空爆を支持する過激派とどのような行動もとらないとする穏健派に分かれた。このような変	T：発問する P：資料を参照し，答える	・様々な情報の分析や国内外の世論の動向から，空爆ではミサイル基地を完全に取り除けないこと，超大国の小国への攻撃が，国際社会におけるアメリカの道徳的地位を下げることが予測されたため。このような変化は，意思決定におけ

思決定過程」	化をどのように説明しますか？ これを意思決定の強さと考えますか，弱さと考えますか？		る情報の重要性と道徳的な問題の影響力の大きさを示している。
	・ロバート・ケネディーは，両者の立場ともに固有の弱点を持っていた。その弱点とは，どのようなものですか？	T：発問する P：資料を参照し，答える	・「海上封鎖」の場合，ミサイル基地の進行を直接止めることができない。また，ソ連船との軍事的な衝突も危惧される。「空爆」の場合，国際世論における道徳的非難が予測される。何もしない場合，中距離核ミサイルの射程にワシントンも入り，軍事的な危機にさらされる。
	・小国キューバに対する奇襲は，世界における超大国アメリカの道徳的地位を失わせる。このことについて，あなたは同意できますか？	T：発問する P：自己の見解をまとめ，述べる	・様々な答え。 例）同意する。超大国による小国への直接攻撃は，相手側から本国への攻撃を受けるなどの事態がない限り，国際社会における道徳的地位を失わせると思う。 例）同意しない。ワシントンも射程とする中距離核ミサイル基地は，アメリカにとって脅威であり，それを取り除く攻撃は正当化できる。
	・意思決定者はどの程度，道徳性を考慮すべきだと思いますか？	T：発問する P：自己の見解をまとめ，述べる	・様々な答え 例）考慮する必要あり。大国は国際社会における道徳的地位も保つべき。 例）考慮する必要なし。大国といえども外交は，自国の利益を最優先すべき。
	・ケネディー大統領が空爆よりも海上封鎖を選んだのは，なぜだと思いますか？	T：発問する P：自己の見解をまとめ，述べる	・国内外の世論に配慮しながら，ミサイル基地の建設を止め，キューバやソ連との直接の軍事衝突を避けるには，海上封鎖が最善と考えられたから。
	・ケネディー大統領が演説の中で述べた，「最も危険なことは，何もしないことである」という意見を	T：発問する P：自己の見解をまとめ，述べる	・ミサイル基地建設は，西側諸国にとって脅威であるとともに，第3次世界大戦を誘発する可能性のあるものであり，何らかの方法で阻

	あなたは支持しますか？理由も含めて説明しなさい。		止しなければならないから。
	・結局，キューバを海上封鎖するケネディーの決定は，完全に支持された。あなたはこれをどのように説明しますか？	T：発問する P：教科書を参照し，説明する	・ミサイル基地建設を止める軍事的目的，国際世論の支持を得る道徳的目的，ソ連を刺激し過ぎない外交的目的など様々な側面に配慮したバランスのとれた意思決定だと評価されたから。
	・キューバ危機の結論「封鎖以外に選択できる道はなかった」この意見に賛成できますか？ 理由も含めて説明しなさい。	T：発問する P：自己の見解をまとめ，述べる	・様々な答え。 例）賛成する。空爆は小国への超大国による直接の軍事行動であり，国際社会から非難の対象となる。 例）反対する。カストロやフルシチョフとの直接対話など，他の方法も想定できるから。
展開3「ケネディー大統領の意思決定」	○ケネディー大統領の意思決定過程は，どのようなものだったのか？	T：発問する P：教科書を参照し，説明する	○ケネディーの意思決定は，軍事，外交，道徳，情報など様々な要素を考慮した意思決定であった。
	・ケネディー大統領の個人的性格のいかなる側面が彼の行った決定に影響を及ぼしたのか？	T：発問する P：自己の見解をまとめ，述べる	・彼は，状況を冷静に分析しようとし，空爆等の過激な結論を出さなかった点において，冷静な判断力があった。また，小国（弱者）に対する道徳心も有していた。しかし，何もしないなどの弱腰な態度は見せないという意志も有していた。これらが総合的に影響を及ぼした。
	・ケネディー大統領の価値観は，どのようなものであったと考えるか？ それらの価値観が決定にどのような影響を与えたのか？	T：発問する P：自己の見解をまとめ，述べる	・彼には，強者は弱者を攻撃してはいけないという道徳的価値観や，外交は弱腰ではいけないという外交観，しかし，第3次世界大戦は避けるべきとの平和観など，様々な価値観を合わせ持っていた。
	・ケネディー大統領が意思決定を行ったとき，どのようなプレッシャーが彼にあったのか？ それら	T：発問する P：自己の見解をまとめ，述べる	・ソ連との核戦争を引き起こしてしまう恐怖や国内外の世論がどのような評価を下すか，また，ミサイルの恐怖に対して自国の市民を守

	のプレッシャーに彼はいかに反応したか？		れるのかといった様々なプレッシャーがかかった。
	・ケネディー大統領は，世論に対して敏感だったのか。この点についてどう考えるか？	T：発問する P：自己の見解をまとめ，述べる	・様々な答え 例）敏感であった：決定において国内外の道徳的感情に配慮している様子であったから。 例）敏感ではなかった：世論は様々な情報の1つに過ぎず，ケネディーは，軍事情報や外交ルートにおける交渉など，様々な要素を考慮していたから。
	・ケネディー大統領は，どの程度，他者の意見に影響されて決定に至ったのか？	T：発問する P：自己の見解をまとめ，述べる	・様々な意見と情報を総合して自分自身で判断しているのではないか。例えば，国防省の空爆論には，一貫して反対しており，それを抑え込んでいる。
終結「ソビエトの見解」	○ソビエトの見解は，どのようなものだったのか？	T：発問する P：教科書を参照し，説明する	○アメリカは既に，イギリス，イタリア，トルコに中距離ミサイルを配備し，潜水艦にもミサイルを配備し，そのすべてがソ連を目標にしていた。当時の軍事力は，圧倒的にアメリカが優勢であった。そのため，キューバにミサイル基地を設置することは，軍事的な均衡を生むというのがソ連の見解であった。
	・ソビエトとアメリカの問題分析がどのように違うかあなたは気が付きましたか？ その違いを説明しなさい。	T：発問する P：自己の見解をまとめ，述べる	・アメリカは，キューバのミサイル基地が軍事バランスを崩すものと分析していたが，ソ連は均衡をもたらすものと分析していた。
	・下の2つの絵を見なさい。1つはロシア人，もう1つはアメリカ人のものです。2つともキューバ危機の解釈を示しています。両者にどれくらいの違いがありますか？	T：発問する P：教科書を参照し，説明する	・ロシア人の風刺画：アメリカ人の小国キューバに対する過剰な反応を風刺している。 ・アメリカ人の風刺画：フルシチョフは，餓えに苦しむ小国キューバに対して，ミサイルしか与えないことを風刺している。2つの絵は，一般市民レベルで2国間に相互不信が存在することを示している。

・いくつかの異なった種類の行動（外交・軍事・政治・情報・法）が政府によって採られた。どの行動が最も重要であると考えますか？また，すべてが重要であると考える場合，それはなぜですか？	T：発問する P：自己の見解をまとめ，述べる	・様々な答え。 例）情報が最も重要である。軍事的行動を伴う外交政策には，何よりも様々な情報の入手と冷静な分析が必要だから。
・あなたは，キューバに中距離ミサイルが設置されると合衆国の心理的な脅威になるという見解に賛成できますか？その理由も含めて説明しなさい。	T：発問する P：自己の見解をまとめ，述べる	・様々な答え。 例）同意する：キューバは，アメリカの喉元にあり，そこにミサイル基地を建設することは，実際的な軍事力よりも大きな心理的脅威になるから。 例）同意しない：アメリカは既に，ソ連の喉元なるヨーロッパの各地にミサイルを設置している。軍事力は，アメリカが圧倒的に優位であり，心理的脅威を与えているのは，アメリカである。
・ケネディーとフルシチョフのどちらが優れたギャンブラーだとあなたは考えますか？	T：発問する P：自己の見解をまとめ，述べる	・様々な答え。 例）ケネディー：アメリカの道徳的地位を保ちつつ，ミサイルを撤去させることに成功したから。 例）フルシチョフ：第3次世界大戦は避けつつアメリカに圧力をかけることに成功したから。そして，今後キューバを攻撃しないことを約束させるなど，アメリカの譲歩を引き出したから。
・キューバミサイル危機の間の意思決定における入力，出力，意思決定者，フィードバックを同定しなさい。	T：発問する P：答える	・入力＝外国政府，世論，軍事情報 出力＝外交政策 意思決定者＝大統領 フィードバック＝大統領の意思表明と国内外の世論

Fraenkel, J.R., et. al., *Decision-Making in American Government,* Allyn and Bacon, Inc., 1980, pp.108-118. 及び Fraenkel, J.R., *Helping Students Think and Values,* Prentice-Hall, 1973, p.266. を参照し筆者作成。

注

1) 社会科における政治学習については，従来から「政治制度の暗記学習」に陥っているとの批判がある。これに対して，先行研究では政治学の成果を応用した"社会科学科としての政治学習改革"と民主主義社会を担う"意思決定者育成としての政治学習改革"の2つの方向性が存在する。前者については，桑原敏典「社会科学科としての政治学習の再評価」『社会科研究』第60号 2004, pp.21-30. を，後者については，尾原康光「リベラルな民主主義社会を担う思考者・判断者の育成(1) – D.W.オリバーの場合」『社会科研究』第43号 全国社会科教育学会 1995, pp.41-50. をご参照いただきたい。なお本章では，この2つの立場を統合する政治学習改革の方向性を検討する。
2) この点については，森分孝治「社会科公民と公民科のちがいは何か」『社会科教育学ハンドブック』明治図書 1994, pp.297-306. をご参照いただきたい。
3) この点については，菊池章夫「政治的社会化と政治学習」『現代教育科学』第181号 1972, pp.25-28. をご参照いただきたい。
4) Fraenkel, J., R., et. al., Decision – Making in American Government, Allyn and Bacon, Inc., 1980, p.2.
5) Ibid., p.2.
6) Ibid., p.3.
7) Ibid., p.4.

第3節　立憲民主主義の相対化としての市民性育成
──国立憲法センター/TCI『ガバメント・アライブ！権力・政治と君』の場合──

1　立憲民主主義の相対化としての市民性育成

本節では，国立憲法センターとTCI（教師のためのカリキュラム開発機構）が共同開発した『ガバメント・アライブ！権力・政治と君』の分析を通して，憲法が提示する政治システムのフレームワーク事体も批判的に研究し，立憲民主主義そのものの相対化を図る市民性育成の論理を明らかにしていく。

市民性育成の最終段階では，憲法規範を批判的に吟味しつつ，子どもた

ちが主権者である市民として現行の憲法を乗り越えるよりよい政治の在り方を探究していく。つまり，立憲民主主義の論理に基づきながらも，立憲民主主義を批判的に吟味する学習が必要となる。

2 国立憲法センターとTCIの協同による政治学習プロジェクト

　『ガバメント・アライブ！権力・政治と君』は，国立憲法センターとTCIの協働によって開発された。国立憲法センターは，第3章で言及したようにフィラデルフィアにある全米唯一の憲法博物館であり，憲法に基づく主権者としての市民育成をめざす公民教育団体でもある。そしてTCIは，最新の教育方法論に基づく教材開発を行う教育学者，教育実践者，科学者による協働チームであり，社会科のみならず各教科のカリキュラムを開発している。『ガバメント・アライブ！権力・政治と君』は，国立憲法センターが内容編成を担当し，TCIが効果的な教育方法や学習課題をデザインする形で協働開発された。

　『ガバメント・アライブ！権力・政治と君』は，子ども用教科書[1]，レッスンガイド[2]，レッスン教材[3]，1次資料カード[4]，歴史的演説などが収録されたDVD[5]，民主主義実践のための手紙の書き方などのツールキット[6]が一式となった完全版の政治学習プロジェクトである。教師は，本プロジェクトを一式揃えれば，作成者が意図する教育活動を完全に実現できるようになっている[7]。

3 主権者としての「権力制御力」の育成
　　　――『ガバメント・アライブ！権力・政治と君』の全体計画――

　本プロジェクトの全体計画を表6-3に示した。全体計画は，I「権力と君」，II「アメリカ政治の基礎」，III「政治参加」，IV「三権分立」，V「外交」の5つのパートによって構成されている。本プロジェクトは，「権力，政治と君（Power, Politics, and You）」という副題に象徴されるように，権力と子ど

もたち自身の関係を常に吟味しながら，権力を批判的に研究するとともに権力への市民の参加可能性を研究することで，「主権者としての権力制御力」の育成をめざした全体計画となっている。

　パートⅠとなる「権力と君」では，権力・権威・政府の本質や政治体制の比較によって，権力と自分との関係を把握するとともに，立憲民主主義の政治システムの相対化が図られる。例えば，小単元１では「なぜ，あなたは権力・権威・政府に留意すべきなのか？」といった問いが探究され，権力と自分との関係を明確にしていく。続く小単元２では，「社会において政治権力と経済権力は，いかに分離すべきか？」と問い，世界に存在する立憲民主主義以外の様々な政治システムに関する研究を行う。パートⅠは，子どもと政治を関係付けながら，アメリカ政治システムは絶対的なシステムではないことの認識を促し，導入としている。

　パートⅡとなる「アメリカ政治の基礎」では，アメリカ民主主義の起源とアメリカ合衆国憲法が提示する政治システムの研究による，自国の政治システムの批判的吟味が行われる。ここではまず，権力分立，市民的自由，連邦制等のアメリカの政治システムがいかにして生まれたのか，その起源を探る。それとともに「あなたは修正１条を支持しますか？」といった問いを探究し，憲法規範を絶対視せず常に相対化する学習を展開する。子どもたちは，憲法上，最も大切な条文とされる修正１条の是非も議論していく。

　パートⅢとなる「政治参加」では，民主主義社会における政党活動，利益団体，メディア，世論，政治キャンペーン，選挙といった政治に影響を与える方法を探究し，市民にできる政治参加を研究していく。ここでは，「選挙と投票：なぜ，それがあなたにとって問題なのか？」といった問いを研究し，政治と公権力の在り方を市民が改革していく方法を研究していく。つまり，政治の実態を批判的に吟味するとともに，その改革のために市民が採れる行動可能性を研究する。

　パートⅣとなる三権分立では，立法，行政，司法と憲法の規定の順に，三

表6-3 『ガバメント・アライブ！権力・政治と君』の全体計画

パート	単元名	小単元名	○メインクエスチョンと・研究課題（権力，政治，君）	分析
Ⅰ 権力と君	1 権力，権威，政府	1 権力，権威，政府の本質	○なぜ，あなたは権力，権威，政府のことを留意（ケア）すべきなのか？	権力と自分との関係把握
			・上質な権力とは？ あなたは，いかにしてそれを手に入れるか？	
		2 政治体制の比較	○社会において政治権力と経済権力は，いかにして分離すべきか？	
			・自由は世界中を行進しているか？	
Ⅱ アメリカ政治の基礎	2 アメリカ政治の基礎	3 アメリカ民主主義の起源	○どのようなアイデアが世界で最初の現代的民主国家を誕生させたのか？	自国の政治システムの批判的吟味
			・私たちの共和国を維持し善くしていくためにあなたに何ができるのか？	
		4 合衆国憲法	○いかにして，また，なぜ憲法立案者は憲法によって権力を分立しようとしましたか？	
			・ゼロトレランスの教育政策は，子どものデュープロセスを侵すか？	
		5 権利章典と市民的自由	○いかにして憲法によってあなたの権利が守られているか？	
			・あなたは修正1条を支持しますか？	
		6 連邦主義：国家，州，地方権力	○いかにして連邦政治システムにおいて権力が流れているのか？	
			・保険に入っていない場合，あなたはどのようになるのか？	
Ⅲ 政治参加	3 政治的な参加と態度	7 民主主義における市民参加	○いかにしてあなたが民主主義を変えることができるのか？	自分にできる政治参加の研究
			・あなたは市民権テストに合格できるか？	
		8 政党，利益集団，公共政策	○政党と利益集団：いかにして私たちの政治的意思決定に影響を与えるか？	
			・あなたのカラーは？：赤，青，紫，それ以外？	

		9 世論とメディア	○メディアはあなたの政治的見解にどの程度，影響を及ぼしているのか？	
			・真実に基づく広告は政治的公正をもたらすか？	
		10 政治的キャンペーンと選挙	○選挙と投票：なぜ，それがあなたにとって問題なのか？	
			・投票は自主的になされるべきか？	
Ⅳ 三権分立	4 立法府	11 法案作成者と議会	○有能な議員は何によって作られるか？	三権の実態の研究
			・あなたが議員だとして，いかにして議会で投票するか？	
		12 連邦議会の法案策定	○法はいかにして作られるのか？	
			・議会における妥協は裏切りか？	
	5 行政府	13 行政と官僚の長	○多くの役割を実行するのに必要な現代の大統領に求められる資質は？	
			・あなたは大統領になりたいか？	
		14 連邦予算	○連邦政府の予算支出はあなたの税金を多く使用しているか？	
			・あなたのための社会保障は？	
	6 司法府	15 裁判所，判事，法	○正義を実現するため，いかに合衆国司法システムが組織されているか？	
			・陪審員の義務：もしあなたでなければ，誰が？	
		16 刑事システム	○犯罪が行われるとどうなるのか？：刑事システムは公正か？	
			・社会，犯罪者，被害者：正義は誰に利益をもたらすのか？	
Ⅴ 外交	7 合衆国と世界	17 アメリカの外交政策の創造	○いかにして合衆国は外交政策を行うべきか？	グローバルな問題の研究
			・グローバル化は善か悪か，避けられないのか？	
		18 直面する国際問題	○いかにして国際機関は国際問題に効果的に対応できるか？	
			・1人の人間が世界を変えられるか？	

National Constitution Center and Teacher's Curriculum Institute, *Government Alive ! Power, Politics, and You-Student Edition,* Teacher's Curriculum Institute, 2009 を参照し作成。

権の実態を研究していく。ここでは、「有能な議員は誰によって作られるのか？」といった問題を探究し、三権の実態とその動きに市民が影響を与える方法を研究していく。

パートⅤとなる外交では、アメリカが行うべき外交政策の吟味を行いグローバルな問題について研究していく。ここでは、「いかにして合衆国は外交を行うべきか」といった問題を研究し、外交政策の批判的吟味を行う。

以上のように『ガバメント・アライブ！権力・政治と君』の全体計画は、導入となるパートⅠにおいて、権力・政治と子どもたちが密接な関わりがあることを明らかにし学習の動機付けを図る。それとともにアメリカ政治システムを批判的に吟味できるように、世界各国の様々な政治システムの存在を認識することで相対化を図る。そのような導入を経て、「アメリカ政治の基礎」、「政治参加」、「三権分立」、「外交」という順に政治権力の実態の批判的吟味を順次行う。またすべての小単元の終結部に「権力・政治と君」というコラム学習が準備され、子どもたちが主権者である市民として政治権力に参加していく方法や可能性を研究していく。このように『ガバメント・アライブ！権力・政治と君』は伝統的な憲法に基づく政治学習の体系を維持しながら、「権力批判学習」と「権力参加学習」をスパイラルに展開することで、憲法が志向する主権者としての「権力制御力」の育成をめざす全体計画となっている。

4　民主主義の実践（Doing Democracy）——単元構成——

では、『ガバメント・アライブ！権力・政治と君』は、どのような単元構成によって、主権者としての「権力制御力」の育成を促すのであろうか。ここでは小単元2「政治体制の比較」を分析対象として、単元構成の論理を明らかにしていきたい。資料6-2に小単元2の教授学習活動を示した。また本資料をもとに単元構成をまとめたものを表6-4に示した。本単元は、子どもたちに、アメリカ合衆国憲法を乗り越える政治システムの在り方を、政治学

の研究手法と民主的な議論に基づき構想していく民主主義の実践（Doing Democracy）学習を展開する。では，具体的に考察してみよう。

　導入となる学習活動1「学校におけるルール制定権力」では，子どもたちの日常生活の場である学校における権力作用の把握を行う。ここでは「誰が学校のルールを決める権力を持つべきか？」という問題を研究する。学校関係者を，校長（君主），教師（行政），子ども会（立法），子ども全員（国民全体），特別な機関（司法）といった政治権力になぞらえながら，政治体制の基本的な考え方を把握していく。例えば，校長が権威者として1人でルールを決定する「君主制」，教師集団が子どもたちを統治するためにルール制定権を持つ「官僚制」，民主的な選挙によって選出された役員による子ども会がルール制定権を持つ「間接民主制」など，学校という日常生活の場における権力の在り方から，統治機構の在り方に関する政治学の基本概念を習得する。それとともに，権力の在り方が日常生活に大きな影響を与えることを，子どもたちに認識させることで学習の導入を図る。

　展開1となる学習活動2「政治体制」では，「社会において政治権力と経済権力は，いかにして分離すべきか？」という本単元全体のメイン・クエスチョンを提示する。そして，その問題を研究していくために必要な知識として，政治体制，政治システム，経済システムの基礎概念を習得していく。政治体制では，「君主制」「独裁制」「神権制」「一党独裁国家」「直接民主制」「議員内閣制」「大統領制」などの概念が学習される。政治システムでは，「集権システム（中国）」「連邦システム（アメリカ）」「多国間システム（EU）」などの概念が学習される。経済システムでは「伝統経済」「市場経済」「計画経済」等の概念が学習される。その後，これらの概念を使用するために，「効率性」「自由」「繁栄」「平等」「安全」の各項目に，それを最も達成できる政治体制＋政治システム＋経済システムをそれぞれに選択していく活動を行う。例えば，「自由」の最大化をめざす場合，政治体制（大統領制）＋政治システム（連邦制）＋経済システム（市場経済）＝アメリカの政治，といったように，3つ

表6-4 小単元2「政治体制の比較」の単元構成

学習活動	主な問題	概念	分析
1「学校におけるルール制定権力」	○あなたの意見では，次に挙げる人や集団の中で，誰が学校のルールを決める権力を持つべきだと思いますか？ 議論しなさい。	・校長（君主） ・教師（行政） ・子ども会（立法） ・子ども全員（国民全体） ・特別な機関（司法）	導入 日常生活における権力作用の把握
2「政治体制」	◎社会において政治権力と経済権力は，いかにして分離すべきか？ ○次のような事項を重視するとどのようなA政治体制＋B政治システム＋C経済システムが有効だと思いますか？ ・効率性 ・自由 ・繁栄 ・平等 ・安全	・政治体制 「君主制」「独裁制」「神権制」「一党独裁国家」「直接民主制」「議員内閣制」「大統領制」 ・政治システム 「集権システム」「連邦システム」「多国間システム」 ・経済システム 「伝統経済」「市場経済」「計画経済」	展開1 政治体制政治経済システム基礎概念の習得
3「新しい独立国家の模擬憲法制定会議」	○新しい独立国の安定的な政治経済システムを構築するための架空の憲法制定会議の代表者の役を演じてください。それぞれのグループは社会における異なった利益集団の代表となります。いくつかの集団の利益は同様のものですが，他の集団の利益とぶつかります。	・軍部の指導者 ・専門職業人 ・裕福な事業家 ・地域の指導者 ・貧しい労働者 ・貴族の農園主 ・A民族グループ ・U民族グループ	展開2 新独立国家の憲法制定会議シミュレーション
4「権力・政治と君：自由は世界中を行進しているか？」	○世界各国における自由は停滞していると指摘している。この要因や問題はどこにあると思いますか？ ・私たちアメリカ人として，このような問題に関心を持つべきですか？ なぜ，そう思う，またはそう思いませんか？	・報道機関の統制 ・司法機関の不在 ・民主化を支援するNGO ・NGOに対する課税 ・法的手段によるゆるやかな弾圧	終結 立憲民主主義の相対化

National Constitution Center and Teacher's Curriculum Institute, *Government Alive ! Power, Politics, and You-Lesson Guide,* Teacher's Curriculum Institute, 2009, pp.13-17. より作成。表中のゴシック体は筆者による分析を記入。

の概念を組合せていく活動を行う。このように学習活動2では，政治体制や政治経済システムの多様性の認識を子どもたちに促すとともに，権力の在り方を吟味するための政治学の基礎概念を習得していく。子どもたちは，政治学の基礎概念を習得しながら，アメリカ的な立憲民主主義が，多様にある政治体制の1つに過ぎないことを冷静に研究していく。

展開2となる学習活動3「新しい独立国家の模擬憲法制定会議」では，新独立国家の政治体制を決める憲法制定会議をシミュレーションしていく活動を行う。この活動は，本小単元の中心的なパートである。まず教師は，クラスを8つのグループに分けて，新しい独立国の安定的な政治経済システムを構築するための架空の憲法制定会議の代表者の役を演じるように指示する。それぞれのグループは，①軍部の指導者，②専門職業人，③裕福な事業家，④地域の指導者，⑤貧しい労働者，⑥貴族の農園主，⑦A民族グループ，⑧U民族グループという，新国家会における異なった利益集団の代表として議論に参加する。役割を把握した後に，子どもたちは憲法制定会議の準備活動として，新国家に関するデータの収集，各利益集団の思惑の推論，自己のグループの利益を最大化する政治体制の吟味等を行う。

例えば，新国家のデータについては，資料の解釈から次のような概要を把握する。新国家は，5万平方マイル程度の中規模の国家であり，人口は2100万人程度，ニューヨーク州よりも面積も人口も少し大きい国家である。そして地理的環境は，乾燥地帯で住居が点在する「北部」，海に続く2つの川が流れ肥沃な土地を有する「南東部」，肥沃な土地とともに様々な天然資源のある「南西部」の3つの地域に分かれている。新国家には3つの民族が存在する。N民族は人口の85％を占め，南東部において農業や都市生活を営んでいる。A民族は，人口の10％程度の小民族であり，言語や文化もN民族と異なっている。A族は南西部の領有権を持ち，様々な天然資源によって生計を立てている。U民族は人口の5％程度の最も少数な民族だが，N族と同じ言語を使う。しかし，彼は北部において伝統的な遊牧生活を送っており，

南部の民族との関わりはほとんどない。これらの概要が研究される。

　新国家のデータに基づきながら，子どもたちは自分のグループの利益集団の状況や主張が書かれたハンドアウトを読み，適した政治形態，政治システム，経済システムを考える。例えば，A民族グループの場合，「A民族は，人口の10％程度の小民族であり，言語や文化もN民族と異なっている。A族は南西部の領有権を持ち，様々な天然資源によって生計を立てている。」という現状分析から，(1)「南西部での天然資源の占有権」と (2)「言語と文化の多様性を認めること」を新政府に期待していることを研究していく。そして憲法制定会議では，A「議員内閣制」＋B「多国間システム」＋C「市場経済」のようなシステムを求めるべきだ，といった結論を導き出していく。

　各グループでの研究と議論が終わると，ラウンド1「政治体制」，ラウンド2「政治システム」，ラウンド3「経済システム」の3つのラウンドの憲法制定会議のシミュレーションを行う。各々のラウンドでは，まず各グループの代表者が30秒以内で，新国家の政治形態はどのようなものがよいと考えるか，理由も含めて説明する。各グループの代表者の説明を聞いた後に，クラス内で議論をしていく。クラスでの議論を踏まえて，1人1票で，よりよいと思う政治体制に投票をしてラウンドを終了する。

　以上のように学習活動3「新しい独立国家の模擬憲法制定会議」では，①政治学の概念の習得，②その概念を使用した政治体制，政治システム，経済システムの在り方の研究，③それらを応用した憲法制定会議のシミュレーションによる民主的議論学習を展開している。

　終結部となる「権力，政治と君：自由は世界中を行進しているか？」では，世界各国の政治体制の状況を分析したコラムを読み，立憲民主主義に基づく自由主義が必ずしも世界のスタンダードではない状況を冷静に分析していく活動を行う。「権力，政治と君」というコラムは，すべての小単元の終結部に設定される学習活動であり，これまでの学習を「子どもたち自身＝君」の問題として，再認識させることがねらわれている。ここでは，まず1976〜

2006の30年間において，政治も経済も自由主義システムを採用する国は42か国から90か国に増えたが，政治も経済も自由でない国は45か国あり，人口比では30年前とあまり変化がないことが把握される。そして，「このコラムの筆者は，世界各国における自由は停滞していると指摘している。この要因や問題はどこにあると思いますか？」と問い，近年の抑圧の傾向は，①エリート支配を脅かす独立系の市民組織，政治監視団体，報道機関が標的になり，②軍事力や拷問，夜間の暴力的な威圧といった激しい手法は使わず，代わりに政府による法的手段による隠れた圧力をかけ続ける手法が採用されていること等を研究していく。そして，「私たちアメリカ人として，このような問題に関心を持つべきですか？ なぜ，そう思う，またはそう思いませんか？」とオープンエンドな問いを投げかけ，終結としている。

以上のように本小単元は，学校から国際社会までの権力の在り方を連続的に探究し，政治学習と子どもたちを結びつけるように学習を展開していく。具体的な学習は，①政治学の基本概念の習得と活用という「科学的アプローチ」と②模擬憲法制定会議に象徴される「議論アプローチ」の2つのアプローチをスパイラルに展開する民主主義実践（Doing Democracy）学習となっていた。そして，子どもたちはこの2つのアプローチを駆使しながら，主権者としての「権力制御力」の育成を行っていく。

5 科学と議論による市民の育成
―― 立憲民主主義の相対化としての市民育成の論理 ――

『ガバメント・アライブ！権力・政治と君』の分析から，立憲民主主義の相対化としての市民育成の論理として，以下の3点が明らかになった。

第1に，立憲民主主義の相対化を図るために，憲法が提示する政治体系の学習に入る前に，世界各国の政治体系やその意義の学習を行うように，政治学習の全体計画を図る。

第2に，子どもたちが政治や権力に関する学習を，身近で切実な問題と実

感できるように，日常生活や一般市民の立場から政治や権力を研究していける全体計画とする。

　第3に，具体的な小単元レベルの学習は，①政治学の基本概念の習得と活用を中心とする「科学的アプローチ」と②民主的な議論を中心とする「議論アプローチ」の2つのアプローチをスパイラルに展開していく民主主義実践（Doing Democracy）学習となっている。

　特に導入パートにおいて，詳細かつ具体的な憲法制定会議のシミュレーション学習を展開し，現行の憲法規範に基づく政治システム・フレーム・ワークを徹底的に批判し，吟味することで，規範批判型の公民学習の導入を図っていた[8]。

　以上のように憲法規範批判学習では，政治学の成果を応用し立憲民主主義を相対化[9]しながら，民主主義の方法論である議論や多数決によって，よりよい政治体制を創造していく学習を展開する。憲法が提示する民主主義の方法論に依拠しながら，憲法の内容を批判的に吟味できる市民の育成が意図されているわけである。

資料6-2　小単元2「政治体制の比較——社会において政治権力と経済権力は，いかにして分離すべきか？——」の教授・学習過程

○概要

　子どもは，様々な形態の政治経済システムの利点と不利な点を調査研究する。

・導入学習：子どもは，彼らの校則を作成する様々な学校組織形態の利点と不利な点について議論する。

・学習活動：レスポンス・グループ活動において，新しい独立国の安定的な政治経済システムを構築するための架空の憲法制定会議の代表者の役を演じる。

・学習過程：子どもは，様々な優先順位に応じた新しい独立国の政治経済システムについて言及する。

○目標

　この小単元の教科書を読み，教室における学習活動に参加すれば，子どもは次のこ

とができる。
・様々な政治体制の起源と歴史について分析するとともに，様々な政治システムを類型化できる。
・様々な政治システムの利点と不利な点を分析するとともに，どのような権力が権力分配システムに，どのような方法で貢献しているのか比較する。
・立憲民主制と独裁制，大統領制，議員内閣制の比較や違いを述べることや，連邦制，独立国家共同制，州制の比較や違いを述べる。
・様々な経済システムを分類し評価するとともにそれぞれのシステムにおける政府の役割を明らかにする。

○教授学習過程

	主な発問	教授・学習過程	子どもから引き出したい活動・知識
導入「学校におけるルール制定権力」	1 あなたの意見では，次に挙げる人や集団の中で，誰が学校のルールを決める権力を持つべきだと思いますか？ ・校長 ・教師 ・子ども会 ・子ども全員 ・他の者（特別な機関）	T：発問する P：ノートとガイドを参照し答える	1 自分の意見をノートに記述する。 回答例 ・校長（学校における最高責任者≒大統領） ・教師（学校教育，実務の精通者≒行政） ・子ども会（選挙による子どもの代表者≒立法） ・子ども全員（子どもの全体意思≒国民全体） ・特別な機関（ルールの専門家≒司法）
	2 2人1組またはクラス全体で以下の問題について議論しなさい。 ・どの集団にルールをつくる権限を与えるべきですか？ なぜ，そう思いますか？ ・どの集団にはルールをつくる権限を与えるべきでないですか？ なぜですか？	T：発問する P：議論する	2 ノートに記述した自分の意見を拠り所に議論を展開する。 ・回答例 校長（学校における最高責任者だから） 子ども会（選挙に基づく代表者だから） ・回答例 教師（直接，子どもを指導する教師がルールをつくると，教師の思い通りになるから）

	・あなたの学校では，一般的にルールは誰がつくりますか？ そのシステムの利点は？ また不利な点は？		・回答例 　子ども会と教師が合同会議を開き決定する。利点は，子どもと教師の考え方が両方反映される。不利な点は，時間がかかる。
	・一般的にルール制定権力を持つ組織にはどのような利点がありますか？また，そのような権力を持たない組織は，どのような不利がありますか？		・回答例 　ルール制定権力を持つ集団は，自分たちの利益となるルールをつくりがちである。そのような権力を持たない集団は，利益を得られない場合や疎外や弾圧される可能性もある。
	3 導入学習と本小単元の学習の関連を説明する。	T：説明する	3 これから学ぼうとしているのは，政治体制の種類であり，権力分立システムや政治経済システムのあり方である。学校におけるルール制定権力を誰に持たせるべきかという問題と同様に，政治体制や政治経済システムの違いには，それぞれ利点と不利な点がある。
展開1「政治体制」	1 本小単元のメイン・クエスチョンは，以下の通りです。 「社会において政治権力と経済権力は，いかにして分離すべきか？」	T：発問する P：確認する	1 子ども用のガイドを参照した後，本小単元のメイン・クエスチョンを確認する。
	2-①紀元前3000年〜紀元後2000年までに生まれた主な政治体制を整理しなさい。	T：発問する P：ガイドを参照し整理する	紀元前3000年↑ ・シュメールに初の都市国家が誕生 ・サルゴンによるアッカド帝国成立 ・ローマ共和国成立 ・アテネに直接民主制成立 ・ローマ帝国成立 ・ヨーロッパに封建制が始まる ・絶対君主の誕生 ・イギリス名誉革命 ・アメリカ独立革命 ・フランス革命 ・全体主義国家の誕生 紀元後2000年↓

第 6 章　規範批判型の公民学習　315

	2-②次の概念の意味を確認しなさい。	T：発問する P：ガイドを参照し概念を整理する	A 政治体制 「君主制」「独裁制」「神権制」「一党独裁国家」「直接民主制」「議員内閣制」「大統領制」 B 政治システム 「集権システム」「連邦システム」「多国間システム」 C 経済システム 「伝統経済」「市場経済」「計画経済」
	○次のような事項を重視するとどのようなA政治体制＋B政治システム＋C経済システムが有効だと思いますか？ ・効率性 ・自由 ・繁栄 ・平等 ・安全	T：発問する P：ガイドを参照し概念を整理する	○回答例 ・効率性＝A「独裁制」＋B「集権システム」＋C「計画経済」 ・自由＝A「大統領制」＋B「連邦システム」＋C「市場経済」 ・繁栄＝A「議員内閣制」＋B「多国間システム＋C「市場経済」 ・平等＝A「一党独裁国家」＋B「集権システム」＋C「計画経済」 ・安全＝A「君主制」＋B「集権システム」＋C「伝統経済」
展開2「レスポンス・グループ活動─新しい独立国の模擬憲法	1 クラスを8つのグループに分けて，以下の活動を行う。 「新しい独立国の安定的な政治経済システムを構築するための架空の憲法制定会議の代表者の役を演じてください。それぞれのグループは社会における異なった利益集団の代表となります。いくつかの集団の利益は同様のものですが，他の集団の利益とぶつかります。」	T：発問する P：活動のテーマを確認する	1 新しい独立国の憲法制定会議のメンバーとして，よりよい政治体制，政治システム，経済システムを研究していくことを確認する。
	2 子ども用ハンドアウト2Aを配布し，新しい独立国家の背景となる情報を学びましょう。	T：発問する P：ハンドアウトを参照し答える	2 新国家は，5万平方マイル程度の中規模の国家であり，人口は2100万人程度である。ニューヨーク州よりも面積も人口も少し大きい国家である。新国家は，乾燥地帯で住居が点在する「北部」，海に続く2つの川が流れる肥沃な「南東部」，肥沃な

制定会議」			
			土地とともに様々な天然資源のある「南西部」の3つの地域に分かれている。新国家には3つの民族が存在する。N民族は人口の85%を占め，南東部において農業や都市生活を営んでいる。A民族は，人口の10%程度の小民族であり，言語や文化もN民族と異なっている。A族は南西部の領有権を持ち，様々な天然資源によって生計を立てている。U民族は人口の5%程度の最も少数な民族だが，N族と同じ言語を使う。しかし，彼は北部において伝統的な遊牧生活を送っており，南部の民族との関わりはほとんどない。
○新国家が直面している問題は何ですか？	T：発問する P：答える		○民族の統一性がなく常に隣国の侵入を受けてきたため，安定的な政治経済システムづくりが必要である。
38つのグループをハンドアウト2Bに示された8つの利益集団に分けましょう。	T：発問する P：ハンドアウトを参照し8つのグループに分かれる		○以下の8つの利益集団に分かれる ①軍部の指導者 ②専門職業人 ③裕福な事業家 ④地域の指導者 ⑤貧しい労働者 ⑥貴族の農園主 ⑦A民族グループ ⑧民族グループ
・各グループの利益集団の状況や主張が書かれたハンドアウトを読み，適した政治体制，政治システム，経済システムを考えてみなさい。	T：発問する P：自己の見解をまとめ述べる		・様々な答え。 例）⑦A民族グループの場合 　A民族は，人口の10%程度の小民族であり，言語や文化もN民族と異なっている。A族は南西部の領有権を持ち，様々な天然資源によって生計を立てている。 　そのため（1）「南西部での天然資源の占有権」と（2）「言語と文化の多様性を認めること」を新政府に期待している。したがって憲法制定会議では，A「議員内閣制」＋B「多国間システム」＋C「市場経済」のようなシステムを求める。

第６章　規範批判型の公民学習　317

			例）⑧Ｕ民族グループの場合 　Ｕ民族は人口の５％程度の最も少数な民族だが，Ｎ族と同じ言語を使う。しかし，彼は北部において伝統的な遊牧生活を送っており，南部の民族との関わりはほとんどない。 　そのため，(1)「遊牧地を他国に侵入されない防衛力」と(2)「南部の豊富な資源を国全体に平等に分配すること」を新政府に期待している。 　したがって憲法制定会議では，Ａ「一党独裁国家」＋Ｂ「集権システム」＋Ｃ「計画経済」のようなシステムを求める。
	・各利益グループが憲法制定会議で主張すべきシンプルなスローガンを考えなさい。	Ｔ：発問する Ｐ：自己の見解をまとめ述べる	・様々な答え 例）⑦Ａ民族グループの場合「資源の占有と文化の多様性を！！」 例)）⑧Ｕ民族グループの場合「防衛力と資源の平等な配分を！！」
	・各利益グループが新政府に寄せる主要な関心をまとめなさい。	Ｔ：発問する Ｐ：自己の見解をまとめ述べる	・様々な答え
	・新国家が政治経済の体制を決める際に直面する潜在的な挑戦とは何ですか？	Ｔ：発問する Ｐ：クラス全体で議論する	・様々な議論。
	4　ハンドアウト2Cに示された４つの図表に基づいて，各利益グループの新国家の目標ついて議論しなさい。 ・図１「新国家における経済活動地図」 ・図２「新国家における民族の分布地図」 ・図３「新国家の人口分布」 ・表１「各利益グループの所得」	Ｔ：発問する Ｐ：図表を確認し議論する	・図１からは，「北部」は乾燥地域，「南東部」は２つの川が流れる肥沃な農業地，「南西部」は農業地とともに様々な天然資源がある３つの地域に分かれていることが分かる。 ・図２からは，Ｎ民族は南東部，Ａ族は南西部，Ｕ民族は北部に多く居住していることが分かる。 ・図３からは，北部は人口密度が低く，南東部は２本の川沿いに３つの都市が形成される人口密度の高い，南西部は南部に１つの都市がある。

		・所得は，裕福な事業家，貴族の農園主，A民族，専門職業人，軍部の指導者，地域の指導者，貧しい労働者，U民族の順に低い。
○以上の図表から新国家の目標にどのようなことがありますか？	T：発問する P：クラス全体で議論する	○貧富の差の解消，資源の最適配分，人口の最適配分，北部地域の産業開発，民族の言語文化の多様性の尊重，外国の侵入からの防衛など。
5 各グループで憲法制定会議の準備をはじめてください。	T：発問する P：議論の準備をする	・ハンドアウト2Bを確認し，各利益集団の利益を最も反映するA政治体制，B政治システム，C経済システムの再検討を行う。また，ABCの選択には，学習した概念を活用する。
6 同盟を組む時間を与えます。各グループから1人の大使を出し，他のグループと協議し，同盟関係を結び，優先課題のリストへの支持を取りまとめてください。	T：発問する P：協議する	・10分程度の時間で，協議する。
7 憲法制定模擬会議の概要を説明します。 ・まず各グループの代表者が30秒以内で，新国家の政治体制はどのようなものがよいと信じるか，理由も含めて説明しなさい。 ・各グループの代表者の説明を聞いた後に，クラス内で議論しなさい。	T：発問する P：議論の準備をする	・軍部の指導者，専門職業人，裕福な事業家，地域の指導者，貧しい労働者，貴族の農園主，A民族グループ，U民族グループの各グループの利益を実現する主張の準備をする。 ・クラス内での議論では，以下のことに留意する。 ・発言者は起立する。 ・発言者は，名前とグループの見解（賛成・反対）を明確に述べた後に，理由を説明する。 ・すべての議論は，新国家の歴史的背景や政治的状況といった事実に基づき展開させる。 ・発言者が次の発言者を指名する。
8 憲法制定模擬会議のラウンド1を開始する。 ・議論中，教師は各グループの主張が，データに基	T：発問する P：議論する	・議長役の子どもが議論の開始を宣言する。 ・各グループの代表者が起立して見解を述べる。

第6章　規範批判型の公民学習　319

づくものか，グループの利益の実現を可能にするものか，といった視点から採点する。		・各グループの主張は資料集の図表2に基づき展開する。
9 ラウンド1の議論を踏まえて，どのような政治体制を選択すべきかクラス投票してみましょう。	T：指示する P：投票する	・ラウンド1の議論を踏まえて，各子ども1人1票で，よりよいと思う政治体制に投票をする。
10 ラウンド1（政治体制）の議論と投票と同じ要領でラウンド2（政治システム），ラウンド3（経済システム）の議論と投票をしなさい。	T：指示する P：議論し投票する	・ラウンド2（政治システムの議論と投票） ・ラウンド3（経済システムの議論と投票）
11 3つのラウンドの議論をまとめ批評してみましょう。 ・新国家において誰が権力を持つべきですか？　また，誰に渡してはいけませんか？ ・なぜ，皆さんが選択した政治システムや経済システムが機能すると思いますか？　また，どのような問題が発生すると思いますか？ ・議論においてどのような要因が政治と経済のシステムを選択するのに影響を与えましたか？ ・それぞれの政治体制，政治システム，経済システムには，どのような利点と不利な点がありますか？ ・この模擬憲法会議にて決定した政府の形式は，今日あるどこの国と似ていますか？　また，どこが違いますか？	T：発問する P：議論を振り返り答える	・様々な答え

終結部「権力、政治と君＝自由は世界中を行進しているか？」	○教科書 pp.36-38 のコラム「権力，政治と君＝自由は世界中を行進しているのか？」を読み次の問いを考えなさい。その後２人組または小グループで話合いましょう。	T：指示する P：読む	○ 1976～2006 の 30 年間において，政治も経済も自由主義システムを採用する国は 42 か国から 90 か国に増えた。しかし，政治も経済も自由でない国は 45 か国あり，人口比では 30 年前とあまり変化がない。
	・このコラムの筆者は，世界各国における自由は停滞していると指摘している。この要因や問題はどこにあると思いますか？	T：発問する P：答える	・自由を認めない国では，①報道機関の統制，②司法機関の不在，③民主化を支援する団体への弾圧などが行われている。
	・近年の各国の反体制者に対する抑圧は，過去の方法とどのように違いますか？	T：発問する P：議論する	・近年の抑圧の傾向は，①エリート支配を脅かす独立系の公民組織，政治監視団体，報道機関が標的になり，②軍事力や拷問，夜間の暴力的な威圧といった激しい手法は使わず，代わりに政府による法的手段による隠れた圧力をかけ続ける手法となっている。例えば報道機関の許認可権や NGO に対する課税などによって抑圧を続ける。表向き複数の政党の活動が認められていても，反体制政党は，様々な法的手段によって弱体化させられている。
	・私たちアメリカ人として。このような問題に関心を持つべきですか？なぜ，そう思う，またはそう思いませんか？	T：発問する P：議論する	回答例 ・諸外国の事情に口を出すべきではない。 ・世界の民主化にアメリカは貢献すべきである。 ・立憲民主主義のアメリカにおいても同様の状況はあり，関心を持ち続けるべきである。

・National Constitution Center and Teacher's Curriculum Institute, *Government Alive! Power, Politics, and You-Lesson Guide,* Teacher's Curriculum Institute, 2009, pp.13-17.
・National Constitution Center and Teacher's Curriculum Institute, *Government Alive! Power, Politics, and You-Lesson Masters,* Teacher's Curriculum Institute, 2009, pp.9-22.
・National Constitution Center and Teacher's Curriculum Institute, *Government Alive! Power, Politics, and You-Student Edition,* Teacher's Curriculum Institute, 2009, pp.18-38.
・National Constitution Center and Teacher's Curriculum Institute, *Government Alive! Power, Politics, and You-Transparencies,* Teacher's Curriculum Institute, 2009, p.1. を参照し，筆者作成。

第6章 規範批判型の公民学習

注

1) National Constitution Center and Teacher's Curriculum Institute, *Government Alive ! Power, Politics, and You-Student Edition,* Teacher's Curriculum Institute, 2009.
2) National Constitution Center and Teacher's Curriculum Institute, *Government Alive! Power, Politics, and You-Lesson Guide,* Teacher's Curriculum Institute, 2009.
3) National Constitution Center and Teacher's Curriculum Institute, *Government Alive! Power, Politics, and You-Lesson Masters,* Teacher's Curriculum Institute, 2009.
4) National Constitution Center and Teacher's Curriculum Institute, *Government Alive! Power, Politics, and You-Transparencies,* Teacher's Curriculum Institute, 2009.
5) National Constitution Center and Teacher's Curriculum Institute, *Government Alive! Power, Politics, and You-Sounds of Government DVD,* Teacher's Curriculum Institute, 2009.
6) National Constitution Center and Teacher's Curriculum Institute, *Government Alive! Power, Politics, and You-Doing Democracy,* Teacher's Curriculum Institute, 2009.
7) TCIが推奨する学習形態は，グループによる協同の議論，研究活動である。それらの学習形態は，G.ウイギンスの本質的な問いによる看破学習論，R.マルザーノの非言語的表象論，H.ガードナーのマルチインテリジェンス論，H.コーエンの協同学習論，J.ブルーナーのスパイラルカリキュラム論などの現代の教育方法学の粋を結集しているとTCIは説明している。
8) このような憲法規範の冷静かつ多面的な批判のための憲法制定会議シミュレーションは，憲法規範理解のための憲法制定会議体験学習と対照的である。後者の論理については，本書第3章第2節における国立憲法センターの初等用見学プログラムの分析をご参照いただきたい。
9) 政治学においても，アメリカ合衆国憲法を絶対視せず，憲法が提示する政治のフレームワークそのものを批判的に検証しようとする動きもある。例えば，R.A.ダール著，杉田淳訳『アメリカの憲法は民主的か』岩波書店2003.をご参照いただきたい。

「第6章　規範批判型の公民学習」の小括

　第6章では，規範批判型公民学習について論じた。規範批判型は，科学としての政治学の成果を踏まえた政治システムの研究を子どもたちに促し，子ども自身が政治的問題についての開かれた自己見解を形成していくことを支援する学習を展開する。規範批判型は，立憲主義公民学習の最終段階に位置付く。規範批判型には，憲法が提示する"政治システムのフレームワーク内で現実の政治を批判していくアプローチ"と，憲法が提示する"政治システムのフレームワークそのものの在り方を批判的に吟味するアプローチ"の2つが存在する。

　"政治システムのフレームワーク内で現実の政治を批判していくアプローチ"は，伝統的な政治学習のフレームワークである行政，立法，司法といった三権や主権者の市民の行動といった政治学習の大枠は変更せず，フレームワーク内の"動的な意思決定"を分析する現実的な政治学習の内容編成とする。そして，憲法によって政治的意思決定の権力を付与されている大統領，連邦議会，官僚といった権力者の意思決定の実態を批判的に研究する学習を展開する。具体的な学習は，クラス全体が政治的意思決定の事実認識を深める客観的認識と，個々の子どもたちがその事実に評価を下す主体的評価の往復サイクルとして組織化される。

　"政治システムのフレームワークそのものの在り方を批判的に吟味するアプローチ"は，科学としての政治学の成果を応用し，立憲民主主義のフレームワークそのものを批判的に吟味していく。そのために，憲法が提示する政治体系の学習に入る前に，政治体系を批判的に吟味するための憲法制定会議シミュレーションを導入し，世界各国の政治体系やその意義の学習を行うように，政治学習の全体計画を図る。また，子どもたちが政治や権力に関する学習を，身近で切実な問題として実感できるように，日常生活や一般市民の立場から政治や権力を研究する。具体的な学習は，政治学の基本概念の習得と活用を中心とする「科学的アプローチ」と②民主的な議論を中心とする「議論アプローチ」の2つのアプローチをスパイラルに展開していく民主主義実践（Doing Democracy）学習となる。

　規範批判型は，政治システムの批判的吟味と現実の政治を変革していくための市民としての政治参加の研究をセットで展開していくことが特長的である。子どもたちは，現実政治の問題点をフレームワークそのものから検討するとともに，自己の政治的見解を現実社会の中で具現化していく方法も研究する。

終章　立憲主義公民学習論の意義と公民教育改革への示唆

　本研究では，1980年代以降のアメリカ合衆国において開発された，憲法規範を基盤とした子どもの市民性育成プロジェクトの分析を通して，憲法規範を公民教育の目標・内容・方法を貫く原理とし，幼稚園から高等学校（K-12学年）までの子どもの発達過程をトータルに見通した公民学習を展開する"立憲主義公民学習"の論理の解明をめざした。

　その結果，立憲主義公民学習の第1段階（政治的社会化），第2段階（政治的社会化と政治的個性化の橋渡し），第3段階（政治的個性化）の各段階の論理が明らかになった。

　立憲主義公民学習の第1段階は，立憲主義社会を担う主権者を育成するための政治的社会化を子どもたちに促す。政治的社会化としての公民学習は，憲法規範に基づく社会システムと正義概念の研究をめざす「規範理解型」と，社会見学による憲法規範の模擬体験をめざす「規範体験型」によって展開する。まず，幼稚園における公民教育の入口では，社会的領域論に基づき，憲法規範が提示する社会，道徳，個人の3つの領域を子どもたちが認識していく。そして，初等低学年では，主に道徳領域における正義に関する学習を展開する。続く初等中学年では，正義を学ぶ道徳教育と社会システムを学ぶ社会科を統合した社会的正義学習を展開する。子どもたちは，このような過程によって，憲法規範が提示する"個人の尊重"を基本原理とする開かれた社会の理念を理解していく。また，そのような理解を補完する学習として，社会見学による憲法規範の追体験をめざす「規範体験型」の公民学習を展開する。規範体験型の主な対象学年は，初等高学年から中等前期であり，博物館見学や政府見学といった視覚的体験と憲法規範が提示する主権者としての市

民の行動の模擬体験によって，憲法規範の理解を深めていく。このように立憲主義公民学習が志向する政治的社会化は，憲法が志向する立憲主義社会のフレームワークの理解と，立憲主義社会における正義の在り方を子どもたちが主体的に研究していくプロセスとなる。

立憲主義公民学習の第2段階では，政治的社会化と政治的個性化を橋渡しする。そのために，憲法規範に関する歴史事象の分析をめざす「規範分析型」の公民学習を展開する。子どもたちは，憲法規範が形成してきた歴史事象や議論を対象化して研究する。そして，もし，その時代に自分が存在していたら，どのような議論を展開し，どのような意思決定を行うか自己の主体的な見解も形成していく。このように，自国の歴史を憲法規範の実現過程として分析することで政治的社会化を行うとともに，それを批判的に吟味することで政治的個性化も促し，政治的社会化と政治的個性化を橋渡しする。

立憲主義公民学習の第3段階は，個々の子どもたちが，自主的自立的な政治的見解を形成していく政治個性化を促す。政治的個性化をめざす公民学習は，社会問題解決における憲法規範の活用をめざす「規範活用型」と政治システム研究による憲法規範の批判をめざす「規範批判型」によって展開する。「規範活用型」では，憲法が提示する人権カタログである権利章典を主権者である市民として積極的に活用しながら，子どもたち自身が社会問題の解決策を議論していく。続く「規範批判型」では，憲法が提示する三権分立といった立憲主義社会のフレームワークそのものの妥当性も批判的に吟味しながら政治の実態を研究し，自己の見解を形成していく徹底した政治的個性化を行い，公民教育の終結とする。

上記のような特長を持つ現代アメリカ立憲主義公民学習論は，我が国の公民学習にとって以下のような意義と示唆がある。

第1に，現代アメリカ立憲主義公民学習論は，政治的社会化から政治的個性化に変化する，幼稚園から高等学校に至るトータルな市民性育成の過程を明らかにしている。これまでの我が国の公民教育研究は中等段階を主な分析

対象として，いわば公民教育の出口の論理から，その在り方を論じてきた。それに対して立憲主義公民学習は，幼稚園にはじまる入口から高等学校における出口まで，憲法規範に基づく一貫した公民学習論を提示している。そして，本研究が明らかにした政治的社会化から政治的個性化に変化する立憲主義公民学習カリキュラム・フレームワークは，各学年における公民学習の目標，内容，方法を明確に示唆している。

　第2に，現代アメリカ立憲主義公民学習論は，子どもたちが憲法規範に基づく主権者となるための開かれた政治的社会化の論理を明確にしている。従来の対抗社会化や批判的構築主義に基づく公民教育論は，政治的社会化を常識形成や政治的教化として一蹴し，その内実を分析してこなかった。そして，道徳教育と公民教育との関連といった社会科教育と教科外活動との関係を探ることもなく，政治的社会化の論理をブラックボックスとしていた。それに対して，立憲主義公民学習は，憲法規範に基づく道徳教育と公民教育を統合した政治的社会化としての公民学習が，政治的個性化の前提として不可欠であることを示唆している。そして，憲法規範に基づいて道徳教育を開かれた公民教育に変換していく論理を明確にしている。特に，憲法規範と子どもの道徳性発達を融合した道徳学習論は，我が国の道徳教育を立憲主義公民学習に転換していくための具体的な内容論と方法論を示唆している。

　第3に，現代アメリカ立憲主義公民学習は"個人の尊重"を基本原理とし，それを公民教育の目標，内容，方法を貫く学習原理とすることを明らかにした。立憲主義公民学習は"個人の尊重"を実現するための社会づくりに主体的に参加する市民の育成を目標とする。その目標を達成するために，キャラクター学習，社会見学学習，歴史学習，判例学習，社会問題学習，政治学習という憲法規範を基盤とする幅広い学習内容を準備する。また，学習方法は，教室内を自由な言論空間として構成し，子どもたちが個人として尊重され，自由闊達に見解を述べ合う，開かれた教育方法をとる。

　我が国の社会科教育研究は，戦後一貫して民主主義を基本原理とする社会

科論を展開してきた。それに対して，立憲主義公民学習論は，民主主義が多数決を背景に少数者や個人の権利を侵害してきた歴史を踏まえ，民主主義の横暴を監視する憲法規範を民主主義の上位に位置付ける。その上で，個人の尊厳を憲法規範の基本価値とし"個人の尊重"を公民教育の目標，内容，方法を貫く学習原理とする新しい公民学習論を示唆している。

　以上のように立憲主義公民学習は，子どもたちを一方的な社会化の対象に押し留めている我が国の公民教育の在り方に大きな示唆を与える。日本国憲法もアメリカ合衆国憲法と同様に，個人の尊厳を基本価値として，権力分立によって権力を監視するとともに，国民主権によって人権保障を実現しようとする真正の立憲主義憲法である。我が国においても，合衆国と同様に立憲主義公民学習を展開する法的基盤及び社会環境が整っている。さらに，アメリカ合衆国憲法がめざす人権保障の対象は，専ら自由権であり，日本国憲法の人権規定と比較すると，かなり限定的である。それに対して，自由権に加え，広範な社会権を保障する日本国憲法に基づく立憲主義公民学習は，社会福祉，社会保障，教育，安全保障，経済政策，所得再分配システム，税制など，幅広い学習が展開可能である。立憲主義公民学習は，我が国において，よりレンジの広い立憲主義社会科としての発展可能性を秘めている。

　本研究で明らかにした，アメリカ合衆国における立憲主義公民学習論は，我が国における公民教育の改革の方向性，つまり，日本国憲法を基盤とした立憲主義社会科教育を強く示唆するとともに，その理論的根拠を提示している。

英文資料・参考文献

- Allen, J., et.al., *American Society:Inquiry into Civic Issues*, American Book Company, 1973.
- Allen, J., et.al., *American Society:Inquiry into Civic Issues Teacher's Annotated Edition*, American Book Company, 1973.
- Benedict, M.L., *The National Constitution Center*, The National Constitution Center, 2007.
- Close Up Foundation, *Current Issues 2005 Edition*, Close Up Publishing, 2004.
- Close Up Foundation, *Current Issues 2005 Edition Teacher's Guide*, Close Up Publishing, 2004.
- Close Up Foundation, *International Relations-Understanding the Behavior of Nations Fifth Edition*, Close Up Publishing, 2005.
- Close Up Foundation, *International Relations-Understanding the Behavior of Nations Fifth Edition Teacher's Guide*, Close Up Poblishing, 2005.
- Close Up Foundation, *Perspectives-Readings on Contemporary American Government*, Close Up Publishing, 1997.
- Close Up Foundation, *The American Economy-Government's Role, Citizen's Choice Fourth Edition*, Close Up Publishing, 2005.
- Close Up Foundation, *The American Economy-Government's Role, Citizen's Choice Fourth Edition Teacher's Guide*, Close Up Publishing, 2005.
- Close Up Foundation, *Words of Ages-Witnessing U.S. History Through Literature*, Close Up Publishing, 2000.
- Close Up Foundation, *Words of Ages-Witnessing U.S. History Through Literature Teacher's Guide*, Close Up Publishing, 2000.
- Commission on Wartime Relocation and Internment of Civilians, *Personal Justice Denied*, The Civil Liberties Public Education Fund, 1997.
- Damon, W., *Social and Personality Development*, W.W. Norton, Inc, 1983.
- Damon, W., *The Social World of the Child*, Jossey-Bass Publishers, 1977.
- Doak, R., *Ctizenship,* Raintree Steck-Vaughn Publishers, 2002.

- Donlevy, J., et.al., *Street Smart-Teacher's Guide*, Close Up Publishing, 1993.
- Easton, D., *Childern in the Political System*, Midway Reprint, 1969.
- Fraenkel, J.R., "A Response to Edwin Fenton, The Cognitive-Developmental Approach to Moral Education, An Exchange of Views between Edwin Fenton and Jack R. Fraenkel" *Social Education, Vol.41 No.2 January*, 1977, pp.57-60.
- Fraenkel, J.R. et.al, *Decision-Making in American Government*, Allyn and Bacon Inc., 1978.
- Fraenkel, J.R. et.al, *Decision-Making in American Government Second Edition*, Allyn and Bacon Inc., 1980.
- Fraenkel, J.R., "Goals for Teaching Values and Value Analysis" *Journal of Research and Development in Education, Vol.13 No.2 Win.* 1980, pp.103-112.
- Fraenkel, J.R., *Helping Students Think and Value:Strategies for Teaching the Social Studies*, Prentice-Hall, Inc., 1973.
- Fraenkel, J.R., *How to Teach about Values:An Analytic Approach*, Prentice-Hall, Inc., 1977.
- Fraenkel, J.R., "Now is Not The Time to Set Aside Values Educatin" *Social Education, Vol.45 No.2 February*, 1981, pp.101-107.
- Freeman, S., *Character Education:Citizenship-Grade K*, McGraw Hill Children's Publishing, 2003.
- Gilligan, C., *In a Different Voice:Psychological Theory and Women's Development, Second Edition*, Harvard University Press, 1993.
- Holder, A.R., and Holder, J.T. R., *The Meaning of the Constitution Third Edition*, Barron's Educational Series, Inc, 1997.
- Howe, Q., *Street Smart*, Close Up Poblishing, 1993.
- Keller, C.W. and Schillings, D.L., *Teaching About The Constitution NCSS Bulletin NO.80*, National Council For the Social Studies, 1987.
- Larochelle, M., Bednarz, N., and Garrison, J., *Constructivism and Education*, Cambridge University Press, 1998.
- Lewis, B.A., *The Kids Guide to Social Action*, Free Spirit Publishing, 1998.
- Lewis, B.A., *What Do You Stand For?:Character Building Card Game*, Free Spirit Publishing, 2005.
- Lewis, B.A., *What Do You Stand For?:For Kids*, Free Spirit Publishing, 2005.

- Lewis, B.A., *What Do You Stand For?: For Kids, a guide to building character:A leader's guide, CD-ROM First Edition*, Free Spirit Publishing, 2005.
- Lewis, B.A., *What Do You Stand For?:For Teens*, Free Spirit Publishing, 2005.
- Maestro, B., and Maestro, G., *A More Perfect Union-The Story of Our Constitution*, A Mulberry Paperback Book, 1987.
- Matthews, G.E., *Building a Democratic Nation*, Close Up Publishing, 2001.
- Matthews, G.E., *Building a Democratic Nation-Teacher's Guide*, Close Up Publishing, 2001.
- Monk, L.R., Ed, *Ordinary Americans-U.S. History Through the Eyes of Everyday People Second Edition*, Close up Publishing, 1995.
- Monk, L.R., Ed, *Ordinary Americans-U.S. History Through the Eyes of Everyday People Second Edition Teacher's Guide*, Close up Publishing, 1995.
- Monk, L.R., *The Bill of Rights:a user's guide Second Edition*, Close up Publishing, 1995.
- Monk, L.R., *The Bill of Rights:a user's guide Second Edition Teacher's Guide*, Close up Publishing, 1995.
- Monk, L.R., *The First Amendment:America's Blueprint for Tolerance*, Close up publishing, 1995.
- Monk, L.R., *The Words We Live By, First Edition*, The Stonesong Press, 2003.
- National Archives Trust Fund Board, *The Bill of Rights Evolution of Personal Liberties*, ABC-CLIO, Inc. 1989.
- National Constitution Center, *Class Visit Activity Guide Elementary School*, Comcast Foundation, 2006.
- National Constitution Center and Teacher's Curriculum Institute, *Government Alive! Power, Politics, and You-Doing Democracy*, Teacher's Curriculum Institute, 2009.
- National Constitution Center and Teacher's Curriculum Institute, *Government Alive! Power, Politics, and You-Lesson Guide*, Teacher's Curriculum Institute, 2009.
- National Constitution Center and Teacher's Curriculum Institute, *Government Alive! Power, Politics, and You-Lesson Masters*, Teacher's Curriculum Institute, 2009.
- National Constitution Center and Teacher's Curriculum Institute, *Government

Alive! Power, Politics, and You-Placards, Teacher's Curriculum Institute, 2009.
- National Constitution Center and Teacher's Curriculum Institute, *Government Alive! Power, Politics, and You-Sounds of Government DVD*, Teacher's Curriculum Institute, 2009.
- National Constitution Center and Teacher's Curriculum Institute, *Government Alive! Power, Politics, and You-Student Edition*, Teacher's Curriculum Institute, 2009.
- National Constitution Center and Teacher's Curriculum Institute, *Government Alive! Power, Politics, and You-Transparencies*, Teacher's Curriculum Institute, 2009.
- Oliver, D.W., and Newmann, F.M., *Nazi Germany:Social Force and Personal Resposibility, Public Issues Series/Harvard Social Studies Project*, Xerox Education Publications, 1973.
- Oliver, D.W., and Newmann, F.M., *Race and Education:Integration and Community Control, Public Issues Series/Harvard Social Studies Project*, Xerox Education Publications, 1973.
- Oliver, D.W., and Newmann, F.M., *Religions Freedom:Minority Faiths and Majority Rule, AEP Public Issues Series/Harvard Social Studies Project*, American Education Publications, 1970.
- Oliver, D.W., Shaver, J.P., *Teaching Public Issues in the High School*, Houghton Mifflin Company, 1966.
- Rhodehamel, J.H., Rohde, S.F., Blum, P.V., *Foundations of Freedom:a Living History of our Bill of Rights*, Constitutional Rights Foundation, 1991.
- Rhodehamel, J.H., Rohde, S.F., Blum, P.V., *Foundations of Freedom:a Living History of our Bill of Rights Teacher's Guide*, Constitutional Rights Foundation, 1991.
- Schell, D.M., Schell, R.E., and Wagner, K.A., *Become a U.S. Citizen*, Sphinx Publishing, 2007.
- Schwartz, L., *Teaching Values Reaching Kids*, Creative Teaching Press, Inc., 1997.
- Smith, G.B., and Smith, A.L., *YOU DECIDE! Applying the Bill of Rights to Real Cases*, Critical Thinking Press and Software, 1992.
- Smith, G.B., and Smith, A.L., *YOU DECIDE! Applying the Bill of Rights to Real Cases Teacher's Manual*, Critical Thinking Press and Software, 1992.

- Sobel, S., *How the U.S. Government Works*, Barron's Educational Series, Inc, 2001.
- Sobel, S., *The U.S. Constitution and You*, Barron's Educational Series, Inc, 2001.
- Sunal, C.S., and Haas, M.E., *Social Studies for the Elementary and Middle Grades-A Constructivist Approach Second Edition*, Pearson Education, Inc., 2005.
- Travis, C., *Constitution-Translated for Kids-Third Edition*, Synergy Books, 2006.
- Turiel, E., *The Culture of Morality:Social Development, Context, and Conflict*, Cambridge University Press, 2002.
- Wade, R.C., *Social Studies for Social Justice-Teaching Strategies for the Elementary Classroom*, Teachers College Press, 2007.
- Willson, J.Q., DiIulio JR, J.J., *American Government Sixth Edition*, D.C. Heath and Company, 1995.

和文参考文献

- 芦部信喜『憲法判例を読む』有斐閣 2001.
- 芦部信喜『憲法学Ⅱ人権総論』有斐閣 2001.
- 芦部信喜『憲法学Ⅲ人権各論 (1)』有斐閣 2001.
- 足立幸男『議論の論理』木鐸社 1984.
- 阿部　斉『アメリカの民主政治』東京大学出版会 1972.
- 磯山恭子「『法教育』における紛争処理技能の育成 − "Respect Me, Respect Yourself" の分析を通して −」『公民教育研究』第 5 号 1997, pp.65-79.
- 池野範男「社会形成力の育成 − 市民教育としての社会科」『社会科教育研究 2000 年度研究年報』2000, pp.47-53.
- 池野範男「市民社会科の構想」『社会科教育のニュー・パースペクティブ』明治図書 2003, pp.44-53.
- 池野範男『現代民主主義社会の市民を育成する歴史カリキュラムの開発研究』平成 10 年度〜平成 12 年度科学研究費補助金（基盤研究（C）(2)）研究成果報告書 2001.
- 伊藤博文著, 宮沢俊義校註『憲法義解』岩波文庫 2007.
- 伊東亮三「アメリカにおける政治的社会化の研究動向と公民教育の改革」『社会科教育』第 20 号 1972, pp.33-41.
- 今谷順重「社会科における価値・態度教育についての一考察 − アメリカ新社会科の分析から −」『社会科教育研究』第 35 号 1974, pp.33-44.
- 今谷順重「TABA 社会科における価値の分析・感情の探究・個人間の問題解決の具体的展開：− 人間的自立を促す社会科実践のために −」『広島大学教科教育学会紀要教科教育学研究』第 1 号 1983, pp.63-73.
- P・ウイリアムズ・B・シュルツ著　中園康夫監訳『セルフ・アドボカシーの起源とその本質 − 私たちは主張する −』西日本法規出版 1999.
- 梅津正美『歴史教育内容改革研究 − 社会史教授の論理と展開 −』風間書房 2006.
- 江口勇治「社会科における『法教育』の重要性 − アメリカ社会科における『法教育』の検討を通して −」『社会科教育研究』No. 68,1993, pp.1-17.
- 江口勇治研究代表『憲法学習を基盤とした法教育カリキュラムの研究』平成 6 〜 7

年度科学研究補助金（基盤研究（B））成果報告書 1996.
・江口勇治監訳『テキストブック　わたしたちと法　権威，プライバシー，責任，そして正義』現代人文社 2001.
・大谷康雄『アメリカの黒人と公民権法の歴史』明石書店 2002.
・大西直樹・千葉眞編『歴史のなかの政教分離－英米におけるその起源と展開』彩流社 2006.
・岡明秀忠「対抗社会化（Countersocialization）をめざす社会科－S.H. エングルの内容構成論を中心に」『社会科研究』第 39 号 1991, pp.27-38.
・岡明秀忠「対抗社会化（Countersocialization）をめざす社会科－D.W. オリバーの場合」『教育学研究紀要』第 36 巻 1991, pp.223-228.
・岡明秀忠「対抗社会化（Countersocialization）をめざす社会科－F.M. ニューマンを手がかりに」『教育学研究紀要』第 37 巻 1992, pp.178-183.
・岡明秀忠「対抗社会化（Countersocialization）をめざす社会科－James P. Shaver の学習指導方法論を手がかりとして」『広島大学教育学部紀要』第 2 部 41 1993, pp.79-87.
・尾原康光「社会科授業における価値判断指導について」『社会科研究』第 39 号 1991, pp.70-83.
・尾原康光「社会科における批判的思考育成の原理と方法－『議論』に基づく O'Reilly の批判的思考育成原理」『社会科教育研究』第 67 号 1992, pp.35-52.
・尾原康光「リベラルな民主主義社会を担う思考者・判断者の育成（1）－D.W. オリバーの場合」『社会科研究』第 43 号 全国社会科教育学会 1995, pp.41-50.
・尾原康光『自由主義社会科教育論』渓水社 2009.
・片上宗二「メトカーフの社会認識教育論」内海巌編『社会認識教育の理論と実践－社会科教育原理』葵書房 1971.
・片上宗二『日本社会科成立史研究』風間書房 1993.
・金子邦秀『アメリカ新社会科の研究－社会科学科の内容構成－』風間書房 1995.
・唐木清志「アメリカ社会科における『参加』学習論の展開－F.M. ニューマンの『参加』論を中心に－」『社会科教育研究』No. 71, 1994, pp.44-57.
・唐木清志「子どもの社会行動を支援するサービス・ラーニングの教授方略：ルイス（Barbara A. Lewis）の場合」『福祉教育・ボランティア学習研究年報 7』2002, pp.244-264.
・川﨑誠司「公民教育における『公正』実現の方略に関する基礎的研究－アメリカの Equity Pedagogy 論を手がかりに－」『公民教育研究』第 5 号 1997, pp.25-36.

・河田敦之「合理的意思決定能力育成の方法原理－J.P. Shaver の公的論争問題学習を手がかりとして－」『教育学研究紀要』第 27 号 1982，pp.314-316.
・菊池章夫「子どもの政治的社会化 1」『児童心理』25（7）1971，pp.153-170.
・菊池章夫「子どもの政治的社会化 2」『児童心理』25（8）1971，pp.156-175.
・菊池章夫「政治的社会化と政治学習」『現代教育科学』第 181 号 1972，pp.25-28.
・木下　毅『アメリカ法入門・総論』有斐閣 2000.
・木村博一「『学習指導要領社会科編Ⅰ（試案）』の戦後日本的特質－社会科における民主主義と道徳教育をめぐって－」『社会科研究』第 40 号 1992，pp.133-142.
・木村博一「『民主主義』を教える中等社会科カリキュラムの原型－昭和 22 年版『学習指導要領社会科編Ⅱ（試案）』における理念と教育内容の乖離－」『社会系教科教育学研究』第 11 号 1999，pp.1-10.
・木村博一『日本社会科の成立理念とカリキュラム構造』風間書房 2006.
・紀平英作編『アメリカ史』山川出版社 1999.
・草原和博「社会科学科としての地理教育－HSGP の再評価－」『社会科研究』第 44 号 1996，pp.41-50.
・草原和博「市民性育成のための地理教育－時事問題研究カリキュラムの示唆するもの－」『社会系教科教育学研究』第 10 号 1998，pp.37-46.
・草原和博『地理教育内容編成論研究－社会科地理の成立根拠－』風間書房 2004.
・草原和博「地理教育の公民教育化－地理を基盤とした総合的な社会研究」『社会科研究』第 67 号 2007，pp.11-20.
・桑原敏典「社会科における社会領域の改革－SSLU，SRSS 両プロジェクトを手掛かりとして－」『社会科研究』第 44 号 1996，pp.31-40.
・桑原敏典「社会科における人文科学的内容の位置づけ－ホルト社会科第 12 学年『3 つの都市の人間性』を手がかりにして－」『社会科研究』第 49 号 1998，pp.11-20.
・桑原敏典「社会科における政治参加学習の意義－『Active Citizenship Today』を事例として－」『教育学研究紀要』第 2 部第 45 巻 1999，pp.175-180.
・桑原敏典「自立的な価値観の形成を目指す社会科論争問題学習－『アメリカの社会的論争問題』を事例として－」『社会系教科教育学研究』第 12 号 2000，pp.97-104.
・桑原敏典「憲法学習を中心とした公民教育改善の試み－アメリカ高校用教材『We the People』を手がかりとして－」『公民教育研究』2000，pp.1-15.
・桑原敏典『中等公民的教科目内容編成の研究－社会科公民の理念と方法－』風間書

房 2004.
・桑原敏典「社会科学科としての政治学習の再評価」『社会科研究』第60号 2004，pp.21-30.
・桑原敏典「立憲主義に基づく公民教育研究の改善」『社会系教科教育学研究』2008，pp.61-70.
・桑原敏典・中原朋生「市民的資質教育としての憲法学習の改善-政策評価過程を取り入れた基本的人権学習の原理と方法-」『公民教育研究』VOL16，2009，pp.19-34.
・L. コールバーグ著，岩佐信道訳『道徳性の発達と道徳教育-コールバーグ理論の展開と実践』麗澤大学出版会 2001.
・児玉 修「社会的判断力育成の教材構成-D.W. オリバーの公的問題について-」『社会科研究』第25号 1976，pp.93-102.
・児玉康弘「探求の論理に基づく社会科教授方略-B.K. ベイヤーの場合」『社会科研究』第31号 1983，pp.74-84.
・児玉康弘『中等歴史教育内容開発研究-開かれた解釈学習-』風間書房 2005.
・小原友行「社会科学習原理としての探求-B.G. マシャラスの場合-」『社会科研究』第24号 1975，pp.73-82.
・小原友行「小学校社会科における市民的資質育成の理論と授業構成-B.G. マシャラス，T. カルトソーニス，J.L. バースの場合-」『高知大学教育学部研究報告』第1部 第35号 1983，pp.129-160.
・阪上順夫「政治学習をどう展開するか-社会科における政治学習のあり方-」『現代教育科学』11，1972，pp.5-12.
・阪上順夫「公民意識の発達と公民教育の問題点：政治的社会化の一研究」『東京学芸大学紀要』3部門 30，1979，pp.131-150.
・阪上順夫「選挙制度の諸問題と政治教育」『東京学芸大学紀要』3部門 35，1983，pp.173-189.
・阪上順夫「有権者教育の日米比較」『東京学芸大学紀要』3部門 39，1987，pp.143-162.
・阪上順夫「公民教育課程の日米比較研究：「CIVITAS」を中心にして」『東京学芸大学紀要』3部門 44，1993，pp.189-200.
・阪上順夫「激動する世界・日本に対する政治教育の課題」『東京学芸大学紀要』3部門 46，1995，pp.219-228.
・阪本昌成『憲法理論Ⅰ』成文堂 1993.

・阪本昌成『憲法理論Ⅱ』成文堂 1993.
・阪本昌成『憲法理論Ⅲ』成文堂 1995.
・S. シュート，S. ハリー編　中島吉弘・松田まゆみ編『人権について』みすず書房 1998.
・首藤敏元，岡島京子「子どもの社会的ルール概念」『筑波大学心理学研究』第 8 号 1986，pp.87-98.
・首藤敏元「道徳と慣習の領域葛藤場面における幼児の社会的判断」『日本道徳性心理学研究』Vol20，2006，pp.1-6.
・R.A. ダール著，杉田淳訳『アメリカの憲法は民主的か』岩波書店 2003.
・高橋和之『立憲主義と日本国憲法』有斐閣 2005.
・棚瀬孝雄「順法精神と権利意識」木下富雄・棚瀬孝雄編『応用心理学講座 5　法の行動科学』福村出版 1991.
・棚瀬孝雄編『現代法社会学入門』法律文化社 1994.
・棚瀬孝雄『権利の言説－共同体に生きる自由の法－』勁草書房 2002.
・棚橋健治「社会科カリキュラム開発における"構造"概念について－Ｅ.フェントンの所論を手がかりにして－」『社会科研究』第 31 号 1983，pp.55-63.
・棚橋健治「社会科カリキュラム開発における"構造"概念について－タバ社会科を手がかりにして－」中国四国教育学会『教育学研究紀要』第 27 巻 1983，pp.297-299.
・棚橋健治「科学的社会認識形成における情意的領域の評価ストラテジー－ MACOS 評価プログラムを手がかりとして－」『社会科研究』第 47 号 1997，pp.11-20.
・棚橋健治「社会科の本質と学習評価－アメリカ社会科学習評価研究史の位相－」『社会科研究』第 51 号 1999，pp.1-10.
・棚橋健治『アメリカ社会科学習評価研究の史的展開－学習評価にみる社会科の理念実現過程－』風間書房 2002.
・棚橋健治『世界水準からみる日本の子どもの市民性に関する研究』平成 19～21 年度科学研究費補助金（基盤研究（B））研究成果報告書.
・田中成明編『現代理論法学入門』法律文化社 1993.
・田中英夫編集代表『英米法辞典』東京大学出版会 1991.
・谷本美彦「政治教育研究の視点」『社会科教育研究』第 35 号 1974，pp.11-21.
・R. ドゥウォーキン著　木下毅ほか共訳『権利論』木鐸社 1986.
・R. ドゥウォーキン著　小林公訳『権利論Ⅱ』木鐸社 2001.
・R. ドーソン，K. プルウィット，K. ドーソン著，加藤秀治郎，中村昭雄，青木英実，

氷山博之訳『政治的社会化』芦書房 1989.
・中園康夫『ノーマライゼーション原理の研究－欧米の理論と実践』海声社 1996.
・中野次雄編『判例とその読み方 ［改訂版］』有斐閣 2002.
・中原朋生「政治的個性化をめざす公民科教育－J.R. フランケルの政治学習内容構成論－」『教育学研究紀要』第 42 巻第 2 部 1996, pp.199-204.
・中原朋生「『権利に関する社会的ジレンマ研究』としての社会科－権利学習プロジェクト『自由の基礎』を手がかりに－」『社会科研究』第 58 号 2003, pp.51-60.
・中原朋生「開かれた法認識形成－法的議論学習の論理－」『日本教科教育学会誌』第 29 巻第 1 号 2006, pp.19-28.
・中原朋生「アメリカ合衆国における"憲法上の基本的人権学習"論－『権利章典』ガイドを手がかりとして－」『川崎医療短期大学紀要』第 26 号 2006, pp.97-104.
・中原朋生「開かれた憲法学習の理論と方法－ハートの法認識論にもとづく社会科授業開発－」『社会科系教科教育学研究』第 19 号 2007, pp.9-18.
・中原朋生「初等教育における市民性育成プログラムの内容編成－米国キャラクター・エデュケーション教材を手がかりに－」『川崎医療短期大学紀要』第 29 号 2009, pp.49-57.
・中原朋生「子どもの公正概念の発達論にもとづく立憲主義道徳学習－米国キャラクター・エデュケーション教材を手がかりとして－」『法と教育』第 1 号 2011, pp.8-18.
・中原朋生「幼稚園における公民教育の論理－社会的領域論（Social Domain Theory）を手がかりとして」『社会科研究』第 75 号 2011, pp.21-30.
・二階堂年惠「法形成能力を育成する初等法関連教育の内容編成－オハイオ州法曹協会カリキュラムプロジェクトの場合－」『社会科研究』第 63 号 2005, pp.31-40.
・二階堂年惠「小学校社会科における法関連教育としての憲法学習－"VOICE"の憲法機能学習を事例として－」日本教科教育学会『日本教科教育学会誌』第 29 巻第 4 号 2006, pp.19-28.
・二階堂年惠『現代アメリカ初等法関連教育授業構成論研究』風間書房 2010.
・F.A. ハイエク著　田中真春・田中秀夫編訳『市場・知識・自由』ミネルヴァ書房 1986.
・橋爪大三郎『冒険としての社会科学』毎日新聞社 1989.
・橋本康弘「市民的資質を育成するための法カリキュラム－『自由社会における法』プロジェクトの場合」『社会科研究』第 48 号 1998, pp.81-90.

・橋本康弘「法関連教育の学習原理－"I'M THE PEOPLE"の場合－」『社会系教科教育学研究』第12号 2000, pp.43-48.
・橋本康弘「歴史アプローチによって法制度の相対化を目指す法関連教育カリキュラムの構造－アメリカ史プロジェクト『法と歴史における冒険』の場合－」－『社会科研究』第61号 2004, pp.11-20.
・橋本康弘「法関連教育の授業構成－法批判学習の意義－」『社会系教科教育学研究』第17号 2005, pp.13-20.
・橋本康弘「アメリカ中等公民教育における国際法学習の構造－"International Law in a Global Age"の場合－」『公民教育研究』Vol13, 2005, pp.29-39.
・橋本康弘「公民授業の新展開－社会形成を行う法授業の意義－」『社会系教科教育学研究』第20号 2008, pp.71-80.
・D. ヒーター『市民権とはなにか』岩波書店 2002.
・藤原皓一郎・木下　毅・高橋一修・樋口範男編『英米判例百選　[第3版]』有斐閣 1996.
・N. ベイトマン著　西尾祐吾監訳『アドボカシーの理論と実際』八千代出版 1998.
・細川　哲「公民教育における天皇について：主として憲法学習の視点より」『鳥取大学教育学部研究報告教育科学』11 (2) 1969, pp.23-49.
・細川　哲「日本国憲法の法源：憲法学習の問題点として」『鳥取大学教育学部研究報告教育科学』13 (2) 1971, pp.1-24.
・細川　哲「社会科教育と憲法学習：最高法規性と基本原理」『鳥取大学教育学部研究報告教育科学』28 (1) 1986, pp.13-37.
・細川　哲「社会科教育における憲法学習の諸問題 (1)：国民主権と天皇制」『鳥取大学教育学部研究報告教育科学』31 (2) 1989, pp.275-299.
・細川　哲「社会科教育における憲法学習の諸問題 (2)：国民主権を中心として」『鳥取大学教育学部研究報告教育科学』34 (2) 1992, pp.257-273.
・前田輪音「憲法教育への試み：『恵庭事件』を素材として」『北海学園大学学園論集』135, 2008, p.129.
・前田輪音「憲法教育実践報告：中学校における『恵庭事件』を素材にした授業プログラムとその実践」『北海学園大学学園論集』136, 2008, pp.33-103.
・前田輪音「憲法教育の課題と方法についての一考察」『北海道大学大学院教育学研究科紀要』108, 2009, pp.71-84.
・松井茂記『アメリカ憲法入門　[第4版]』有斐閣 2000.
・T.H. マーシャル，トム・ボットモア『シティズンシップと社会的階級』法律文化社

1993.
・三浦軍三「"人権の世紀"におけるアメリカ合衆国公民形成と社会科の性格－カリフォルニア州歴史－社会科学フレームワークの特色と背景を中心に－」『社会科教育研究』No. 62, 1990, p.120.
・三浦軍三「アメリカ合衆国における現代新社会科の憲法教育的性格－1980年－1998年におけるアメリカ合衆国の現代新社会科形成運動の展開の一断面－」『社会科研究』第50号 1999, pp.50-60.
・溝上　泰「オリバーの社会認識教育論」内海巌編『社会認識教育の理論と実践－社会科教育原理』葵書房 1971
・溝上　泰「社会科教育における論争問題の取り扱い－ニューマンの場合－」『社会科研究』第20号 1972, pp.43-51.
・溝口和宏「歴史教育における開かれた態度形成－D.W.オリバーの『公的論争問題シリーズ』の場合－」『社会科研究』第42号 1994, pp.41-50.
・溝口和宏「アメリカにおける公民教育と社会科学教育の統合－市民性育成のための初等カリキュラム－」『日本教科教育学会誌』第19巻第4号 1997, pp.163-172.
・溝口和宏「歴史教育における社会的判断力の育成（1）－法的判断力育成のための歴史教材例－」『社会科教育』第50号 1999, pp.211-220.
・溝口和宏「市民的資質育成のための歴史内容編成－『価値研究』としての歴史カリキュラム－」『社会科教育』第53号 2000, pp.33-42.
・宮沢俊義著，深瀬忠一補訂『新版補訂憲法入門』勁草書房 1994
・森分孝治「アメリカにおける社会科教育改革の動向」『社会科研究』第16号 1968, pp.55-67.
・森分孝治「現代アメリカ社会科カリキュラム研究の示唆するもの」朝倉隆太郎・平田嘉三・梶哲夫編『社会科教育学研究』第2集，明治図書 1976, pp.5-43.
・森分孝治『社会科授業構成の理論と方法』明治図書 1978.
・森分孝治『現代社会科授業理論』明治図書 1984.
・森分孝治「科学主義の強化」社会認識教育学会『社会科教育の21世紀』明治図書 1985, pp.78-90.
・森分孝治「歴史教育と政治的社会化」『歴史教育事典』ぎょうせい 1989, pp.85-89.
・森分孝治「対抗イデオロギー教育」『社会科教育』第359号　明治図書 1992, pp.119-124.
・森分孝治『アメリカ社会科教育成立史研究』風間書房 1994.
・森分孝治「社会科公民と公民科のちがいは何か」『社会科教育学ハンドブック』明

治図書 1994，pp.297-306.
・森分孝治「社会科の本質－市民的資質育成における科学性－」『社会科教育研究』No.74 1996，pp.60-70.
・森分孝治「社会科における思考力育成の基本原則－形式主義・活動主義の偏向の克服のために－」『社会科研究』第47号 1997，p.110.
・森分孝治編著『社会科教育学研究 方法論的アプローチ入門』明治図書 1999.
・森分孝治「市民的資質育成における社会科教育」『社会系教科教育学研究』第13号 2001，pp.43-50.
・山田秀和「市民性教育のための社会科学科歴史－ホルト・データバンク・システム『アメリカ史』の再評価－」『社会科教育』第54号 2001，pp.11-20.
・柳沼良太「デューイとローティの教育思想に関する比較考察」『岐阜大学教育学部研究報告人文科学』53（2）2005，pp.231-221.
・吉村功太郎「アメリカ公民教科書の研究（2）－『American Citizenship』の場合－」『岐阜工業高等専門学校紀要』第31号 1996，pp.51-63.
・吉村功太郎「アメリカ公民教科書の研究（3）－『Civics for Americans』の場合－」『岐阜工業高等専門学校紀要』第31号 1996，pp.65-80.
・吉村功太郎「合意形成能力の育成を目指す社会科授業」『社会科研究』第45号 1996，pp.41-50.
・吉村功太郎「社会科における価値観形成の類型化－市民的資質育成原理を求めて－」『社会科研究』第51号 1999，pp.11-20.
・吉村功太郎「アメリカ公民教科書の研究（4）－育成をめざす市民的資質と民主主義観との関連－」『岐阜工業高等専門学校紀要』第34号 1999，pp.103-118.
・T.リコーナー著，水野修次郎監訳・編集『人格の教育－新しい徳の教え方学び方』北樹出版 2001.
・J.ロールズ　田中成明編訳『公正としての正義』木鐸社 1979.
・J.ロールズ，エリン・ケリー編　田中成明・亀本洋・平井亮輔訳『公正としての正義　再説』岩波書店 2004.
・渡部竜也「法原理批判学習－法を基盤にした社会科の改革－」『社会科研究』第56号 2002，pp.41-50.
・渡部竜也「アメリカ社会科における社会問題学習論の原理的転換－『事実』を知るための探求から自己の『見解』を構築するための探求へ－」『日本教育方法学会紀要』第29号 2004，pp.85-96.
・渡部竜也「アメリカ社会科における社会問題学習の授業構成論－分析枠組設定の意

義-」『日本教科教育学会誌』第 27 巻第 1 号 2004，pp.53-62.
・渡部竜也「社会問題提起力育成をめざした社会科授業の構想－米国急進派教育論の批判的検討を通して－」『社会科研究』第 69 号 2008，pp.1-10.
・渡辺弥生「分配における公正観の発達」日本教育心理学会『教育心理学研究』34 号 1 巻 1986，pp.84-90.
・渡辺弥生「児童期における公正観の発達と権威概念の発達との関係について」日本教育心理学会『教育心理学研究』第 37 巻第 1 号 1989，pp.163-171.

あ と が き

　本書は，2013（平成25）年1月に広島大学大学院教育学研究科に提出した学位論文を，独立行政法人日本学術振興会2014（平成26）年度科学研究費助成事業（科学研究費補助金）（研究成果公開促進費：課題番号265221）の交付を受け公刊するものである。

　私がアメリカ合衆国の公民学習論に関する研究に着手したのは，愛媛大学法文学部法学科を卒業し，広島大学大学院教育学研究科に入学した1995（平成7）年である。私は学部時代に法学・政治学を学びながら，社会科・公民科の教員免許状を取得した。その過程において，日本国憲法と同時期に民主主義教育を担う教科として誕生した社会科と，その在り方を探究する"社会科教育学"に強い興味を感じた。その時期に手にしたのが森分孝治先生の『社会科授業構成の理論と方法』（明治図書 1978）である。社会科が人間形成から引き下がることで，逆に守備固めを行い，民主主義を担う市民に不可欠な科学的社会認識教育に徹するべきとの主張に強い衝撃を受けた。そして，森分先生にご指導を仰ぎたい思いを強くし，広島大学大学院教育学研究科への進学を決意した。幸い試験に合格し，念願であった森分先生のゼミ生となることができた。

　森分先生から最初にいただいたゼミ課題は，当時の最新号である『社会科研究』第43号に掲載された故尾原康光先生の論文「リベラルな民主主義社会を担う思考者・判断者の育成（1）－D.W. オリバーの場合－」の研究内容と研究方法を分析せよ，であった。ハーバード社会科を分析対象とし，法学・政治学をベースに社会科の在り方を論じる同論文の研究内容に強い魅力を感じた。しかし，当時は思考に関する論述の奥深さや，社会科学科を主張する他論文との研究方法の違いが分からなった。森分先生から厳しいご指導

をいただき，何度もゼミ発表をやり直したことを今でも鮮明に思い出す。

この時期に森分先生が示してくださった研究の方向性は，アメリカ合衆国における法学・政治学をベースとする公民学習論を，内容編成の論理だけでなく子どもの発達過程や社会化の論理を踏まえて解明せよ，というものであった。そして，子どもの認知発達や政治的社会化に関する文献を読み始めたが，法学・政治学と全く違う子どもの世界に関する論考は，正直，よく分からなかった。今思うと，内容学出身の私に，社会科"内容学"ではなく社会科"教育学"を探究せよ，とのご意図から子どもに関する研究の機会を与えてくださったように思う。

しかし，研究は遅々として進まず，焦りばかりを感じる日々が続いた。修士時代，森分先生をはじめ，片上宗二先生，池野範男先生，社会科教育方法学講座を森分先生とともにご担当されていた棚橋健治先生，森分ゼミの先輩であった溝口和宏先生，草原和博先生といった社会科教育研究室の皆様に本当にご心配をおかけしたことを改めてお詫びしたい。そして皆様にご支援をいただきながら，何とか修士論文『政治的個性化を目指す公民科教育—J.R.Freankelの政治学習論—』をまとめることができた。しかし，私の力不足で，子どもの発達過程や社会化の論理を踏まえた研究とは程遠く，物足りなさは強く残った。

修了後は，縁あって岡山県岡山市にある旭川荘厚生専門学院児童福祉科の専任教員として保育者養成に携わることになった。同校での教員生活のスタートは，言葉では言い尽くせない貴重な経験の連続であった。特に担任の仕事は，教育の意義と可能性を実感する体験であった。さらに授業では，教育原理，保育原理，保育実習，倫理学等を担当させていただいた。この担当授業がその後の研究に与えた影響は大きい。特に豊富な保育現場経験を有する先生方と共同で行った保育系の授業は，修士時代に遣り残した子どもの発達過程や社会化に関する貴重な勉強や研究の機会となった。また倫理学の授業は，価値教育・道徳教育の在り方を検討するとともに，生命倫理に関する

ディベートや倫理的意思決定といった教育方法の実践研究の場となった。

　並行してアメリカ合衆国における公民学習論に関する研究も，マイペースながら継続し，特に憲法規範をベースとする公民学習論に関する学会発表を続け，少しずつ手応えを感じていった。しかし，アメリカ合衆国における中等公民学習に関する研究は，諸先輩方の研究の蓄積が豊富にあり，それらを乗り越える視点を見出すことは困難であった。岡山県倉敷市にある川崎医療短期大学医療保育科に移籍後は，徐々に研究対象や研究方法を変えていった。特に科研費を取得し，初めてアメリカ合衆国における公民学習の実態を現地調査した際に出会ったキャラクター・エデュケーションの存在は大きい。価値教育・道徳教育の新潮流であるキャラクター・エデュケーションを，社会科公民学習との関係や子どもの発達を視点に分析することで，何とか研究にオリジナリティーを見出すことができはじめたように思う。

　そして，ある程度，研究業績を積んだところで，修士時代の社会科教育方法学講座からたいへんお世話になっていた棚橋健治先生に，博士論文執筆のご相談に伺った。その際，中等の最終段階にハーバード社会科のような憲法規範をベースとする難解な社会問題学習を展開していくために，子どもたちに幼稚園からどのような公民学習が必要なのか，これを視点に論文をまとめてみようとの貴重なご示唆をいただいた。そして，憲法規範を公民学習の目標・内容・方法を貫く原理とし，幼稚園から高等学校まで子どもの発達過程をトータルに見通した公民学習を展開する"立憲主義公民学習"の論理を明らかにするという新しい視点から，これまでの研究を見直し，新たな論考を加え何とか博士論文を執筆することができた。もとより浅学非才な私の論考である。論証の不備や強引な解釈を心配している。皆様のご批判とご指導を切に願うものである。

　以上のように20年近い時を経て，本書を世に問うことができたのは，本当に多くの皆様のご支援の賜物である。棚橋健治先生には，学位論文の作成から審査に至るすべての過程において，主査として懇切丁寧なご指導を賜っ

た。特に1次審査から論文完成に3年近くかかってしまったが，棚橋先生は広島大学大学院教育学研究科長というお忙しい重職にありながらも，粘り強くご指導くださった。心より感謝の気持ちを表したい。そして，修士時代からお世話になってきた広島大学大学院教育学研究科の小原友行先生，池野範男先生，木村博一先生，草原和博先生には副査として，永田忠道先生には公開審査会において，懇切丁寧なご指導とご教示をいただいた。ここに改めて深謝を表したい。

　教員生活スタートから17年近く岡山の地で暮すなかで出会った先生方のご指導ご支援も忘れることができない。森分ゼミの先輩である桑原敏典先生（岡山大学）には，同じアメリカ合衆国の公民教育を研究する先達として，公私ともに言葉では言い尽くせないほど多くのご指導とご支援をいただいた。また博士論文審査では副査としても，様々な側面から心温まるご指導をいただいた。長年のご厚情に心より感謝申し上げたい。そして，桑原先生が主催する岡山社会科授業研究会への参加を通して，親交を深めた山田秀和先生（岡山大学），竹中伸夫先生（熊本大学）とは，本当に多くの議論を交わし勉強させていただいた。職場においては，橋本勇人先生（川崎医療短期大学）に，旭川荘厚生専門学院時代から憲法学のエッセンスやその価値をご指導いただくとともに，教育，研究，仕事への情熱と冷静な判断の大切さを，常に傍から学ぶことができた。また同じく保育者養成に携わる池田隆英先生（岡山県立大学），楠本恭之先生（岡山短期大学）には，子ども理解と援助のフレーム・ワーク研究をはじめ，保育系の共同研究において，たいへんお世話になっている。このような岡山が縁となった先生方の日常的なご指導とご支援に心から感謝したい。

　学会活動では，吉村功太郎先生（宮崎大学），橋本康弘先生（福井大学），鴛原進先生（愛媛大学），藤瀬泰司先生（熊本大学），渡部竜也先生（東京学芸大学）をはじめ公民系の先生方と，何度，同じ学会や分科会で共に発表し，議論させていただいたか数えきれない。一短大の教員である私に，多くの共同研究

や発表の機会を与えていただき，本当に感謝の気持ちでいっぱいである。皆様と重ねた幾多の議論が本書の糧となっていること，心よりお礼申し上げたい。そして本研究の原点である故尾原康光先生の存在も忘れることができない。尾原先生とは，学会において何度か自由主義と社会科との関係に関する議論を交わしたことが思い出深い。尾原先生のご命日が憲法記念日であることも含め，尾原先生の自由主義社会科教育論なくして本書は生まれていない。心から感謝申し上げたい。

　学恩に報いることができたか全く自信はないが，森分孝治先生にいただいたご恩は一生忘れることはできない。ここに改めて心から深謝を表したい。

　私事にわたるが，両親には，特に修士時代に大変な心配をかけてしまったことをまず詫びたい。私に教科教育学の魅力を初めて教えてくれたのは，ほかならぬ父忠男である。父は常に私の大きな目標である。また修了後，初めて教員となる際に「本物の教育はどこでもできるものです」と応援してくれたのは，保育者経験のあった母通江である。私に生きる基盤を与えてくれた両親に心から感謝したい。そして妻佑美，長男寛大郎，次男淳之助，三男拓之進には，家族の時間やキャッチ・ボールよりも，仕事や研究活動を優先してしまう私を応援し続けてくれていること，この場を借りて"本当にいつもありがとう"と伝えたい。家族あっての仕事・研究だと思う。

　末筆になったが，本書の出版にご尽力を頂いた風間書房社長風間敬子氏，編集の労をお取りいただいた斉藤宗親氏に心からお礼を申し述べたい。

2014年12月24日

中　原　朋　生

著者略歴

中原　朋生（なかはら　ともお）

1970年　山口県山口市に生まれる
1995年　愛媛大学法文学部法学科卒業
1998年　広島大学大学院教育学研究科博士課程前期修了
1998年　旭川荘厚生専門学院児童福祉科専任教員
2005年　川崎医療短期大学医療保育科助教授
2013年　博士（教育学）
2013年　川崎医療短期大学医療保育科教授

主な著書
『公民科教育』（共著）学術図書，2010年
『なぜからはじめる保育原理』（編著）建帛社，2011年
『新社会科教育学ハンドブック』（共著）明治図書，2012年

現代アメリカ立憲主義公民学習論研究
―憲法規範を基盤とした幼稚園から高等学校までの子どもの市民性育成―

2015年2月20日　初版第1刷発行

著　者　　中　原　朋　生
発行者　　風　間　敬　子
発行所　　株式会社　風　間　書　房
〒101-0051　東京都千代田区神田神保町1-34
電話 03(3291)5729　FAX 03(3291)5757
振替 00110-5-1853

印刷　藤原印刷　　製本　井上製本所

©2015 Tomoo Nakahara　　NDC分類：375
ISBN978-4-7599-2066-6　Printed in Japan

JCOPY 〈(社)出版者著作権管理機構 委託出版物〉
本書の無断複写は、著作権法上での例外を除き禁じられています。複写される場合はそのつど事前に(社)出版者著作権管理機構（電話03-3513-6969、FAX 03-3513-6979、e-mail:info@jcopy.or.jp）の許諾を得てください。